€ 10,-
4,-
W0324204

Im Mittelalter waren jüdische Frauen aus dem gesellschaftlichen Leben noch weitgehend ausgegrenzt. Erst mit Beginn des 18. Jahrhunderts änderte sich die Situation von Grund auf. Während die Hamburger Kauffrau Glückel von Hameln (1646-1724) noch den Anfeindungen ihrer christlichen Umwelt ausgesetzt war, als sie nach dem Tod ihres Mannes dessen Gold- und Juwelenhandel weiterführte, verteidigte Esther Liebmann (?-1724), die mit Glückel von Hameln in geschäftlicher Verbindung stand und in der jüdischen Gemeinde eine führende Rolle spielte, trotz ihres verheerenden Rufs – die zweimal Verheiratete war die Geliebte des ersten preußischen Königs – ihre Rolle in der ökonomischen jüdischen »Aristokratie«. Fromet Mendelssohn (1737-1812) war zwar nicht berufstätig, die gebildete Frau holte sich aber »die aufgeklärte Welt« in ihren bekannten Berliner Salon. Betty Heine (1770-1859) schließlich sprengte den Rahmen ihrer jüdischen Herkunft und suchte Anschluß an das protestantische Milieu Hamburgs. Die Hausfrau und Mutter legte großen Wert darauf, durch wohlüberlegte Assimilation ihre Kinder »bürgerlich« zu etablieren. In fünf Porträts beschreibt die Historikerin Marianne Goch die Emanzipationswege jüdischer Frauen vom Mittelalter bis zum Ende des 19. Jahrhunderts und damit gleichzeitig ein Stück Sozial-, Kultur- und Religionsgeschichte dieser Zeit.

Marianne Goch, geboren 1945 in Bünde/Westfalen, studierte Germanistik und Geschichte in Heidelberg. Seit 1971 im Schuldienst. Veröffentlichungen über Carla Mann (1985), Mete Fontane (1988) und Betty Heine (1994) in L.F. Pusch (Hg.), Schwestern bzw. Töchter bzw. Mütter berühmter Männer (it 796, it 979, it 1356).

insel taschenbuch 2541

Im Aufbruch

Marianne Goch

Im Aufbruch

Biographien deutscher Jüdinnen

Insel Verlag

Umschlagabbildung:
Johann Carl Kretschmar:
Bildnis der Amalie Beer, um 1800

insel taschenbuch 2541
Erste Auflage 2000
© Insel Verlag Frankfurt am Main und Leipzig 2000
Alle Rechte vorbehalten, insbesondere das der Übersetzung,
des öffentlichen Vortrags sowie der Übertragung durch
Rundfunk und Fernsehen, auch einzelner Teile.
Kein Teil des Werkes darf in irgendeiner Form
(durch Fotografie, Mikrofilm oder andere Verfahren)
ohne schriftliche Genehmigung des Verlages reproduziert
oder unter Verwendung elektronischer Systeme verarbeitet,
vervielfältigt oder verbreitet werden.
Vertrieb durch den Suhrkamp Taschenbuch Verlag
Satz: MZ-Verlagsdruckerei GmbH, Memmingen
Druck: Nomos Verlagsgesellschaft, Baden-Baden
Printed in Germany

1 2 3 4 5 6 – 05 04 03 02 01 00

Inhalt

JüdInnen im Mittelalter

... mit dem Fluche um und um bekleidet ...

Der Platz an der evangelischen Andreaskirche in Lübbecke ist ein friedlicher Ort: ein wuchtiger Kirchturm, um den die Dohlen kreisen, ein romanisches Kirchenschiff mit reichem Bildschmuck. Niemals scheint irgendein kriegerisches Geschehen zerstörend auf Stadt und Kirche eingewirkt zu haben. Noch heute erweckt die kleine Stadt den Eindruck, im Windschatten der Ereignisse zu liegen, die großen sozialen, kulturellen und politischen Bewegungen nur mit Verspätung wahrzunehmen.

Das muß seit Gründung vor über tausend Jahren so gewesen sein. Jahrhundertelang ein kleiner Ackerbürgerort, war sie genügsamer Marktmittelpunkt einer unspektakulären Region.

Aber wohlhabend und langsam wachsend, im dreizehnten Jahrhundert zur Stadt erhoben und mit Graben und Mauer versehen. Der Innenraum der romanischen Kirche reicht nicht mehr aus und erhält im Jahre 1350 gotische Seitenschiffe. Über dem Eingangsportal wird aus diesem Anlaß ein Gedenkstein angebracht: »Im Jahre des Herrn 1350, dem Jubeljahr, als die Geißler auf den Straßen waren, die Pest war, die Juden getötet wurden, ist diese Kirche erweitert worden.«

Die Inschrift ist bestürzend aktuell. Ihr Text zerreißt gleichsam den Eindruck beschaulicher Ruhe und historischer Verspätung, stellt jene Ereignisse, die um 1350 ganz Europa bewegen, auch für die winzige Ackerbürgerstadt im nördlichen Westfalen in eine Ablaufkette: Pest, Geißler, Judenmord. Nüchtern festgehalten und für alle Zeiten eingemeißelt am wichtigsten Bauwerk der Stadt, dem Mittelpunkt des geistigen Lebens. Christliche Kirche und Judenmord. Hier haben die ZeitgenossInnen und ZeugInnen, vielleicht gar die TäterInnen selbst, die jahrtausendealte

Verfolgungsgeschichte nüchtern auf den Punkt gebracht: Die Verfolgung des Judentums ist eine ihrer Existenzbedingungen.

Ohne die jüdische Religion gäbe es kein Christentum, keine christlichen Kirchen, keine christliche Prägung Europas und der Welt. Aus dem Judentum erwuchs, unter Hinzunahme griechischer und römischer Traditionsstränge, die christliche Religion, zunächst in Konkurrenz zum jüdischen Kult, ihn schließlich überflügelnd und über ihn triumphierend. Die christlichen Religionsgründer und ersten Missionare waren JüdInnen. Die ersten christlichen Gemeinden entstanden folglich innerhalb der jüdischen Gemeinden, die sich zur Zeit von Christi Geburt und Tod bereits über das gesamte Imperium Romanum verstreut gebildet hatten, von den römischen Provinzen Vorderasiens und Afrikas bis hin zu denen in Gallien, Germanien und Britannien. Die Apostel nutzten auf ihren Missionsreisen ganz selbstverständlich das Netzwerk der jüdischen Gemeinden, das ihnen sozialen Halt und Unterhalt bot.

Erst dann trennten sich jüdische und christlich gewordene Gemeindegruppen. Zunächst teilten JüdInnen und ChristInnen noch das gemeinsame Schicksal, anders zu sein als ihre Umgebung. Der christliche Kult war aber dynamischer und fordernder; er missionierte im Gegensatz zum jüdischen auch außerhalb der Gemeinde und gewann die ersten »Heiden«gemeinden für seine Botschaft. Er war auffälliger, stärker als der jüdische, der als monotheistischer Kult doch auch schon eine Provokation innerhalb der polytheistischen Mittelmeerwelt der Antike dargestellt hatte. Der Gott der JüdInnen und ChristInnen beanspruchte dagegen Ausschließlichkeit; er ließ sich nicht, wie bisher noch alle fremden Kulte, aufnehmen in den weiten griechisch-römischen Götterkosmos. Er kannte keine Toleranz gegenüber anderen Göttern. Er schloß seine AnhängerInnen zusammen unter sein Gebot, »keine anderen Götter« neben sich zu dulden. Seine Gesetze und Gebote begründeten und organisierten tiefgreifend ein autonomes Gemeindeleben, formten aus den Gläubigen eine Gemeinschaft und sonderten sie wirksam von allen Nichtgläubigen ab. Abgrenzung gegen die nichtgläubige Umgebung ging Hand in Hand mit Ausgrenzung seitens dieser Umgebung.

In den ersten Jahrhunderten existierten jüdische und christliche Gemeinden noch neben- und miteinander. Mal wurden beide, mal auch nur eine von den jeweiligen römischen Herrschern oder ihren Untertanen verfolgt, bis schließlich unter Kaiser Konstantin und seinen Nachfolgern das Christentum siegte – über die mittelmeerische und vorderasiatische Götterwelt, aber auch über den jüdischen Kultus.

Die übrigen Götterkulte verschwanden oder ließen allenfalls schattenhaft Vorstellungen und Gebräuche zurück, christlich eingeschmolzen oder umgedeutet und an den Kern der christlichen Botschaft angelagert.

Der jüdische Kultus dagegen blieb erhalten, obwohl oder gerade weil das Land seines Ursprungs, Palästina, räumlich schon frühzeitig aufgehört hatte, selbstverständliche Heimat aller JüdInnen zu sein.

Die jüdischen Aufstandsversuche gegen die römische Herrschaft in den ersten beiden nachchristlichen Jahrhunderten hatten zur Zerstörung Jerusalems und seines Tempels, ja zum Aufenthaltsverbot für JüdInnen in Jerusalem geführt und der jüdischen Religion damit den räumlichen Mittelpunkt ihres Kultes geraubt. Die nun einsetzende massive Zerstreuung, die Diaspora, bedeutete jedoch nicht das Ende des Judentums, sondern den Beginn seiner Erneuerung. Das reale Jerusalem wurde zum Zentrum messianischer Erwartung, in das alle JüdInnen irgendwann einmal zurückkehren würden, vielleicht in naher Zukunft, vielleicht auch erst in Jahrhunderten.

Praktisch-religiöses Leben entfaltete sich fortan in den einzelnen Gemeinden fernab von Jerusalem.

Das Wort Gottes, die Thora, wurde zum alleinigen geistlichen Zentrum des Judentums, zu einem geistigen Jerusalem. Kanonisiert und in immer neuen Ansätzen interpretiert, bildete sich in den ersten Jahrhunderten nach der Tempelzerstörung der Talmud. Seine strikte Befolgung kennzeichnete fortan alle frommen JüdInnen. Die jüdischen Gesetze greifen tief in das Leben jedes einzelnen und jeder Familie ein. Sie regeln den Tagesablauf mit genau festgelegten Gebets- und Lesezeiten (allerdings nur für die Männer). Sie legen den Sabbat fest, an dem jede Arbeit, sogar das Anzünden eines Feuers, untersagt ist. Sie definieren, was rein und was unrein ist. Sie schreiben vor, wie gekocht werden muß. Sie regeln Reinheitsgebote, auch das Sexualleben. Eine strikte Ritualisierung des täglichen Lebens scheidet alle jüdischen Menschen wirkungsvoll vom täglichen Leben ihrer nichtjüdischen Umwelt.

Räumlicher und geistiger Mittelpunkt jeder Gemeinde seit der Tempelzerstörung war die »Schule«, der Ort der täglichen Thoralesung. Später wurde sie auch Synagoge genannt. In ihr wurde im Laufe eines – jüdischen – Jahres, sofern die erforderliche Zahl von zehn Männern (= Minjan) vorhanden war, die gesamte Thora in täglichen Abschnitten gelesen. Hier war aber auch der soziale Ort der Gemeinde, ihr Kommunikationszentrum. Der Synagoge oft angegliedert, immer jedoch in der Gemeinde vorhanden war auch die Mikwe, das rituelle Bad, das für die Befolgung der Reinheitsgesetze unabdingbar notwendig ist.

Die Fülle der Gesetze macht es für das einzelne Gemeindemitglied fast unmöglich, sich immer gesetzestreu zu verhalten. Jede Gemeinde versuchte deshalb möglichst, einen Talmudkenner als Rabbiner in ihrer Mitte zu halten, der in allen Fragen der Gesetzesauslegung zu Rate gezogen werden konnte.

Rabbiner waren keine Prediger oder Seelsorger wie christliche Priester. Sie spendeten auch keine Sakramente. Für das individuelle religiöse Wohlergehen der Gemeindemitglieder waren sie nicht erforderlich, ebensowenig für den Ablauf des Gottesdienstes.

Vielmehr war der Rabbiner der freiwillig gewählte Textausleger und Schiedsrichter, an den man sich in Streitfällen und Unklarheiten jeder Art, in geistlichen wie in weltlichen Dingen, innerhalb der Gemeinde wendete. Daraus erwuchsen im Laufe der Zeit die Rabbinatsgerichte, die den Gemeinden ihre streng am Talmud orientierte rechtliche Form gaben.

Neben der Synagoge und dem Rabbineramt bildet der Friedhof das dritte Fundament für die Existenz einer jüdischen Gemeinde.

Der Friedhof gilt im Judentum als Bet olam, als »Ewiges Haus«. Ein Friedhof darf niemals aufgehoben, die Toten also niemals in ihrer Ruhe gestört werden. Die Heftigkeit, mit der orthodoxe Juden heute noch auf die Aufhebung jüdischer Friedhöfe reagieren, wird daraus verständlich. Nichts trifft JüdInnen nachhaltiger als die Schändung von Friedhöfen, auch solcher, die längst geschlossen sind.

Synagoge, Rabbineramt, Friedhof. Sind diese drei Voraussetzungen erfüllt, kann sich an jedem Ort dieser Erde jüdisches Gemeindeleben entfalten. Die Ankunft des Messias ist Gottes Verheißung für sein auserwähltes Volk. Bis dahin kann jeder jüdische Mensch dort seinen religiösen Verpflichtungen nachkommen, wo er sich gerade befindet.

Die jüdische Bibel und ihre fortlaufende Interpretation ermöglichten den JüdInnen seit der Zerstörung ihres Tempels also die Aufrechterhaltung ihres Kultes. Sie war aber zugleich auch das, was sie mit allen ChristInnen verband. Die jüdische Bibel ist das Alte Testament der ChristInnen und somit der Boden, aus dem das Neue Testament erwachsen ist. Die christliche Religion konnte und kann sich ihrer jüdischen Ursprünge nicht entledigen; sie muß sie als Tradition weitergeben, denn nur vor ihrem Hintergrund wird das spezifisch Christliche erkennbar und sichtbar.

Das Christentum definiert sich selbst als Weiterführung und Überwindung des Judentums; es trägt, um dies überzeugend zu können, immer auch seine jüdischen Elemente inhaltlich mit und weiter. Genauer: um Jesus als Überwinder, das heißt als einzigen Weg zu Gott definieren zu können, muß es ständig auch die überwundene Religion präsentieren. Um diese aber nicht zu attraktiv erscheinen zu lassen, mußten wiederum die im christlichen Sinne »negativen« Eigenschaften der überwundenen Religion überbetont und sanktioniert werden. So wurde der »verstockte Jude« die Folie, vor der sich der »rechtgläubig-inbrünstige Christ« darstellen konnte.

Das frühe Mittelalter wies in Europa eine höchst diffuse gesellschaftliche Schichtung auf. Nach dem Zusammenbruch des Weströmischen Reiches wurde zwar das Christentum zur Klammer weiter Teile des Kontinents, aber nur in einem sehr oberflächlichen Sinn. Zivilisatorische Inseln wie Klöster, einzelne Gutshöfe und kleine Städte existierten neben- und miteinander, unter ihnen die jüdischen Gemeinden. Die jüdische Form des Gottesdienstes als Lesung, die lebenslange interpretatorische Arbeit an der Thora, gab ihnen immer einen hohen intellektuellen Standard. Lesen, oft auch Schreiben konnten die meisten JüdInnen, ganz im Gegensatz zur weitgehend schriftlosen Alltagskultur der christlichen Umgebung.

Das Christentum befand sich noch in seinem Kampf um die alleinige geistige Vormacht und damit Definitionsgewalt in Europa. Erst um die Jahrtausendwende zeichnete sich klar ab, daß es diesen Kampf gewinnen und das sich formende Abendland ein christlich geprägtes und durchdrungenes sein würde, daß europäische und christliche Welterfahrung in eins fielen.

Kaum war dies sichtbar, verstärkten sich die innerkirchlichen Richtungskämpfe. Bei weitergehender Binnenmissionierung begann nach außen die Zurückdrängung und Verdrängung von konkurrierenden Weltsichten und Welterklärungsmustern, wurde die eigene Position verstärkt durch die Abgrenzung gegen die anderen, drinnen wie draußen. Die benachbarte jüdische Gemeinde wurde zum Gegenüber. Dem entsprach auf jüdischer Seite eine vergleichbare Tendenz. Die jüdischen Gemeinden hatten seit Beginn der Diaspora mit Talmud und Mischna, ihren Gesetzessammlungen, das tägliche Leben der einzelnen JüdInnen und der jüdischen Gemeinden so durchorganisiert, daß sich daraus die Abgrenzung von der nichtjüdischen Umwelt zwangsläufig ergab. Das Hebräische als gemeinsame Kultsprache und die in der Substanz nahezu gleichen Riten vernetzten alle Judengemeinden Europas und des Nahen Ostens derart, daß etwa ein wandernder jüdischer Fernhändler, in welcher jüdischen Gemeinde auch immer er ankam, Vertrautes vorfand, ein Stück »Heimat« erlebte. Natürlich konnte er auch bei Christen zu Gast sein, aber die jüdischen Reinheitsgebote machten es ihm unmöglich, an einer christlichen Mahlzeit teilzunehmen.

An Orten, an denen jüdische und christliche Gemeinden nebeneinander existierten, gab es natürlich gesellschaftliche Kontakte und Heiraten zwischen beiden. Noch lebte man schließlich in benachbarten Häusern, häufig in den weiträumigen Ruinenfeldern aufgegebener römischer Siedlungen und Heerlager oder in den Gutsbezirken des landbesitzenden Adels.

Aber die Ständegesellschaft verfestigte und differenzierte sich nach der Jahrtausendwende. Für die einzelnen Berufe und Wirtschaftsweisen entstanden eigene Straßenzüge und Wohnquartiere. Zunehmend wurden Binnenehen geschlossen, das heißt Ehen nur noch innerhalb des Standes oder der Berufsgruppe.

JüdInnen waren wegen der oben angesprochenen »Vernetzung« verstärkt in kaufmännischen und händlerischen Berufen engagiert und heirateten natürlich ebenso innerhalb des Standes oder ihrer Berufsgruppe wie alle anderen Berufsgruppen und Stände auch.

Verschärfend wirkte sich aber aus, daß es der christlichen Kirche in zähem Bemühen gelang, das Eheschließungsmonopol an sich zu ziehen. Im römischen wie auch im germanischen Recht war die Eheschließung ein zweifelsfrei weltlicher Vertragsabschluß zwischen zwei Parteien gewesen, den Eheschließenden selbst, aber ebenso auch zwischen ihren Vätern oder sonstigen Vormündern. Bisher waren auch sehr unterschiedliche Eherechtsformen nebeneinander üblich gewesen, mit sehr unterschiedlicher Rechtsstellung sowohl der Ehepartner wie ihrer gemeinsamen Nachkommen. Da gab es Ehen, bei denen Mann und Frau weiterhin getrennte rechtsfähige Personen blieben, mit je eigenem Verfügungsrecht über das in die Ehe eingebrachte oder dort erworbene Vermögen, aber auch andere eherechtliche Formen, in denen das Vermögen der Frau völlig in die Verfügungsgewalt des Ehemannes überging, ebenso wie das Bestimmungsrecht über sie und die gemeinsamen Kinder. Noch gab es, zumindest für Männer, die Mehrehe. Ein bekanntes Beispiel ist der Frankenkaiser Karl der Große, der gleichzeitig mit mehreren Frauen verheiratet war, wobei unterschiedliche eherechtliche Formen gewählt wurden.

Die christliche Kirche bemühte sich zum einen, die Mehrehe zurückzudrängen, und zum anderen, dem von ihr erteilten Ehesakrament die alleinige bindende Rechtskraft zuzuschreiben. Als verheiratet im eherechtlichen Sinne sollte nur noch gelten, wer in der Kirche die Ehesakramente empfangen hatte. Ein solches Paar war gebunden, »bis daß der Tod euch scheide«. Beide mußten deshalb Christen sein, denn nur als solche konnten sie das christliche Ehesakrament erhalten. Wollte oder sollte also eine Jüdin einen Christen heiraten und als verheiratet anerkannt werden, mußte sie vorher zum christlichen Glauben übertreten und folglich ihre eigene jüdische Gemeinde verlassen. Umgekehrt lag der Fall noch komplizierter. Als Jude oder Jüdin gilt nach jüdischem Recht nur, wer von einer jüdischen Mutter geboren ist. Eine Jüdin, die nach jüdischem Recht einen Christen geheiratet hat, bringt ein jüdisches Kind zur Welt. Ihr Kind gilt aber nach jüdischem Recht als Jude, selbst wenn sie nach christlichem Recht geheiratet hat. Ein Jude hingegen, der eine Christin heiratet, nach welchem Recht auch immer, kann keine jüdischen Kinder von ihr haben. Seine Kinder sind Christen oder nicht religiös Definierte, aber keine JüdInnen.

Jüdische Gemeinden legten gewöhnlich keinen Wert auf Bekehrungen; sie missionierten nicht. Ganz im Gegensatz dazu die christliche Kirche. Sie legte, wenn dies auch zuzeiten wechselte, durchaus Wert auf die Bekehrung von JüdInnen. Dies konnte gefährlich für den Bestand jüdischer Gemeinden werden, so daß diese aus Überzeugung und Selbsterhaltungstrieb ihrerseits eine Politik der Abgrenzung gegenüber ihrer christlichen Umgebung betrieben. Zumal das Christentum sich immer machtvoller als Kirche mit einer quasimonarchischen Spitze organisierte und zu einem, schließlich die weltlichen Mächte überflügelnden, hierarchischen Machtapparat wurde. Das Judentum war nicht hierarchisch organisiert. Jede Gemeinde war völlig selbständig, mit anderen Gemeinden lediglich verbunden durch die gemeinsame Glaubensgrundlage und persönliche Kontakte.

Nach der Jahrtausendwende jedenfalls existierten christliche Kirche und jüdische Gemeinden nebeneinander her, voneinander abgegrenzt durch unterschiedliche Riten ebenso wie durch unterschiedliche berufliche Schwerpunkte. Getrennt waren sie seit der Gründung der christlichen Religion auch im Geistlichen und Geistigen. Das Christentum entwickelte sich in Jahrhunderten als Synthese aus Judentum, griechisch-römischer Denkart und individueller Glaubenspraxis. Die Gottesdienstsprache in weiten Teilen Europas war das Lateinische. Lateinisch war die Sprache der Gelehrten und Beamten. Lateinisch war mithin die Lingua franca des christlichen Europa.

Die Sprache des Judentums war und blieb das Hebräische. Nur wenige Gelehrte beider Religionen beherrschten die Sprache der jeweils anderen so weit, daß ein intellektueller Diskurs möglich gewesen wäre. Es gab ihn darum selten; eine gegenseitige Beeinflussung fand nicht statt.

Gemeinsam waren den Angehörigen beider Religionen noch die Umstände des täglichen Lebens und ihre Wohnorte sowie ihre Alltagssprache, das mittelalterliche Deutsch in seinen verschiedenen Dialekten.

Die folgenden Jahrhunderte verschärften den Ausgrenzungsprozeß jedoch bis zur ständigen Verfolgung.

Etwa tausend Jahre hatten Geistliche ohne großen Erfolg versucht, das einfache Kirchenvolk und die Fürsten antijüdisch zu beeinflussen. Typisch dafür ist ein Text des Bischofs Agobard aus dem neunten Jahrhundert: »Wir wissen, daß alle, die unter dem jüdischen Gesetz leben, unter einem Fluche stehen. Sie sind mit dem Fluche um und um bekleidet, der wie Wasser in ihr Inneres eindringt und wie Öl in ihre Knochen. Sie sind verflucht, wenn sie ins Leben eintreten, und verflucht, wenn sie es wieder verlassen. Verflucht sind ihre Fluren, ihre Erde und ihr Vieh, und sogar die Reste ihrer Speisen sind verflucht.«

Interessant ist, daß dem Bischof hier nicht das Bild des Handelsjuden vor Augen steht, sondern das des ackerbauenden Juden, den es folglich im ersten nachchristlichen Jahrtausend noch gab.

Mit dem Schwächerwerden der kaiserlichen Macht und dem Erstarken der Papstkirche, die in den Hochadelsfamilien immer wieder MitstreiterInnen gegen den jeweiligen Kaiser fand, wobei die Adelsfamilien natürlich nicht an der Machtausdehnung der Kirche, sondern am Ausbau ihrer eigenen Macht zu Lasten der Zentralgewalt interessiert waren, gerieten die JüdInnen zwischen die Fronten.

Die Kaiser förderten ausdrücklich das Gedeihen jüdischer Bevölkerungsanteile in den Städten, weil diese regelmäßig Steuern zahlten, welche wiederum dringend zur Stärkung der sich immer in Geldnöten befindenden Zentralgewalt gebraucht wurden. Die alten Römerstädte, die seit der Jahrtausendwende wieder aufblühten, und die vielen neugegründeten Städte waren stets wichtige Stützen des Kaisertums. Die Papstkirche und die oppositionellen Adelsfamilien wiederum wollten diese wichtigen Stützen der Kaisermacht zerschlagen oder selbst beherrschen. Der Kampf um die Städte war also in erster Linie ein Kampf um die Steuerzahler, und unter diesen nahmen die JüdInnen eine starke Stellung ein. Wenn man sie, die von der machthungrigen christlichen Kirche ja ganz unberührt und unbeeinflußt waren, sozial, wirtschaftlich und politisch ausgrenzen konnte, hatte man auch den jeweiligen Kaiser geschwächt.

Die Papstkirche schuf sich in der Krisenzeit des elften Jahrhunderts ein starkes ideologisches Instrument für ihren Kampf um die geistige und weltliche Vorherrschaft in Europa: die Kreuzzugsidee. Mit ihr begannen die ersten ideologisch begründeten Kriege Europas, die Kämpfe zur Durchsetzung der eigenen Ideen gegen andersgläubige Gesellschaften innerhalb und außerhalb Europas.

Ideologisch begründete Kriege setzen ein Feindbild voraus. Der erste Kreuzzug, zu dem 1095 Papst Urban II. während des Konzils zu Clermont in Frankreich aufrief, wurde ausdrücklich zur Befreiung Palästinas, des Ursprungslandes der christlichen Religion, geführt. Es wurde damals von muslimischen Fürsten beherrscht, die das christliche oströmische Reich zunehmend vom asiatischen Festland verdrängt hatten und die Handels- und Pilgerwege nach Jerusalem kontrollierten.

Nun hatte kaum je ein europäischer Ritter einen Muslim gesehen, das Feindbild hatte deshalb keine Konturen. Um den muslimischen Feind plastisch werden zu lassen, konnte man sich jedoch einer andersgläubigen Gruppe im eigenen Land bedienen, der JüdInnen. Sie waren ja schon lange von der Kirche dämonisiert worden, und diese jahrhundertelange »Arbeit« trug nun Früchte. Das Feindbild mußte nur aktualisiert und parallelisiert werden.

Die Teilnahme am Kreuzzug verhieß zudem allen Beteiligten die Vergebung aller Sünden sowie die Erlaubnis, alle den Andersgläubigen geraubten Güter behalten zu dürfen. Das konnte folgerichtig auch auf die JüdInnen im eigenen Land angewendet werden. Zumindest wurde es von vielen Kreuzfahrern so verstanden. Eine ungeheure Erregung griff um sich, die Kreuzzugsidee zündete schneller und stärker vielleicht, als ihre Urheber beabsichtigt hatten. Erste Heerhaufen zogen, ohne zunächst die genauen Heerwege zu kennen, von Ostfrankreich in die Rheinlande. Ihnen schlossen sich immer mehr Kreuzfahrer an, aus den unterschiedlichsten Motiven: Abenteuerlust, religiöser Eifer, Ruhmsucht, Gier nach Beute, Langeweile ...

Am Rhein trafen diese noch ungeordneten Heerhaufen, Räuberbanden eigentlich eher vergleichbar als Ritterheeren, auf die reichen jüdischen Gemeinden der alten Römerstädte, und diese erlebten nun die ersten Massenmorde. Vergeblich versuchten einzelne Stadtherren oder Stadtvögte, ihre jüdischen BürgerInnen zu schützen. Die beute- und mordgierigen Kreuzfahrerbanden, mit Urbans Schlachtruf »Gott will es!« auf den Lippen, waren stärker. Innerhalb weniger Monate wurden allein in den rheinischen Städten etwa zwölftausend JüdInnen ermordet.

Nur wenige konnten sich durch Flucht retten, erstaunlich wenige ergriffen als Rettungsmittel die Möglichkeit der Taufe. Und die Briefe Kaiser Heinrichs IV., der sich gerade in seinem italienischen Reichsteil befand, blieben gegenüber den Kreuzfahrerbanden völlig wirkungslos. Zum ersten Mal in Europa erfuhren die JüdInnen den Massenmord als kollektives Schicksal.

Nach dem Abebben der ersten Kreuzzugsbewegung und ihrer Begleiterscheinungen zog der Kaiser im Mainzer Reichslandfrieden von 1103 die Konsequenzen. Er stellte alle JüdInnen, die bisher wie die ChristInnen einen individuellen Rechtsstatus, je nach Herkunft und Beruf, gehabt hatten, unter seinen besonderen Schutz und schuf damit ein spezifisches Judenrecht. Erstmals wurden JüdInnen als Gruppe von ihrer christlichen Umgebung rechtlich getrennt. Verbunden mit dem Schutz war das Verbot, Waffen zu tragen. Genau dies unterschied aber Wehrfähige und Freie von Nichtwehrfähigen und Unfreien in der mittelalterlichen Gesellschaft.

Die christliche Herabsetzung der JüdInnen als Verfluchte

fand somit eine rechtliche Entsprechung in ihrer neuen Stellung als Nichtwehrfähige.

Was zunächst von Heinrich und seinen Nachfolgern noch als Schutz gedacht sein mochte, führte in den folgenden Jahrhunderten zur ständigen Verschlechterung der rechtlichen und sozialen Situation der JüdInnen. Je mehr die Macht der Kaiser abnahm, je mehr sich die Kirche mit ihrer Weltsicht politisch, sozial und geistig durchsetzte, desto dramatischer verschlechterte sich die Lage. Dies, obwohl einige Päpste die Ermordnung von JüdInnen durchaus nicht billigten, sondern auf Bekehrung aus waren. Aber auch sie hofften wohl, durch Verschlechterung der Lebensbedingungen der JüdInnen diese zur Taufe bewegen zu können.

Auf dem vierten Laterankonzil von 1215 fand solche Haltung ihren Ausdruck in einer Reihe judenfeindlicher Bestimmungen. So sollten JüdInnen fortan verpflichtet sein, durch eindeutige Kleidungsmerkmale wie spitze Hüte und gelbe Flecken oder Ringe ihre Zugehörigkeit erkennbar zu dokumentieren. Diese Kleiderordnung, die auch Muslime und Magier betraf, wurde jedoch in Deutschland zunächst wenig beachtet. Wirksamer waren da schon erste Berufsverbote, das Verbot von Ehen zwischen den Religionen, das Verbot der Tischgemeinschaft zwischen JüdInnen und ChristInnnen. Der kirchliche Kampf gegen das Judentum wurde auch auf einem Gebiet ausgetragen, in dem er seine Wirkung besonders gut entfalten konnte, dem der bildenden Kunst.

In diesen Jahrhunderten entstanden überall in Europa die großen romanischen und gotischen Kirchen. An vielen von ihnen finden sich Darstellungen der Synagoge als Symbol für das Judentum und der Ecclesia als Symbol für das Christentum. Immer wird die Synagoge als zwar schöne, aber demütige Frau, oft mit einer Binde über den Augen dargestellt, während die Ecclesia aufrechten Hauptes mit einer Krone dasteht. Am Straßburger Münster ist diese Gegenüberstellung besonders gut zu sehen. Eher schon in die Reformationszeit gehört die Figur der Judensau; sie ist gewöhnlich eine Sau, an deren Zitzen einige als Juden erkennbare Figuren saugen. Der Hohn war in diesem Fall besonders scharf, da das Schwein den JüdInnen als unreines Tier gilt, das sie weder essen noch berühren dürfen.

Die christliche Bevölkerung, die in ihrer übergroßen Mehrheit nicht lesen und schreiben, aber sehr wohl die bildlichen Darstellungen entschlüsseln konnte, erfuhr auf diese Weise sehr nachdrücklich von der Minderwertigkeit ihrer jüdischen Landsleute.

Der minderwertige Status fand durch Kaiser Friedrich II. seine weitere Ausgestaltung, indem er 1236 alle JüdInnen zu seinen »Kammerknechten« erklärte. Auch dies wiederum eine Schutzbezeichnung. Aber nach Römischem Recht, das sich langsam in Deutschland durchsetzte, war damit die Hörigkeit der JüdInnen definiert. Und für den »Schutz«, den der Kaiser ihnen gewährte, mußten sie regelmäßig hohe Summen aufbringen. Sicherheit war aber mitnichten gegeben, denn der Judenschutz galt als Regal, als Einnahmequelle, die ebenso wie etwa Zollstationen oder Bergwerkskonzessionen zur Ausbeutung an einzelne Landesfürsten oder Stadtregierungen verpfändet oder verliehen werden konnte. Die soziale Ausgrenzung der JüdInnen und ihre Ausbeutbarkeit war nunmehr vollendete Tatsache geworden.

Parallel dazu fand ihr endgültiger Ausschluß aus fast allen Berufen statt. HandwerkerInnen und Kaufleute bildeten immer häufiger Zünfte und Gilden und erhoben ein Monopol auf ihre jeweiligen Berufe. JüdInnen ließen sie nicht zu; außerhalb der Genossenschaften durfte der Beruf aber hinfort nicht mehr ausgeübt werden. Auch der Fernhandel, das einträglichste Handelsgeschäft, wurde immer mehr von christlichen Kaufleuten übernommen und monopolartig geführt. Nicht zuletzt die Kreuzzüge gegen Muslime und Slawen hatten durch die Errichtung von Handelsstationen zu großen Chancen im Fernhandel geführt.

Gehobene städtische und fürstliche Bedienstete mußten immer häufiger eine gewissen Schulbildung nachweisen, die sie in der Regel nur in kirchlichen Lateinschulen erwerben konnten. Von diesen und den nach und nach entstehenden Universitäten, die ebenfalls kirchlicher Kontrolle unterstanden, waren Juden naturgemäß ausgeschlossen. Übrigens auch alle Frauen, christliche wie jüdische. Bildungserwerb als Möglichkeit zum Einstieg in ein geachtetes Amt und damit zur Mitgestaltung der politischen Angelegenheiten war Christinnen, Jüdinnen und Juden fortan verschlossen. Die Kenntnis des hebräischen Alphabets und der Nachweis einer Talmudbildung war für die Bewerbung um Ämter in der ausgebauten christlichen Gesellschaft irrelevant.

Die Ausgrenzung und Verfolgung der JüdInnen nahm in den nächsten Jahrzehnten weiter zu. Im 13. Jahrhundert wurden Ritualmordbeschuldigungen sowie Legenden über Hostienfrevel immer wieder zum Vorwand für lokale und regionale Judenverfolgungen. Gerade in krisenhaften Zeiten bot sich die jüdische Minderheit fast regelmäßig als Sündenbock an, als Ventil für Probleme jeder Art. Zumal sie in der Regel in geschlossenen Wohnbezirken lebte und inzwischen durch die Kleidung kenntlich, also jederzeit identifizierbar war.

Manchmal schützten städtische Gremien und die Landesherren die jüdischen Gemeinden, zu anderen Zeiten gaben sie sie bewußt oder resignierend dem raubenden und mordenden Pöbel preis. Und manchmal organisierten sie die Verfolgung selbst.

Da die JüdInnen nach dem Verlust fast aller Berufsmöglichkeiten, wozu auch der Verlust von Boden gehörte, immer ausschließlicher auf den Geldverleih und den Trödelhandel verwiesen waren, die Zinsen wegen des großen Risikos von staatlicher (!) Seite aber sehr hoch angesetzt wurden, nämlich zwischen fünfundzwanzig und dreiunddreißig Prozent, galten die JüdInnen den bei ihnen verschuldeten Bauern und Landbesitzern als die eigentlich Schuldigen an der wirtschaftlichen Misere. Die Ermordung der Gläubiger oder derjenigen, bei denen man seinen letzten Besitz hatte versetzen müssen, erschien dann als naheliegender Schritt, zumal wenn die Ermordung als »Bestrafung wegen eines Frevels« dargestellt werden konnte oder gar von der Obrigkeit selbst vorgenommen wurde.

Eine zweite große Verfolgungswelle ergriff die jüdischen Gemeinden Mitte des 14. Jahrhunderts, von 1348 bis 1351, im Gefolge der Großen Pest. An ihr, die vermutlich durch italienische Kaufleute nach Europa eingeschleppt worden war, starb etwa ein Drittel der europäischen Bevölkerung. Besonders die Menschen in den Städten waren wegen der miserablen hygienischen Bedingungen gefährdet.

Sehr schnell wurden, in Unkenntnis der wahren Ursachen, die »Schuldigen« anderswo gefunden – bei den JüdInnen. Zu den bisherigen Vorwürfen des Hostienfrevels und des Ritualmordes kam nun der der Brunnenvergiftung hinzu. Dies ungeachtet der Tatsache, daß JüdInnen natürlich genau so der Pest erlagen wie ihre christlichen NachbarInnen. Und schon begannen die ersten Pogrome. Interessant ist, daß sie teilweise dem Eintreffen der Pest um ein halbes Jahr vorausgingen, ebenso wie die Geißlerzüge. Und die Gefahr eines Pogroms wiederum stand den jüdischen Gemeinden oft monatelang vor Augen, ohne daß sie flüchteten oder irgendwelche Gegenmaßnahmen ergriffen.

Es scheint, als habe die jahrhundertelange Ausgrenzungs- und Verfolgungsgeschichte sie wehrlos gemacht, sie resignieren lassen. Wahr ist aber auch, daß sie in der festgefügten mittelalterlichen Welt gar keine Fluchtmöglichkeiten hatten. Sollten sie sich dem fahrenden Volk auf den Landstraßen anschließen, um dann doch irgendwann von der Pogromwelle eingeholt und in irgendeinem Straßengraben ermordet zu werden?

In diesen Jahren wurden die meisten jüdischen Gemeinden in Deutschland ausgerottet, und die wenigen Überlebenden zerstreuten sich auf dem Land. Um den Nachlaß der Ermordeten und Vertriebenen entstand zwischen den verschiedenen »Schutzherren« ein oft jahrzehntelanger Streit. Versteht sich, daß die überlebenden JüdInnen kaum je gefragt und berücksichtigt wurden. Die meisten Synagogen riß man ab und verwandte die Baumaterialien zum Bau von Wohnhäusern und Kirchen. Die Friedhöfe erklärte man zu Bauland, die Grabsteine konnten dem Straßenbau und der Verstärkung der Stadtmauern dienen, die gefundenen Edelmetalle ließen sich trefflich umschmelzen zu Schmuck oder Geldmünzen.

Die Pogrome im Zusammenhang mit der Großen Pest hatten viel mehr Gemeinden betroffen als die Verfolgungen zur Zeit der Kreuzzüge. Dieses Mal waren auch kleine und kleinste Städte und Gemeinden beteiligt, auch solche, in denen wegen ihrer Winzigkeit jüdische Gemeinden von HistorikerInnen heute nicht nachgewiesen werden können. Ein solcher Fall ist auch das eingangs erwähnte Lübbecke, wo JüdInnen nur durch ihren Tod bezeugt sind. Ansonsten sind ihre Spuren restlos gelöscht worden, so wie in unserem Jahrhundert.

Wenige Überlebende kehrten später in die größeren Städte zurück, oft sogar gerufen von den Stadtobrigkeiten, die auf die Dienste der Geldverleiher und Geldwechsler nicht verzichten konnten. Aber ihre Lebensbedingungen hatten sich nochmals verschlechtert; in einigen Städten wurden nach venezianischem Modell getrennte jüdische Wohnbezirke vorgeschrieben, sogenannte Gettos. Und der Aufenthalt in den Orten selbst mußte immer wieder mit schweren Geldzahlungen erkauft werden. Einige Städte, wie Köln etwa, blieben JüdInnen fortan ganz verschlossen, in anderen durften sie sich nur am Tage, und selbstverständlich nur nach Zahlung eines Aufenthaltsgeldes, aufhalten, und das auch nur in besonderer Kleidung. Die wiederum konnte von Ort zu Ort verschieden sein.

Diesen extremen Regulierungen entzogen sich diejenigen, die nach Polen wanderten. Dort wurden sie willkommen geheißen, dort konnten sie alle Berufe ausüben, dort konnten sie die zivilisatorische Rolle spielen, die sie einst auch im Deutschen Reich ausgefüllt hatten. Noch jedenfalls.

Die Auswanderer nach Osten nahmen ihre Sprache, das damalige Deutsch, und ihre Kleidermode mit. In den folgenden Jahrzehnten entwickelte sich in Polen aus dem Deutsch der Einwanderer sowie hebräischen und polnischen Einsprengseln das Jiddische, eine Subsprache des Deutschen, das jahrhundertelang als lebendige Sprache gesprochen und schließlich auch als Literatursprache geschrieben wurde, im Werk Isaak B. Singers z. B., der in unserem Jahrhundert mit dem Nobelpreis ausgezeichnet wurde. Die jüdischen Ansiedlungen, die Shtetl, waren viele Jahrhunderte hindurch Orte jüdischen Lebens und jüdischer Kultur, Orte des Talmudstudiums. Dieser lebendigen Kultur setzten erst die Nationalsozialisten mit ihrer Mordpolitik ein Ende.

Die in Deutschland verbliebenen wenigen JüdInnen erwartete ein armseliges Leben, gekennzeichnet durch Berufsverbote, Zwangsgettos, Aufenthaltsbeschränkungen, Kleiderverordnungen, Ausgehverbote, Ausweisungen, Verfolgungen und Ermordung.

Fortan und endgültig war die Öffentlichkeit, die »Straße als öffentlicher Raum«, für sie ein feindseliger Ort. Es gab nur noch zwei Plätze, an denen JüdInnen ganz sie selbst sein konnten: die Synagoge und das eigene Heim. So konzentrierten sich darauf nun alle Kräfte, um diese Plätze als Inseln in einer feindlichen Umgebung auszubauen und auszugestalten.

In den Synagogen, von denen viele während der Verfolgungen Schauplätze besonders blutiger Pogrome geworden waren (in der Altneusynagoge in Prag z.B. sind heute noch Blutspuren von Metzeleien an den Wänden zu sehen), bestimmten die Männer das Geschehen. Nur Männer erhielten eine talmudische Bildung, nur sie konnten darum die heiligen Texte lesen und beten. Sie spielten eindeutig die führenden Rollen in den Gemeinden, nur sie bildeten strenggenommen die Kultusgemeinde, und nur sie nahmen aktiv am Gottesdienst teil. Nur wenn eine ausreichende Zahl von Männern (zehn = Minjan) vorhanden war, konnte überhaupt ein Gottesdienst stattfinden. Frauen waren lediglich geduldete Zuhörerinnen, teilweise in einem gesonderten Raum neben der eigentlichen Synagoge, teilweise hinter einem Vorhang oder, später, auf Emporen.

Diese Nichtbeteiligung der Frauen ist übrigens kein jüdisches Spezifikum. Ihren christlichen Schwestern erging es nicht besser. Auch sie waren zu kirchlichen Ämtern nicht zugelassen, schon gar nicht zum Priesteramt. Was sich bis heute bekanntlich kaum geändert hat. In der katholischen Kirche gar nicht, in den protestantischen Kirchen nur zögernd und erst in letzter Zeit. Eine eigenständigere Stellung konnten christliche Frauen jedoch gewinnen, wenn sie in ein Kloster eintraten. Dort waren sie Angehörige einer rein weiblichen Gemeinschaft, die sich nach innen selbst verwaltete, nach außen allerdings durch einen – männlichen – Vogt vertreten und geistlich immer durch einen – männlichen – Priester betreut wurde.

Ein eheloses Klosterleben oder etwas Vergleichbares, überhaupt die Hochschätzung, ja Überschätzung und Überbewertung des ehelosen Lebens, gab es für JüdInnen nicht. Im Gegenteil. Die Ehe, geregelte Sexualität mithin, wird im Judentum als einzige Form gottgefälligen Lebens betrachtet. Demzufolge gilt sie als selbstverständliches Ziel aller JüdInnen. An der Abwertung aller Sexualität, als deren Inbegriff die christliche Kirche die Frau betrachtete und unterdrückte, beteiligt sich die jüdische Religion nicht.

In der religiösen Ausgestaltung des Familienlebens spielt die Jüdin, anders als die Christin, eine zentrale Rolle. In manchen Texten über das Judentum wird sie geradezu als »Priesterin des Heims« bezeichnet. Die Einrichtung eines jüdischen Haushalts war in der Regel einfach, mußte aber einige Gegenstände enthalten, die für den häuslichen Kult notwendig waren.

Die Mesusa zeigte bereits an der Eingangstür an, daß hier ein jüdisches Haus betreten wurde. Sie ist ein Gehäuse, das draußen oder drinnen am Türpfosten angebracht wird und eine Pergamentrolle enthält, auf der in hebräischer Schrift ein Text aus dem Fünften Buch Moses geschrieben ist. Die Misrach ist ein Wandschmuck, der im Hauptzimmer der Wohnung an der Ostwand hängt und damit die Richtung anzeigt, in der Jerusalem liegt. Zu jedem jüdischen Haushalt gehören außerdem Sabbatkerzenständer, Sederbecher und -teller, Besamimbüchse und Chanukka-Leuchter. Alle diese

Gegenstände gebraucht die Hausfrau zur kultischen Gestaltung der jüdischen Feste, deren häufigstes die wöchentliche Sabbatfeier ist. Die strikte Befolgung der jüdischen Feste, die Ritualisierung des Lebens, gehört untrennbar zur jüdischen Religion.

Besonders wichtig ist getrenntes Geschirr. Da nach jüdischem Gesetz milchige und fleischige Speisen niemals zusammen zubereitet und genossen werden dürfen, ist praktisch doppeltes Koch- und Eßgeschirr notwenig, zur besseren Unterscheidung möglichst in verschiedenen Farben. Vor Pessach muß das Geschirr zusätzlich noch rituell gereinigt werden, um sicherzugehen, daß kein Krümelchen Gesäuertes im Hause zurückbleibt. Vor hohen Feiertagen müssen spezielle Speisen zubereitet werden; ebenso müssen für jeden Sabbat Speisen vorbereitet und warmgehalten werden, weil während des Sabbats jede profane Tätigkeit streng untersagt ist. Reichere jüdische Haushalte behelfen sich allerdings oft mit christlichen Dienerinnen, sogenannten Sabbatfrauen, welche die für JüdInnen untersagten Tätigkeiten nach Anweisung ausführen dürfen. Aber welcher jüdische Haushalt war im Spätmittelalter schon reich?

Die Vorschriften zur festlichen Gestaltung der Feiertage setzen also voraus, daß die Hausfrau streng alle religiösen Gesetze beachtet. Eine Christin hätte diese Kenntnisse, die in ihrer ganzen Fülle von der Mutter auf die Tochter weitergegeben wurden, gar nicht selbständig befolgen können. Auch hierin lag eine äußerst wirksame Form der Abgrenzung zwischen beiden Religionsgemeinschaften.

Die häuslichen Feiern änderten sich über die Jahrhunderte nicht. So ist es legitim, hier als Beispiel für die Bedeutung des Festes einen Bericht heranzuziehen, der aus dem Jahre 1825 stammt, aber auch vierhundert Jahre früher hätte verfaßt werden können. Die Verfasserin erzählt, wie sie den Sabbatbeginn im Haus ihres strenggläubigen Onkels erlebt.

Sie hat diesen zuvor noch in seinem Altkleiderladen erlebt, im abgetragenen Rock, mit unterwürfigen Gebärden, ärmlich und scheu. Ihr erscheint er als Verkörperung der Unterdrückung aller JüdInnen. Nach Schließung des Ladens und dem Betreten der eigenen Wohnung wandelt sich der Onkel: Er wirft den alten Rock ab und legt seinen Festtagsrock an. Die Fenstervorhänge werden herabgelassen, ein feines weißes Tuch über den Tisch gelegt, die vielen Kerzen auf schweren silbernen Leuchtern angezündet. »Das kleine Zimmer war plötzlich tageshell geworden, und wie nun der Onkel wie ein alter Patriarch mit ehrwürdiger, feierlicher Miene an dem Tisch stand und zum Beginn des Sabbats seine Gebete murmelte, da fühlte ich in dieser Umwandlung auf einmal all den süßen Zauber, der in der Ausübung frommer Gebräuche ruht.«[1]

Vergleichbar eindrucksvoll ist auch eine Szene in J. F. E. Halevys Oper »Die Jüdin«, die einen Vorabend vor einem hohen jüdischen Festtag zeigt.

Die Hausfrau als Vorbereiterin der häuslichen Feier, als häusliche Priesterin – hierin liegt die religiöse Rolle der jüdischen Frau. Als Gemeindemitglied wie als eheloses Wesen war sie dagegen bedeutungslos. Religiöse Feste wie die Beschneidung und die Bar-Mitzwa, die den Eintritt des männlichen Juden in die Religionsgemeinschaft besiegeln, gab es für Frauen nicht.

Für Männer war auch der Tagesablauf viel strenger ritualisiert als für Frauen. Nur Männer mußten feste Gebetszeiten einhalten, zu denen sie sich auch noch rituell kleiden mußten. Zum Morgengebet z. B. legt der fromme Jude Gebetskapsel und Gebetsriemen an, zum Gottesdienst in der Synagoge den Gebetsmantel.

Zur strengen Ritualisierung, die von Männern und Frauen befolgt werden muß, gehören auch die Vorschriften im Bereich der Körperpflege. Körperliche Ausscheidungen wie Urin, Kot, Samen und Menstruationsblut gelten als unrein und erfordern eine anschließende rituelle Waschung. Frauen gelten nach einer Entbindung und während der Menstruation als unrein; in dieser Zeit sollen Ehepaare keinerlei körperliche Berührung haben, bis sich die Frau durch ein rituelles Tauchbad in der Mikwe, im rituellen Bad, gereinigt hat.

Eine solche Mikwe muß aus lebendigem Wasser bestehen, das heißt aus Quell- oder Regenwasser. Es versteht sich, daß eine Mikwe nicht in jedem Haushalt vorhanden sein konnte. Daher unterhielten in der Regel die Gemeinden eine oder mehrere Mikwes, die verpachtet wurden und den Pächtern eine gute Einnahmequelle bedeuteten. In manchen Städten des Rheinlandes finden sich noch mittelalterliche Mikwen, etwa sehr eindrucksvoll in Worms und Speyer.

Über berufliche Tätigkeiten der jüdischen Frauen im Mittelalter ist bisher wenig bekannt. Es ist aber anzunehmen, daß sie viel umfangreicher beruflich tätig waren, als die allgemeine (Männer-) Geschichtsschreibung uns das bisher überliefert hat. Immerhin gibt es inzwischen einige Untersuchungen zur Frauenerwerbstätigkeit im Mittelalter, und diese zeigen, in welch hohem Maße Frauen selbständig am Erwerbsleben teilnahmen. Daß sie immer und zu allen Zeiten ihren Ehemännern, Vätern und Brüdern tätig zur Seite standen, versteht sich ohnedies von selbst.

Aber auch dies wird in der traditionellen Geschichtsschreibung gern unterschlagen.

Die wenigen Untersuchungen zur Frauenerwerbstätigkeit im Mittelalter zeigen, daß die Frauen, jüdische und christliche, mit der zunehmenden Professionalisierung der Berufe, verstärkt noch durch ihre Akademisierung, ins Abseits gedrängt wurden. Das galt besonders für Ärztinnen, ein Beruf, in dem Frauen offenbar stark vertreten waren.

Einige von ihnen kennen wir sogar mit Namen. So ist für 1322 in Paris die jüdische Ärztin Johanna Belota bezeugt. Im 15. Jahrhundert sind für Frankfurt am Main mehrfach jüdische Ärztinnen und Augenärztinnen belegt. Gleiches ist auch für andere deutsche Städte zu vermuten.

Die bis hierher geschilderte Lage der JüdInnen sollte sich bis in die Neuzeit nicht mehr ändern.

Zwar schien es anfangs, als würde durch die Humanisten des 16. Jahrhunderts mit ihrem Interesse an antiken Sprachen, eben auch am Hebräischen, eine Entwicklung zu einer neuen Wertschätzung des Judentums und seiner geistigen Tradition eingeleitet. Auch Luthers Schrift »Daß Christus ein geborener Jude sei« von 1523 schien auf eine Verbesserung der Lage der JüdInnen hinzuwirken.

In diesen Jahren erhielten die deutschen jüdischen Gemeinden in dem bekannten Josel von Rosheim einen Anwalt, der jahrzehntelang unermüdlich als selbsternannter oder gerufener Fürsprecher seiner jüdischen GlaubensgenossInnen wirkte, der sich nicht scheute, an den Höfen der Landesfürsten und in den Ratskollegien der Städte aufzutreten. Aber Luther, auf den die JüdInnen so große Hoffnungen gesetzt hatten, weigerte sich 1537, Josel auch nur zu einem Gespräch zu empfangen. Und derselbe Luther veröffentlichte 1543 die Schrift »Von den Jüden und ihren Lügen«, in der er den Obrigkeiten den Rat gab, die Häuser und Synagogen der JüdInnen zu zerstören und zu verbrennen, ihnen alle ihre heiligen Schriften wegzunehmen und das Rabbineramt zu verbieten, ihnen ihren gesamten Besitz zu nehmen und sie aus dem Land zu vertreiben oder, wo das nicht ging, sie körperlich hart arbeiten zu lassen, im Schweiße ihres Angesichts, wie Gott das ja schon Abrahams Kindern auferlegt habe. Ein Programm, das fatal an die Nazipolitik gemahnt.

Was Wunder, wenn sich im katholischen wie im protestantischen Deutschland auch am Beginn der Neuzeit keine Jüdin und kein Jude je sicher fühlen konnten.

Fünfhundert Jahre nach Beginn der Verfolgungen waren sie ein armes, elendes Volk, ausgegrenzt und selten geduldet, fremd geworden und argwöhnisch betrachtet von der Mehrheit der Bevölkerung, die über JüdInnen nur noch wußte, was im Neuen Testament stand und was eine eifernde Geistlichkeit nicht müde wurde zu betonen: daß JüdInnen Gottesmörder seien und damit auf ewig verdammt.

Fünfzehnhundert Jahre nach seiner Entstehung hatte das Christentum gesiegt: Ecclesia triumphans.

Gerade auf dem Höhpunkt dieses Sieges, der in England, Frankreich, Spanien und Portugal sogar zur restlosen Vertreibung aller JüdInnen auf alle Zeiten geführt hatte, deutete sich jedoch langsam eine Wende an.

Anmerkungen

1 Therese Devrient, Jugenderinnerungen. In: Hans Bach (Hg.), Jüdische Memoiren aus drei Jahrhunderten. Berlin 1936, S. 138f.

Glückel von Hameln

1646-1724

... treu im Handel und Wandel

»Meine lieben Kinder, ich habe dieses Buch zu schreiben angefangen nach dem Tode eures frommen Vaters, um meine Seele ein wenig zu beruhigen, wenn mir die melancholischen Gedanken kamen und schwere Sorgen mich bedrückten, da wir unseren treuen Hirten verloren haben. So habe ich manche Nacht schlaflos zugebracht, dann bin ich oft aufgestanden, um mir die schlaflosen Stunden damit zu verkürzen.«[1]

Als die Hamburger Kauffrau Glückel von Hameln diese Zeilen schreibt, denkt sie nicht an eine Veröffentlichung ihres Werkes. Sie schreibt als Therapie, für ihre Kinder, für den Hausgebrauch. Sie ist sich nicht bewußt, daß sie an der Schwelle eines neuen Zeitalters steht, daß mit ihr beginnt, was später die deutsch-jüdische Symbiose genannt wird.

Heutigen LeserInnen geben ihre »Denkwürdigkeiten« ein authentisches Bild jüdischen Lebens.

Es waren dunkle Zeiten, in die hinein sie geboren wurde, die Endphase des Dreißigjährigen Krieges (1618-1648).

Dieser Krieg, vorgeblich ein Religionskrieg, in Wirklichkeit ein Kampf um die Vorherrschaft in Europa, hatte weite Teile Deutschlands völlig zerstört. Etwa die Hälfte der deutschen Bevölkerung der Vorkriegszeit war tot, zwei Drittel der Wirtschaftskraft vernichtet. Es sollte ungefähr einhundert Jahre dauern, bis die Bevölkerungszahl wieder die Vorkriegshöhe erreicht hatte, und noch länger, bis auch wirtschaftlich die schlimmen Einbußen durch den Krieg einigermaßen wieder wettgemacht waren.

Das wichtigste Ziel fast aller deutschen Fürsten während der Jahrzehnte nach dem großen Krieg wurde der wirtschaftliche und politische Neuaufbau ihrer Länder. Das hieß zunächst einmal Bevölkerungspolitik. Einige Herrscher der am meisten heimgesuchten Länder siedelten systematisch Einwanderer an, vorzugsweise solche, die Kapital und handwerkliche und kaufmännische Fähigkeiten mitbrachten. Diese Ansiedlungspolitik geschah oft gegen den Willen der alteingesessenen Bevölkerung, die wirtschaftliche Konkurrenz und soziales Abgleiten fürchtete. Die Neuankömmlinge erhielten nämlich häufig besondere Vorrechte, z. B. Steuervergünstigungen.

Glückels Familie gehörte zu den bevorzugten Neuankömmlingen.

Hamburg, die alte Hansestadt an der Elbe, hatte es verstanden, den Krieg unzerstört zu überstehen. Sie war stark befestigt worden, die Einwohnerschaft stieg auf weit über vierzigtausend Einwohner.

Die Gewerbetreibenden hatten viele Jahrhunderte lang das Wirtschaftsleben in der Stadt geprägt, während die Fernhandelskaufleute nur einen kleinen Teil der Einwohner ausmachten. Das änderte sich um 1600, gefördert durch den herrschenden Rat, in dem die Fernhändler den Ton angaben. Hamburg entwickelte sich zur Handelsstadt, wobei Fernhandel und Kleinhandel einander bedingten und ergänzten. Ein fremder Besucher Hamburgs sagte im siebzehnten Jahrhundert, es seien dort Kaufstätten fast in jedem Haus. Die Stadt quirlte vor Leben, war gewissermaßen mit ihren unzähligen Gewölben, offenen Buden und Kellern ein einziger großer Markt. Maßgeblichen Anteil an der Verlagerung des wirtschaftlichen Schwerpunktes vom Gewerbe zum Handel hatte die Judenpolitik des Rates gehabt, die ihrerseits Bestandteil einer aktiven Einwanderungspolitik war.

Um 1600 wurden sephardische jüdische Familien aus den Niederlanden zur Ansiedlung in Hamburg bewogen, die »Portugiesen«, die Kapital und weitverzweigte Handelsbeziehungen mitbrachten und dem Hamburger Wirtschaftsleben starken Auftrieb gaben.

In den dreißiger Jahren wanderten dann in einer zweiten jüdischen Einwanderungswelle viele Aschkenasim, das heißt jüdische Familien aus dem deutschen Raum, in die Stadt und siedelten im Gebiet der gerade erschlossenen Neustadt. Um 1640 wurden etwa fünfzig aschkenasische Haushaltungen gezählt. Sie lebten wirtschaftlich und sozial im Schutz und Schatten der Sephardim, denn was die sephardischen Großhändler an Kapital und Waren in großem Stil in die Stadt holten, verhökerten, verteilten und verliehen die aschkenasischen HökerInnen, HausiererInnen, KleinhändlerInnen, WechslerInnen und PfandleiherInnen. Unter ihnen gab es noch eine kleine Gruppe, die als Mittler zwischen den Großkaufleuten und den Kleinkrämern fungierte.

Sie waren wesentlich ärmer als die Sephardim, aber erheblich reicher als die Mehrheit der eingesessenen Hamburger Bürgerschaft.

Zu ihnen gehörte Glückels Vater Loeb Pinkerle, ein Juwelenhändler und Pfandleiher. Stolz erzählt Glückel, mit einem Vermögen von ca. 8000 Reichstalern sei er der zweitreichste Mann der aschkenasischen Gemeinde gewesen. Zum Vergleich: Ein jüdischer Haushalt der Oberschicht benötigte ca. 1000 Taler im Jahr; noch mit 500 Talern konnte man mehr als auskömmlich leben.

Dennoch: Das Leben der jüdischen Neu-Hamburger war gefährdet. Die – christliche – Hamburger Bevölkerung sah, ganz im Gegensatz zum herrschenden Rat, in den Neuankömmlingen die Konkurrenten und verlangte deren Austreibung.

Loeb Pinkerle hatte in den frühen vierziger Jahren Bela Melrich geheiratet, eine noch sehr junge, aber schon wirtschaftlich erfolgreiche Kauffrau. Die Töchter Hendele, Elkele und Glückele wurden in rascher Folge geboren. Nun drohte die Ausweisung.

Im Jahr 1648 konnte sich die Bürgerschaft im innerstädtischen Machtkampf gegen den Rat durchsetzen. Durch ihren Beschluß vom 16. August wurde bestimmt, »daß die hochdeutschen Juden sofort aufgekündigt und zu Ostern 1649 alle ausgeschafft werden.«[2]

Dieser Beschluß wurde zu Ostern 1649 denn auch verwirklicht. Er traf ausschließlich die Aschkenasim, nicht die Sephardim.

Was sollte man tun? Wie alle jüdischen Handelsfamilien hatte auch Glückels Vater weitverzweigte Kontakte; das verwandtschaftliche, geschäftliche und religiöse Netzwerk, das all die Jahrhunderte den Verfolgten einen gewissen Schutz und Halt geboten hatte, wirkte auch hier. Es war auch gar nicht nötig, weit zu ziehen. Altona, in nächster Nähe, bot sich an. Das war nun unter jüdischen Gesichtspunkten kein schlechter Wohnort. Altona gehörte damals zu Dänemark, und der dänische König förderte den Ort, damit er Hamburg Konkurrenz machen und die Steuereinnahmen der dänischen Krone erhöhen konnte. Auf reichliche und regelmäßige Steuereinnahmen war schließlich jeder Landesherr angewiesen. Der König gewährte allen Bekenntnissen Religionsfreiheit und zog damit viele Emigranten an. Es kamen sephardische und aschkenasische JüdInnen, Reformierte, LutheranerInnen und KatholikInnen. Für sie alle galt unbegrenzte Zuzugsfreiheit, ein ganz ungewöhnlicher Status.

Glückel: »Dieses Altona ist kaum eine Viertelstunde von Hamburg entfernt. In Altona waren damals schon ungefähr 25 jüdische Haushaltungen; dort hatten wir auch unsere Synagoge und unsern Friedhof. So haben wir eine Zeitlang in Altona gewohnt ...«[3] Die aschkenasische Gemeinde stieg auf vierzig Haushaltungen an. Man muß die Zahl mit 10 multiplizieren, um auf die Gemeindegröße zu kommen.

Als Mitgliedern einer mit ungewöhnlich freizügigen

Rechten ausgestatteten Gemeinde ging es den Neuankömmlingen gut, aber die wirtschaftlichen Bedingungen waren im Vergleich zu Hamburg bescheiden, zumal die Flüchtlinge ihre Geschäftskontakte dort hatten und sich solche in Altona erst aufbauen mußten. Der wesentlich größere Markt lockte einfach stärker als die Etablierung eines neuen.

So fand man schnell einen Kompromiß. Die jüdischen Kaufleute erreichten, »daß man den Juden in Altona Pässe gegeben hat, so daß sie in die Stadt (Hamburg) gehen und dort Geschäfte treiben durften. Ein jeder Paß hat für vier Wochen gegolten; man hat ihn von dem regierenden Oberhaupt des Rates (= regierender Bürgermeister) in Hamburg bekommen; er hat einen Dukaten gekostet, und wenn der Paß abgelaufen war, hat man wieder einen neuen nehmen müssen. Aber aus den vier Wochen sind oft acht Wochen geworden, wenn Leute Bekanntschaft mit dem Bürgermeister oder den Beamten hatten. Die Leute hatten es leider Gottes sehr schwer, denn sie haben ihr ganzes Geschäft in der Stadt suchen müssen, und so haben manche arme und bedürftige Leute oft gewagt, sich ohne Paß in die Stadt hineinzuschleichen.

Wenn sie dann von Beamten ertappt wurden, hat man sie ins Gefängnis gesteckt; das hat alles viel Geld gekostet, und man hat Not gehabt, sie wieder freizubekommen. Des Morgens in aller Frühe, sobald sie aus dem Bethaus gekommen sind, sind sie in die Stadt gegangen, und gegen Abend, wenn man das Tor hat zumachen wollen, sind sie wieder nach Altona zurückgekehrt. Wenn die armen Menschen herausgegangen sind, sind sie oft ihres Lebens nicht sicher gewesen wegen des Judenhasses, der bei Bootsleuten, Soldaten und anderm geringen Volk herrschte, so daß eine jede Frau Gott gedankt hat, wenn sie ihren Mann wieder glücklich bei sich hatte.«[4]

Klarer als Glückel kann man wohl kaum beschreiben, wie die jüdischen Kaufleute zwischen die widerstreitenden Interessen von Rat und Bürgerschaft gerieten und wie die städtischen Mittel- und Unterschichten (= »geringes Volk«) den durch die Bürgerschaft geschürten Haß aufnahmen und ausagierten.

Altona wurde jedoch innerhalb kürzester Zeit zu einem Zentrum jüdischen Lebens; hier etablierte sich das einzige jüdische Rabbinatsgericht in Europa. Doch als dänische Untertanen gerieten die jüdischen Familien in Gefahren anderer Art. Dänemark war in einen Krieg mit Schweden verwickelt. Glückel: »Mit einem Mal, an einem Sabbat, ertönt das Wehgeschrei: Der Schwede kommt! Es war noch früh am Morgen, alle lagen noch im Bett, da sind wir alle aus den Betten gesprungen und nackt und bloß nach der Stadt (Hamburg) gelaufen und haben uns teils bei Portugiesen, teils bei Bürgern behelfen müssen.«[5]

Man wohnte also wieder in Hamburg, behelfsmäßig und unbequem. Aber diese Zeit des Improvisierens ging vorüber. »So haben wir uns kurze Zeit so (= ohne Erlaubnis) dort aufgehalten, bis endlich mein seliger Vater es erreicht (d. h. das Wohnrecht erlangt) hat, und er ist der erste (deutsche) Jude gewesen, der sich wieder in Hamburg niedergelassen hat. Danach hat man allmählich erreicht, daß noch mehr Juden in die Stadt zogen. So ließen sich fast alle jüdischen Hausväter in Hamburg nieder, außer denen, die vor der Austreibung in Altona gewohnt hatten: die bleiben in Altona wohnen.«[6]

Die Situation für Juden in Hamburg war und blieb bedrohlich. Wahrscheinlich war sie nur erträglich, weil kurzfristig jederzeit die Möglichkeit bestand, ins sichere Altona zurückzukehren. Glückel: ». . . wir hatten keine Synagoge in Hamburg und auch keine Aufenthaltsrechte; wir wohnten dort nur durch die Gnade des Rates. Die Juden sind aber doch zusammengekommen und haben Gebetsversammlungen in Zimmern abgehalten, so gut sie konnten. Wenn der Rat auch etwas davon gewußt hat, so hat er ihnen doch gern durch die Finger gesehen. Aber wenn [lutherische] Geistliche es gewahr wurden, haben sie es nicht leiden wollen und haben uns verjagt; wie schüchterne Schafe mußten wir dann nach Altona ins Bethaus gehen. Das hat eine Zeitlang gedauert; dann sind wir wieder in unsere Schülchen gekrochen. Also haben wir zuzeiten Ruhe gehabt, zuzeiten sind wir wieder verjagt worden ...«[7]

Wenn Glückel »wir« sagt, meint sie in der Regel die Aschkenasim. Die Sephardim hatten, auch was die Synagogen anging, eine Sonderstellung. Schon 1627 soll eine Synagoge in einer sephardischen Privatwohnung an der Herrlichkeit vorhanden gewesen sein. 1650 wurden den Sepharden Synagogen für höchstens fünfundzwanzig Familien gestattet.

Immer wieder bildeten die Synagogen einen Hauptstreitpunkt innerhalb Hamburgs. Argwöhnisch beobachteten evangelische Pfarrer, Predigtamtskandidaten und Theologiestudenten die Häuser, in denen private Synagogen vermutet wurden, achteten auf laute hebräische Gesänge oder auf das Brennen von Sabbatlampen an den Freitagabenden. Wie im Mittelalter hatten offenbar die Geistlichen Angst um das Glaubensmonopol, das immer auch ein Erklärungsmonopol für Wirklichkeit war und darum geistige Macht verlieh. Sie fürchteten selbst die winzigen, nach außen kaum erkennbaren Lebenszeichen anderer Religionsgemeinschaften als Angriff auf dieses Monopol. Da die erbgesessene Bürgerschaft auf der Basis der Hamburger Kirchengemeinden organisiert war, spielten die Pfarrer natürlich auch eine entscheidende Rolle im innerstädtischen Machtkampf zwischen Rat und Bürgerschaft. Wenn also die bis heute überlieferten Akten der Stadt Zeugenverhöre »wegen der Juden« und ihrem »Geplärr in ihrer Synagoge« verzeichnen, kann man daraus schließen, daß das politische Schwergewicht gerade mal wieder auf der Bürgerschaft lag. Während Glückels Lebenszeit in Hamburg, die etwa fünfzig Jahre umfaßt, sollte sich diese ewige Unsicherheit auch nicht ändern.

Trotzdem, man blieb in Hamburg und machte offenbar ganz gute Geschäfte. Loeb Pinkerle handelte hauptsächlich mit Juwelen, aber auch mit allen anderen Waren, »wie ein Jude, der von allem etwas nascht«.[8]

Seine Kinder saßen im Cheder, der jüdischen Kinderschule, wo sie im Lesen, Schreiben und den Grundlagen der jüdischen Religion unterrichtet wurden. Bemerkenswert ist, daß auch die Mädchen diese Elementarbildung für Kinder von vier Jahren an aufwärts erhielten. Während die jüdischen Jungen ab dreizehn Jahren dann aber noch in eine Talmudschule gehen oder von Rabbinern und rabbinischen Gelehrten weiter im Talmud unterrichtet werden konnten, blieb für die Mädchen, wenn sie das Glück hatten, in einer wohlhabenden und wohlwollenden Familie aufzuwachsen, allenfalls noch der private Unterricht.

Die Notwendigkeit zum Erlernen von Fremdsprachen ergab sich für jüdische Frauen und Männer ohnedies aus ihrer Situation. Untereinander sprachen sie Judendeutsch, auch Westjiddisch genannt, eine eigenständige Subsprache des Deutschen. In dieser Sprache verfaßte auch Glückel ihre Memoiren. Mit ihrer christlichen Umgebung verkehrten sie in Hochdeutsch oder Niederdeutsch, je nach Wohnort. In Hamburg kam noch das Niederländische hinzu, das wegen des starken Handels mit den Niederlanden zeitweise die Geschäftssprache aller Hamburger Fernhändler war. Mit den Beamten des dänischen Königs mußte man bei Bedarf auch Dänisch sprechen. Unabdingbar aber war für JüdInnen die Kenntnis des Hebräischen. Die Handelsreisen in andere Regionen sowie die Geschäftsunterhandlungen auf internationalen Messen führten zu bruchstückhaften Kenntnissen in weiteren Sprachen. Überhaupt kann man sagen, daß wohl keine Religion eine so große Achtung vor dem Wort hat wie die jüdische, so daß das lebenslange Lernen geradezu ein Kennzeichen jüdischer Kultur ist. Und davon profitierten eben auch die Mädchen, die ja als zukünftige Hausfrauen die Grundkenntnisse der jüdischen Gesetze und damit Grundkenntnisse im Hebräischen haben mußten. Als Helferinnen ihrer Männer in den Handelsgeschäften, häufig auch mit auf Reisen, kannten sie ebenfalls fremde Sprachen.

Sehr viele Jahre, sich Wissen schulmäßig anzueignen, waren Glückel, wie den meisten jüdischen Mädchen, jedoch nicht vergönnt. Jüdinnen galten mit zwölf Jahren als geschlechtsreif und konnten dann offiziell verlobt werden; die Heirat wurde vollzogen, wenn das Kind ausgewachsen war, meistens im Alter von etwa vierzehn Jahren. Glückel und ihre Schwestern bildeten da keine Ausnahmen.

Hendele wurde als erste verlobt. Sie hatte das Glück, »die prinzipalste Heiratspartie in ganz Deutschland« (Glückel) zu machen und den Sohn des Rabbi Mordechai Gumpel, amtlich Marcus Gomperz genannt, zu heiraten. Gomperz, Lieferant der brandenburgischen Regierung in Kleve, wurde zum Stammvater einer der bedeutendsten jüdischen Familien in Deutschland. Hendeles Vater Loeb lag offenbar viel daran, seine Tochter in diese Familie einheiraten zu lassen, denn er gab ihr die Riesensumme von achtzehnhundert Reichstalern als Mitgift. Verglichen mit den etwa achttausend Reichstalern, die er als Vermögen besaß, ist die Summe in der Tat ungeheuerlich, fast ein Viertel des Gesamtvermögens der Familie. Ihre Höhe wird nur verständlich, wenn man sie vor dem Hintergrund der Heiratspolitik damals sieht.

Heiraten von Töchtern und Söhnen wurden immer und ausschließlich als Anknüpfen von Geschäftsbeziehungen gesehen. Einen Sohn oder Schwiegersohn sowie dessen Vater, Onkel und Brüder in einer anderen Stadt zu wissen hieß für das eigene Geschäft in Zukunft fast soviel wie dort eine eigene Niederlassung zu haben. Dort konnte man Waren und Geld deponieren und für eigene Käufe gegen Wechsel kurzfristig Geld aufnehmen, dort konnte man auf Geschäftsreisen wohnen. Je mehr Kontakte dieser Art man hatte, desto mehr verringerte sich das außerordentliche Geschäftsrisiko. Nicht zuletzt erhielt man auch Geschäftsinformationen jeder Art. Jeder Kaufmann, der dauerhaften geschäftlichen Erfolg haben und sich gegen die hohen Risiken absichern wollte, mußte darauf bedacht sein, seine Kinder in diesem Sinne möglichst vorteilhaft zu verheiraten. Je mehr Kinder er hatte, desto mehr Kontakte dieser Art konnte er knüpfen. Die hohen Mitgiften für Söhne und Töchter, gleichsam der Eintrittspreis für Geschäftsbeziehungen, wurden als Zukunftsinvestition betrachtet. Natürlich mußte ein Schwiegersohn oder eine Schwiegertochter sorgfältig ausgesucht werden, mußten zuallererst Auskünfte eingeholt werden über die Bonität der zukünftigen Schwiegerfamilie, bevor ein Verlobungskontrakt zur Sprache kam. Auch da bewährte sich dann wieder das schon vorher geknüpfte Netz von Familienbeziehungen an anderen Orten, das zur Verbreitung des eigenen guten Rufs in geschäftlichen Dingen, aber auch zum Einholen von Informationen diente.

Der eigene gute Ruf war ein ganz wichtiges Geschäftskapital. Die jüdischen Kaufleute hatten da einen Ehrenkodex, den Glückel in ihrer Charakterisierung von Hendeles Schwiegervater erkennen läßt: »Was der für ein heiliger

Mann gewesen ist, kann ich nicht genug rühmen. Er war mit keinem von jetzt zu vergleichen, wie ehrlich er geliefert hat.«[9]

Peinlich genaue Beachtung der jüdischen Ritualgesetze, »Heiligkeit«, und korrektes Geschäftsgebaren, »Ehrlichkeit« – das sind für Glückel fast Synonyme. Denn: »Hat man Geld oder Waren von anderen Leuten in Händen, so muß man mehr Sorge dafür haben als für das Eigene, damit man keinem – Gott behüte – ein Unrecht tut. Denn das ist die erste Frage in der künftigen Welt, ob man auch treu im Handel und Wandel war.«[10]

Nicht zuletzt dient auch die Ausrichtung der Hochzeitsfeier der Festigung des Rufs. Auf der von Loeb ausgerichteten Hochzeit für Hendele ging es denn auch »magnifique« (Glückel) zu, als Zeichen des Wohlstands und des geschäftlichen Erfolgs. Und der Beförderung des frommen Rufs dient allemal die Speisung der Armen und Bedürftigen in der Gemeinde.

Auch Glückels Kindheit ging nun schnell zu Ende. Sie berichtet: »Ich bin noch ein Mädchen von kaum zwölf Jahren gewesen, da hat mich mein Vater schon verlobt, und ich bin ungefähr zwei Jahre verlobt geblieben.«[11]

Wie die Verlobung zustande kam, ob mit Hilfe eines Heiratsvermittlers oder durch direkte Bekanntschaft der beiden Väter, ist nicht zu klären. Auf jeden Fall wurde wohl ein fester Vertrag geschlossen, wie üblich. Die Höhe der Mitgift für beide Ehepartner wurde festgelegt, die Höhe des Strafgeldes (Knaß) für den Fall, daß einer der beiden Vertragspartner von der Partie zurückträte, der Ort und die Art der Hochzeitsfeier sowie die Zeit, während der einer der Väter dem jungen Paar Kost und Wohnung geben würde. Glückel: »Meine Hochzeit war in Hameln. Meine Eltern fuhren mit mir und einer Hochzeitsgesellschaft von etwa zwanzig

Personen dorthin. Damals gab es noch keine Postwagen (auf dieser Strecke); so mußten wir uns von Bauern Wagen mieten bis gen Hannover. Sobald wir nach Hannover kamen, schrieben wir nach Hameln, sie sollten uns Wagen nach Hannover schicken. Meine Mutter meinte, daß man in Hameln Kutschen haben könnte wie in Hamburg. Wenigstens dachte sie, daß mein Schwiegervater eine Kutsche schicken würde, damit die Braut und ihre Leute darin fahren könnten. Aber am dritten Tage kamen drei oder vier Bauernwagen an; die hatten Pferde, denen es nötig gewesen wäre, daß man sie selbst auf den Wagen gelegt hätte. Obwohl nun meine Mutter darüber ein wenig erzürnt war, konnte sie es doch nicht ändern. So setzten wir uns denn in Gottes Namen auf die Bauernwägelchen und kamen nach Hameln.«[12] An der letzten Bemerkung sieht man, daß die Verhältnisse, in die Glückel hineinheiratete, wohl nicht ganz so glänzend waren wie bei Hendele.

Aber eine gute Partie war es allemal, denn Glückels Schwiegervater Josef Hameln war der Sohn des Samuel Stuckert in Witzenhausen, des Vorstehers der kurhessischen Judenschaft. Und ihre Schwiegermutter Freudchen war die Tochter des Nathan Spanier aus Stadthagen, der als einer der ersten Juden in Altona gesiedelt hatte und dort bis zu seinem Tode 1647 als Gemeindevorsteher amtiert hatte. Glückels Ehemann Chaijm war das neunte und jüngste Kind aus dieser Ehe.

Hameln war natürlich nicht Hamburg, wie Josef entschuldigend zu Glückels Mutter Bela sagte. Und er erzählte, wie er selbst einst in noch geringerer Art zu seiner Hochzeit gereist sei. Die anfängliche Verstimmung löste sich, aber der erste Eindruck von den Verhältnissen blieb bestehen. Glückel: »Hameln ist an sich ein lumpiger, unlustiger Ort.«[13]

Die Hochzeit zwar wurde »in Lust und Freude« (Glükkel) gefeiert, aber dann kam für die Braut der Abschied von den Eltern. »Nach meiner Hochzeit reisten meine Eltern wieder heim und ließen mich – ich war damals noch ein Kind von kaum 14 Jahren – in einem fremden Lande bei fremden Leuten allein.«[14]

Allein in einer fremden Umgebung mit einem Ehemann, den sie gerade erst kennengelernt hatte – das erscheint als hartes Geschick. Glückel selbst sah das durchaus so. »Ich war damals ein junges Kind, das in aller Lust auferzogen war, und mußte nun in meinem jungen Alter von Eltern, Freunden, allen Bekannten, von einer Stadt wie Hamburg fort in eine Kleinstadt, wo nur zwei jüdische Familien wohnten.«[15]

Doch ihr Vorname wurde Glückel zum Omen für ihre erste Ehe. Zwar schreibt sie nichts über ihre Gefühle ihrem Ehemann gegenüber, sie beschreibt auch sein Aussehen niemals direkt. Aber die Art und Weise, wie sie ihn immer wieder erwähnt, läßt auf eine wenn nicht glückliche, so doch zumindest zufriedenstellende Beziehung schließen. Ihre tiefe Verzweiflung nach seinem Tode legt diese Interpretation ebenfalls nahe: Als er nach achtundzwanzigjähriger Ehe starb, stürzte seine Witwe in einen seelischen Abgrund, aus dem sie sich nur befreien konnte, indem sie ihre Trostlosigkeit schreibend zu bewältigen versuchte.

Noch lag das jedoch in weiter Ferne. Glückel und Chaijm standen erst am Anfang ihres Weges, und das hieß, daß sie für sich und die zu erwartenden Kinder eine gesicherte Existenz aufbauen mußten.

Vorläufig hatten sie noch keine Haushaltssorgen, denn wie vertraglich verabredet, wohnten sie für ein Jahr im Haushalt von Glückels Schwiegereltern. Es ist anzunehmen, daß Glückel der Schwiegermutter bei der Haushaltsführung half. Aber das war nichts Neues, das taten Mädchen und junge Frauen auch in ihrem Elternhaus.

Schnell war jedoch erkennbar, daß das »lausige« Hameln wenig Zukunftsperspektiven bot: »Unser Geschäft war dort nur gering, denn Hameln war kein Handelsplatz. An den Geldgeschäften mit den Landleuten wollte sich mein Mann nicht genügen lassen.«[16]

Bemerkenswert an dieser Passage ist neben der Aussage über die geschäftliche Bedeutung Hamelns das besitzanzeigende Pronomen »unser«. Von Anfang an war das Geschäft wirklich ein gemeinsames, war Glückel die mitbeteiligte Geschäftspartnerin ihres Mannes. Zwar war er derjenige, der in Geschäften unterwegs war und die Verträge abschloß, aber er beratschlagte alle seine Aktivitäten mit seiner Frau und ließ sich von ihr leiten. Glückel sagt in diesem Zusammenhang, sie seien »damals beide noch junge, unerfahrene Kinder gewesen, die wenig oder nichts« von Geschäften gewußt hätten. Aber Chaijm hat wohl von Anfang an geschäftliche Begabung gezeigt. Glückel jedenfalls charakterisiert ihn, nach seinem Tod, etwa so, wie sie den Gründer und Stammvater der Familie Gomperz kennzeichnet: »Wiewohl nun mein Mann sich sehr wehe getan hat und wirklich den ganzen Tag seinem Geschäft nachgelaufen ist, hat er doch nicht verfehlt, alle Tage zu bestimmter Zeit seinen Abschnitt [aus dem Talmud] zu lernen. Er hat auch lange Zeit an jedem Tage, wo Tora-Vorlesung war (d. h. an jedem Montag und Donnerstag), gefastet, bis er angefangen hat, große Reisen zu machen ...«[17] Und an anderer Stelle betont sie: »Er ist ein rechter Ausbund von einem frommen Juden gewesen, wie sein Vater und seine Brüder es auch gewesen sind. Ich weiß wenige, auch unter großen Rabbinern, die ihr Gebet so andächtig verrichtet haben wie er. Wenn er in seinem Zimmer gebetet hat und es wäre jemand gekommen, um ihn irgendwohin zu rufen, wo etwas billig einzukaufen war, so hätte ich oder mein ganzes Hausgesinde nicht das Herz gehabt, zu ihm zu gehen und ihm davon zu sagen. Wirklich hat er dadurch einmal etwas versäumt und einen Schaden von mehreren Hunderten gehabt. Aber er hat das alles nicht geachtet und seinem Gott treu gedient und ihn fleißig angerufen; der hat ihm auch alles doppelt und dreifach wieder eingebracht.«[18]

Gerade die letzte Bemerkung zeigt übrigens sehr schön Glückels Glaubensverständnis. Man muß fromm sein und sich den religiösen Gesetzen beugen, dann wird Gott schon die Seinen belohnen – gerade auch durch geschäftlichen Erfolg.

Chaijms Gedanken »waren von Anfang an, seitdem wir verheiratet waren, darauf gerichtet, nach Hamburg zu ziehen«.[19]

Sehr bald geschah das denn auch. Glückel: »Als das erste Jahr nach unserer Hochzeit zu Ende war, hat mein sel. Mann nicht länger in Hameln bleiben wollen. Wenn auch meine Schwiegereltern beide gern gesehen hätten, daß wir in Hameln geblieben wären, und uns ihr Haus und Hof, wie es dastand, angeboten haben, so hat doch mein sel. Mann nicht gewollt. Wir sind also mit voller Zustimmung von meinen Schwiegereltern weg und hierher nach Hamburg gezogen.«[20]

Der Neuanfang in Hamburg, möglicherweise gegen die ursprünglichen Pläne beider Väter, wurde dem jungen Ehepaar nicht allzu schwer: »Als wir nach Hamburg kamen, hat mein sel. Vater uns für zwei Jahre Kost verschrieben [vertraglich zugesichert], und wir haben bei ihm gewohnt.«[21]

Chaijm mußte sich nun auf die geschäftlichen Chancen und Risiken einer großen Handelsstadt einstellen. »Mein sel. Mann war in der Stadt ganz fremd; er hat sich aber doch umgesehen, was passiert. Damals war das Geschäft mit Juwelen noch nicht so stark wie jetzt, und Bürger (d.h. verheiratete Leute) und Verlobte bei Nichtjuden haben wenig oder gar keine Juwelen getragen. Die Mode war damals, daß sie rein goldene Ketten trugen, und wenn man etwas schenken wollte, so ist es in Gold gewesen. Obzwar daran nicht so großer Verdienst wie an Juwelen war, so war doch dieses meines Mannes erstes Geschäft, daß er mit Gold gehandelt hat und von Haus zu Haus herumgelaufen ist, um Gold einzukaufen. Das hat er dann wieder an Goldschmiede gegeben oder an Kaufleute, die verlobt waren, wiederverkauft und schön daran verdient.«[22]

Während Chaijm sehr erfolgreich den Grundstein für die familiäre Existenz legte, wurde dem jungen Ehepaar das erste Kind geboren. Glückel gibt in ihren Erinnerungen selten genaue Zahlen an, so daß man viele Daten rekonstruieren und dabei sehr vorsichtig zu Werke gehen muß. Sie selbst sagt zum Zeitpunkt ihrer ersten Schwangerschaft einmal: »Ich bin noch ein junges Kind gewesen.«[23] Immerhin datiert sie den Beginn der Schwangerschaft auf die Zeit des Umzugs nach Hamburg, und das muß in den Jahren 1661 oder 1662 gewesen sein. Sie ist, vorsichtig geschätzt, Anfang sechzehn gewesen, als sie ihr erstes Kind erwartete.

Wie Chaijm sich seiner schwangeren Frau gegenüber verhielt, teilt Glückel nicht mit. Man kann es aber erschließen aus den Umständen einer späteren Schwangerschaft. Da berichtet sie: »Als ich im siebenten Monat war, habe ich ein Fieber bekommen, das ganz unnatürlich war. Wenn ich es am Morgen bekommen habe, habe ich vier ganze Stunden Kälte gehabt; danach habe ich vier Stunden Hitze bekommen und danach vier Stunden – mit Verlaub zu sagen – Schweiß, was mir noch ärger als Hitze und Kälte gewesen ist. Man kann sich wohl denken, wie mich das abgemagert hat. Ich habe keinen Bissen essen können, obschon man mir die erlesensten Gerichte gebracht hat. Einmal, an einem sehr schönen Sommertage, bittet mich mein Mann, ich sollte doch mit ihm ein wenig auf den Wall gehen, der nicht weit von unserem Hause war, um mich ein wenig zu divertieren; vielleicht würde mir dann das Essen besser schmekken. Ich sagte zu ihm: Ihr wißt ja wohl, daß ich nicht die Kraft habe zu gehen. Darauf sagte mein Mann: Ich und die Wärterin wollen dich führen. So habe ich mich überreden lassen und habe mich so auf den Wall führen lassen, wo ich mich im grünen Gras niedersetzte. Unterdessen hat mein Mann den Todros bestellt, der Koch bei Texeira [ein sehr reicher Sepharde, Resident Schwedens in Hamburg] war, und hat eine Mahlzeit herrichten lassen, die auf eine königliche Tafel hätte kommen dürfen. Als sie fertig war, wurden wir heimgerufen, und mein Mann dachte, wenn ich nach Hause käme und meinen Tisch gar schön ohne mein Vorwissen gedeckt und so feine Speisen darauf fände, würde ich Appetit zum Essen bekommen. Aber – mein Herr und Gott – sobald ich ins Haus und in das Zimmer gekommen bin, worin das Essen war, hat mich sogleich ein Ekel befallen, wie ich nur das Essen gerochen habe, und ich habe gebeten um der Barmherzigkeit willen, mich oder das Essen wieder aus dem Zimmer zu tun.«[24]

Während ihrer ersten Schwangerschaft lebte Glückel noch in ihrem Elternhaus unter der Obhut ihrer Mutter, die ebenfalls gerade schwanger war. »Meine getreue, fromme Mutter hatte ihre Niederkunft auf dieselbe Zeit ausgerechnet. Sie hat aber eine große Freude darüber gehabt, daß ich zuerst ins Kindbett gekommen bin, so daß sie auf mich junges Kind ein wenig acht geben konnte. Acht Tage darauf ist meine Mutter . . . ins Kindbett gekommen.«[25]

Beide Frauen wurden von Töchtern entbunden. Das war wohl nicht das, was sie erhofft hatten, denn Söhne galten einfach mehr als Töchter. Aber Glückel, mit ihrer sehr ausgeprägten Haltung, alles im Leben als von Gott vorherbestimmt zu nehmen, gab sich zufrieden. Über die Schmerzen der Niederkunft geht sie schnell hinweg: »Obschon mir solch ungewohnte Sache sehr schwer angekommen sind, so bin ich doch höchlich erfreut worden, daß mir der Höchste ein hübsches, gesundes Kind gegeben hat.«[26] Und daß beide Frauen Töchter bekommen haben, findet sie gut: »So ist denn kein Neid oder Vorwurf zwischen uns gewesen.«[27]

Glückels Mutter Bela muß zu dieser Zeit Mitte Dreißig gewesen sein. »Wir sind in einer Stube beieinander gelegen. Wir haben keine Ruhe gehabt vor Leuten, die gelaufen kamen und die Merkwürdigkeit sehen wollten, daß Mutter und Tochter in einem Zimmer im Kindbett lagen.«[28]

Glückel spricht hier zwar von »Leuten«, kann aber nur Frauen meinen, denn Männern war der Zutritt zur Wöchnerinnenstube streng verboten.

Diese Einzelheit, wie so vieles andere im täglichen Leben der Gemeindemitglieder, regeln beispielhaft die Altonaer Gemeindestatuten, die etwa zwanzig Jahre später aufgeschrieben wurden, aber wohl eine Auffassung widerspiegeln, die schon Jahrzehnte vorher gültig war.

Darin wird bestimmt, daß die Wöchnerin in ihrem Zimmer oder in ihrem Bett keine Silber-, Gold- oder andere Schmuckgeräte aufstellen durfte. Auch sollte sie nicht geschmückt sein. Und die Verwandten und Bekannten durften ihr kein Koletsch [ein Weißbrot für festliche Gelegenheiten] schicken.

Es ist anzunehmen, daß die jüdischen Frauen, nicht anders als die christlichen, ihr eigenes Wochenbett oder das der anderen Frauen nutzten, um kleine Feste zu feiern. Das war seit dem Mittelalter so üblich und ist eines der Reservate, das den Frauen in einer männerbestimmten Welt geblieben war. Dabei ging es vermutlich hoch her, denn die Statuten verboten streng das Bewirten mit Koletsch, Kuchen und Branntwein. Wie immer spricht gerade die Strenge des Verbots dafür, daß es ständig und offensichtlich übertreten wurde.

Der ersten Tochter folgten in insgesamt achtundzwanzig Ehejahren noch weitere dreizehn Kinder, von denen eines etwa zwei Wochen nach der Geburt 1679 und eines im Alter von einigen Jahren starb. Alle anderen blieben am Leben. Ihre Namen: Zipora, Nathan, Mate, Esther, Hanna, Mordechai, Loeb, Hendele, Josef, Samuel, Moses, Freudchen und Mirjam. Glückel kommentiert die vielen Schwangerschaften sehr ehrlich: »Ich habe alle zwei Jahre ein Kind gehabt und mich sehr gequält, wie es natürlich ist, wenn man so ein Häuschen voll Kinder – Gott behüte sie – beisammen hat, und habe mir gedacht, daß kein Mensch eine schwerere Last hätte und sich mehr mit Kindern quälen müßte als ich.«[29]

Kindersegen? Wohl doch für die Frau eine sehr zwiespältige Angelegenheit, selbst unter den Bedingungen eines behaglichen Wohlstands, wie ihn die Familie Hameln erworben hatte.

Schon bald nach der Geburt von Zipora machten Glückel und Chaijm sich endgültig selbständig, zogen aus dem Haus Loeb Pinkerles aus und gründeten ihren eigenen Hausstand. »Wir haben zwar auf zwei Jahre dort Kost gehabt; aber da es uns in meinem Elternhause sehr eng war, hat mein Mann nicht länger dort bleiben wollen und hat auch von meinen Eltern keinen Pfennig Kostgeld für das zweite Jahr nehmen wollen. So haben wir uns ein hübsches Häuschen gemietet und 50 Taler Miete das Jahr bezahlt und sind mit Magd und Knecht in unser Haus gezogen, wo uns der Höchste so gnädiglich bis dato erhalten, und, wenn Gott mir nur nicht gar so früh die Krone meines Hauses genommen hätte, glaube ich nicht, daß es ein glücklicheres Paar [. . .] in der Welt gegeben hätte als uns. So haben wir denn als junge Leute in unserem Eigenen gewohnt und uns ein wenig karg und genau beholfen, doch alles recht zu seiner Zeit, und haben eine hübsche, ehrliche Haushaltung geführt.«[30]

Eigene Haushaltung hieß nun beileibe nicht, wie es bei uns heute üblich ist, die Versorgung einer Kleinfamilie, bestehend aus Vater, Mutter und Kind(ern). Eigene Haushaltung hieß für die Hausfrau damals die Organisation eines Kleinbetriebs. Zum Haushalt gehörten außer den Eltern und der ständig wachsenden Kinderschar die Diener und Dienerinnen, die Geschäftsgehilfen Chaijms, die Hauslehrer für die Kinder, die Wärterinnen während Glückels zahlreichen Schwangerschaften, die oft wochenlang bleibenden Hausgäste und schließlich auch die (christliche) Sabbatfrau für die am Sabbat anfallenden Hausarbeiten, die gesetzestreue Jüdinnen aus religiösen Gründen nicht verrichten durften. Dazu kamen sehr häufig noch die Plettengäste, d.h. durchreisende Juden, oft Betteljuden genannt, die von den Vorstehern der jüdischen Gemeinde nach einem genauen Vermögensschlüssel auf die Mitglieder der Gemeinde verteilt wurden. Sie erhielten ein oder zwei Freitische (Pletten) und mußten dann weiterziehen. Alle diese Leute mußten, noch dazu nach den Vorschriften für eine koschere Küche, regelmäßig mit Essen versorgt werden. Das machte eine auf das ganze Jahr hinaus gerichtete Planung notwendig, denn viele Nahrungsmittel mußten im Sommer und Herbst für die kalte Jahreszeit beschafft, haltbar gemacht und eingelagert werden.

Glückel organisierte aber nicht nur diesen Riesenhaushalt, sondern war, wie schon in Hameln, mitberatende und mitbeteiligte Geschäftspartnerin: »Denn mein lieber Mann hat nichts getan, ohne daß ich davon wußte.«[31] Da die Geschäftsgehilfen, teilweise sogar ihre Familien, im Haushalt der Hamelns lebten, kannte Glückel natürlich auch deren Charaktere recht gut. So beschreibt sie u.a. besonders ausführlich den jungen Jost Liebmann[32], der seine erstaunliche Karriere als armer Handlungsgehilfe bei Chaijm begann, sich sehr bald durch seine geschäftliche Begabung auszeichnete und bei seinem Tode als der reichste jüdische Kaufmann galt. Aber auch Glückels und Chaijms Entwicklung ist eine Erfolgsgeschichte.

Obwohl Chaijm auch kleinere Geschäfte machte, wanderten jährlich bei großen Geschäften doch Tausende und Zehntausende von Talern bar, als Wechsel oder in Waren durch seine Hände. Begonnen hatte er in Hamburg mit Goldhandel in kleinen Größenordnungen, war dann aber bald zum Juwelenhandel übergegangen. Juwelenhandel hieß nun nicht, Verkauf in kleinen Mengen in Hamburg, sondern Groß- und Fernhandel im ganzen deutschen Raum. Besonders Unzenperlen bildeten anfangs den Grundstock des Juwelenhandels, kleinste Perlen, die nicht nach Stückzahl, sondern nach Gewicht verkauft wurden. Später kamen dann wertvollere Juwelen hinzu, aber nach wie vor wurde auch mit Gold sowie Münzsilber gehandelt. Gelegentlich beteiligte er sich auch an Münzgeschäften, aber zögernd und ungern. Münzgeschäfte, das heißt das Ausmünzen von Silber in Geldstücke für einen Landesherrn oder eine Stadt, bedeuteten nicht nur eine starke Abhängigkeit von den Launen und Einfällen des Münzherrn, einem Fürsten oder einer Stadtregierung, sondern in der Regel auch einen schlechten Ruf bei den Bewohnern des betroffenen Gebiets; jene führten inflationäre Tendenzen gewöhnlich nicht auf die falsche Finanzpolitik ihres Herrn, sondern auf die von ihm beauftragten Münzunternehmen, meistens Juden, zurück.

Auch verlegte Chaijm sich nicht auf Armeelieferungen, obwohl dort ebenfalls in diesen Jahrzehnten viel zu verdienen war. Die Landesherren hatten mit dem Aufbau stehender Heere begonnen und führten Kriege, so daß mit Neubeschaffung und Wiederbeschaffung von Armeebedarf Unsummen zu gewinnen waren. Aber auch Armeelieferanten gerieten in starke Abhängigkeit zu den Belieferten und waren wie diese vom Kriegs»glück« abhängig. Chaijm war und blieb ein selbständiger Großhandelskaufmann, ein jüdischer Hanseat.

Für diese Selbständigkeit mußte ein hoher Preis gezahlt werden. Chaijm war dauernd auf Reisen. Er besuchte regelmäßig die Messen in Leipzig und Frankfurt, war genau so regelmäßig in Amsterdam, besuchte kleinere Orte am Wege wie Fulda und Halberstadt. Verwandtschaftliche Kontakte führten ihn nach Hannover, Hildesheim, Hameln und Klebe.

Diese Reisen, auf schlechten Straßen, in unbequemen Postwagen, gemieteten Bauernwagen oder, Gipfel der Bequemlichkeit, Kutschen, waren damals für alle Reisenden beschwerlich. Immer wieder lauerten Räuber, so daß Kaufleute in der Regel immer zu mehreren reisten, wodurch sich natürlich auch die Reisekosten etwas minderten.

Für Juden bargen diese Reisen aber noch zusätzliche Gefahren. Als Angehörige einer verachteten Minderheit waren sie eher noch als christliche Kaufleute die Zielscheibe von Angriffen und Überfällen. Zwar waren sie in der Regel »vergleitet«, das heißt sie besaßen Pässe eines Landesherrn und damit einen gewissen Schutz, aber sie mußten durch Städte und Gebiete reisen, in denen JüdInnen kein Wohn- und Aufenthaltsrecht hatten. Sie mußten also ihre Tagesetappen immer so einteilen, daß sie abends, vor dem Sabbat und den jüdischen Festtagen in jüdischen Häusern Unterkunft finden konnten. Jüdische Häuser mußten es sein, weil nur dort rituell, also koscher, gekocht wurde. Dort waren sie auch sicherer vor Übergriffen, und nur dort konnten sie glaubhafte Informationen über die Situation in einem Gebiet erhalten. Unabdingbar, aber ganz besonders gefährlich waren jedesmal Chaijms Reisen zur Leipziger Messe.

JüdInnen waren seit 1537 aus Kursachsen vertrieben, und nicht einmal ihr Durchzug war gestattet. Leipzig, die »böse Stadt« (Glückel), durften sie zur Messe betreten, aber nur nach Zahlung eines Leibzolls und hoher Messeabgaben.

Bedrohlich wurde die Situation, wenn Juden dort erkrankten. Glückel: »Damals war es in Leipzig für Juden sehr gefährlich; denn wenn – Gott behüte – ein Jude dort gestorben wäre, hätte es ihm alles Seinige gekostet.«[33] Noch schlimmer wurde es, wenn man den Toten auf jüdische Art und auf einem jüdischen Friedhof beerdigen wollte. Glükkel berichtet über den Fall eines in Leipzig verstorbenen Reisegenossen von Chaijm: »Mit großer Mühe und einflußreicher Vermittlung und vielem Geld haben sie es erreicht, daß man die Leiche wegbringen durfte. So haben sie die Leiche nach Dessau gebracht, welches die nächste jüdische Gemeinde von Leipzig war – es ist sechs Meilen von Leipzig entfernt. Das hat über 1000 Taler gekostet, und sie haben noch Gott gedankt, daß sie die Leiche aus Leipzig herausbekommen haben.«[34]

Chaijm war gesundheitlich nicht sehr stark, wie Glückel mehrfach betont. Die häufigen Reisen schwächten seine Gesundheit noch zusätzlich, und gerade in dem »schlimmen« Leipzig erkrankte er mehrmals sehr heftig.

Verständlich, wenn Glückel bilanziert: »So haben wir bei den Reisen immer viel Sorge und Schrecken gehabt, und ich hätte gern gesehen, daß wir es so eingerichtet hätten, daß mein Mann hätte zu Hause bleiben können.«[35]

Die Lösung schienen sogenannte Kompagniegeschäfte zu bieten. Das bedeutete, daß zwei Geschäftsleute durch Vertrag eine Gesellschaft gründeten, wobei entweder beide jeweils feste Summen als Einlagekapital bereitstellten oder einer die gesamte Summe als stiller Teilhaber. Einer von beiden reiste dann als Bevollmächtigter zu den Messen und großen Handelsplätzen und kaufte und verkaufte nach

Gutdünken. Am Ende einer genau festgelegten Zeitspanne, in der Regel ein Jahr, wurde dann abgerechnet und der Gewinn in der vertraglich festgelegten Relation geteilt.

Chaijm ließ sich, gerade auch auf Glückels Zureden, mehrfach auf solche Kompagniegeschäfte ein. Das umfangreichste und langfristigste versuchte er mit dem schon erwähnten Jost Liebmann. Doch hier wie in anderen Fällen war das Ergebnis nicht sehr befriedigend. Die Partner trauten einander zu wenig, oder der Gewinn war zu mager. Letztlich blieb es doch bei der Notwendigkeit, selber auf Reisen zu gehen oder allenfalls Handlungsgehilfen mit kleineren Summen in bar oder in Kreditbriefen mit begrenztem Auftrag loszuschicken.

In der Regel blieb Glückel in den fast drei Jahrzehnten ihrer Ehe in Hamburg, während ihr Mann auf Geschäftsreisen war. Nicht so sehr die kleinen Kinder banden sie ans Haus. Die konnten in ihrer Abwesenheit schließlich genau so von den Dienstboten versorgt werden wie sonst auch während der Anwesenheit der Mutter. Eher schon die zahlreichen Schwangerschaften mit den Stillzeiten machten den Verbleib in Hamburg notwendig, ebenso aber auch die hohen Kosten einer Familienreise. So berichtet sie von einem Besuch bei ihren nach Hildesheim verzogenen Schwiegereltern: »Wir haben unsere Magd und unseren Jungen (Diener) und drei Kinder mitgenommen und sind nach Hildesheim gereist. Ich habe damals meinen Sohn Mordechai, der noch kein Jahr alt war, gesäugt.«[36] Etwas säuerlich vermerkt sie, ihr Schwiegervater habe ihnen dann als Gastgeschenk ein Kännchen im Wert von zwanzig Talern gegeben. »Es war uns aber so lieb, als wenn er uns 100 Taler gegeben hätte. Mein Schwiegervater war damals ein reicher Mann – sein Vermögen betrug mehr als 20000 Taler – und hatte seine Kinder alle verheiratet. Uns hatte die Reise über 150 Reichstaler gekostet, und doch haben wir uns mit dem Kännchen sehr gefreut [. . .].«[37]

Zwar blieben Glückel in der Regel die Schrecknisse und Kosten von Reisen erspart. Aber ganz ruhig ging es in Hamburg auch nicht zu. Vom gelegentlichen Kriegsschrecken in ihrer Kindheit und Jugend war schon die Rede. Ebenso auch von den ständigen innerstädtischen Spannungen und Streitigkeiten zwischen Rat und Bürgerschaft, bei denen immer wieder JüdInnen in Mitleidenschaft gezogen wurden.

Trotzdem wuchsen die aschkenasischen Gemeinden in Hamburg und Altona weiter.

Schon in den späten vierziger Jahren waren in großer Zahl jüdische Flüchtlinge aus Polen nach Hamburg gekommen, Überlebende der Pogrome in der Ukraine, in Wolhynien und Podolien. In den fünfziger Jahren kamen die Überlebenden der Massaker in Litauen und den polnischen Westprovinzen. 1656 kamen an einem Tag einhundertdreißig JüdInnen, die notdürftig auf die jüdischen Haushalte verteilt und dort verköstigt wurden. Glückel: »Man hatte aber damals noch kein (jüdisches) Spital oder sonstige Häuser, in die man kranke Leute hätte hineinlegen können. Daher hatten wir wohl zehn kranke Leute auf unserem Boden liegen, für die mein sel. Vater gesorgt hat; einige von ihnen sind gesund geworden, einige sind gestorben.«[38]

Große Auswirkungen auch in Hamburg hatte dann anfangs der sechziger Jahre eine Bewegung, die die gesamte aschkenasische und sephardische Judenheit ergriff und deren Folgen auch in Glückels Familie hineinreichten.

Jüdische wie christliche Religion sind Erlösungsreligionen. Beide stimmen darin überein, daß mit dem Erscheinen des Messias die Erlösung beginnt. Während jedoch die ChristInnen in Jesus den Messias sehen, warten die JüdInnen noch immer auf dessen Ankunft.

Im Verlauf der jüdischen Geschichten hat es immer wieder messianische Bewegungen gegeben, wie auch einzelne Menschen, die sich selbst als Messias bezeicneten, gerade in Zeiten von Unterdrückung und Verfolgung. Die umfassendste und wirkungsvollste war zweifellos die des Sabbatei Zewi (1626-1676). Zewi stammte aus einer jüdischen Familie in Smyrna (Izmir/Türkei) und wurde, als er im Alter von neununddreißig Jahren einen Seelenheiler in Gaza aufsuchte, von diesem als Messias bezeichnet. Im Mai 1665 bekannte Sabbatai sich selbst öffentlich als Messias, und da er die Gemeinde in Gaza überzeugen konnte, gingen bald Sendschreiben und Briefe über Palästina und die Türkei hinaus in fast alle jüdischen Gemeinden Europas. Die Wirkung war erstaunlich, wie Glückel beschreibt. »Was für Freude herrschte, wenn man Briefe bekam [die von Sabbatai Zewi berichteten], ist nicht zu beschreiben. Die meisten Briefe haben die Portugiesen bekommen. Sie sind immer damit in ihre Synagoge gegangen und haben sie dort vorgelesen. Auch Deutsche [Aschkenasim], jung und alt, sind in die Portugiesen-Synagoge gegangen. Die portugiesischen jungen Gesellen haben sich allemal ihre besten Kleider angetan und sich grüne, breite Seidenbänder umgebunden – das war die Livree von Sabbatei Zewi. So sind sie alle ›mit Pauken und Reigentänzen‹ in ihre Synagoge gegangen und haben mit einer Freude, ›gleich die Freude beim Wasserschöpfen‹, die Schreiben vorgelesen.«[39]

Auch aus anderen Städten wird berichtet, welch ungeheure Erregung fast alle jüdischen Gemeinden erfaßt hatte. Viele Juden und Jüdinnen rechneten nun täglich mit der Ankunft des Messias und ihrer eigenen Erlösung. Einige nahmen Thora-Rollen aus den Synagogen und tanzten damit auf den Straßen, andere legten sich nackt in den Schnee oder schlugen sich mit Brennesseln oder Dornenzweigen, wieder andere fasteten tage- und wochenlang, stündlich in

Erwartung des Messias. Auch Glückels Schwiegereltern wurden von dem Fieber ergriffen. Sie erzählt: »Mein sel. Schwiegervater, der in Hameln wohnte, ist von dort weggezogen, hat sein Haus und seinen Hof und alle guten Hausgeräte, die darin waren, stehen lassen und seine Wohnung nach Hildesheim verlegt. Von dort hat er uns hierher nach Hamburg zwei große Fässer mit Leinenzeug geschickt; darin waren allerhand Speisen, wie Erbsen, Bohnen, Dörrfleisch, Pflaumenschnitz und ähnlicher Kram und alles, was sich gut hält. Denn der alte Mann hat gedacht, man würde ohne weiteres von Hamburg nach dem Heiligen Lande fahren.«[40]

Auch Glückel wurde von dem Fieber ergriffen: »O Herr der Welt, wie wir gehofft haben, daß du mit deinem Volk Israel Barmherzigkeit üben und uns erlösen würdest, da waren wir wie eine Frau, die auf dem Gebärstuhl sitzt und große Schmerzen und Wehen erleidet.«[41] Jahrelang hielt die Erwartung an. So standen etwa die Fässer der Schwiegereltern drei Jahre in Glückels Haus, und die Schwiegereltern glaubten nicht anders, als daß die Reise nach dem Heiligen Land jede Stunde beginnen könnte. Glückel: »Alle deine [Gottes] lieben Knechte und Kinder in der ganzen Welt haben sich mit Buße, Gebet und Wohltun sehr abgemüht, und dein liebes Volk Israel ist zwei bis drei Jahre lang auf einem Gebärstuhl gesessen, aber es ist danach nichts als ein Wind herausgekommen.«[42]

Die Bewegung war schließlich erloschen, nachdem der türkische Sultan, beunruhigt über die Erregung, Sabbatai vor die Alternative gestellt hatte, entweder hingerichtet zu werden oder zum Islam überzutreten. Sabbatai trat über, und ein Großteil seiner Anhänger kehrte enttäuscht zu den alltäglichen Geschäften zurück. Ein kleinerer Teil bildete die Bewegung der Sabbatianer, die bald überall in den jüdischen Gemeinden dogmatisch ausgegrenzt und verfolgt wurden. Die Anschuldigung, Sabbatianer zu sein, konnte in späteren Jahren den Bann, das heißt den Ausschluß aus der Gemeinde, nach sich ziehen. Gerade in Hamburg kam es noch fast hundert Jahre nach dem Auftreten Sabbatais zum sogenannten Amulettenstreit, bei dem sich zwei Rabbiner um den Vorwurf des Sabbatainismus so sehr stritten, daß die Gemeinde jahrelang gespalten war.

Glückel war vom Ausgang dieser Erlösungsbewegung ebenfalls tief enttäuscht: »Aber dem Höchsten hat es noch nicht gefallen [uns zu erlösen]. Wir wissen wohl, daß der Höchste es uns zugesagt hat, und wenn wir von Grund unsres Herzens fromm und nicht so böse wären, so weiß ich gewiß, daß sich Gott unser erbarmen würde. Wenn wir doch nur das Gebot hielten: Liebe deinen Nächsten wie dich selbst! Aber Gott soll sich erbarmen, wie wir das halten! Die Eifersucht, der grundlose Haß, der unter uns herrscht – das kann nicht guttun. Dennoch, lieber Herrgott, was du uns zugesagt hast, das wirst du königlich und gnädiglich halten. Wenn es sich auch durch unsere Sünden so lange verzögert, so werden wir es doch gewiß haben, wenn deine festgesetzte Zeit da ist. Darauf wollen wir hoffen und zu dir beten, großer Gott, daß du uns einmal mit der vollkommenen Erlösung erfreuest.«[43]

Die JüdInnen mußten sich also weiterhin auf ihr Leben im Diesseits einrichten, das heißt, sie mußten nun von langen Fristen ausgehen und ihre Gemeinden organisatorisch so gestalten, daß ein gedeihliches Zusammenleben garantiert war. So entstanden in Hamburg und Altona die Gemeindestatuten. Sie geben uns heute einen recht guten Einblick in das Innenleben der beiden aschkenasischen Hauptgemeinden, weil sie den damaligen Zustand der Gemeinde kodifizieren und normieren. Heute überrascht, wie umfangreich sie sind. Da wird nicht nur die äußere Organisation der Gemeinden sehr genau geregelt, wie zum Beispiel die Art der Wahlen zu den Gemeindeämtern, die Finanzierung der Gemeindekosten, die Art der Steuern und Abgaben und die Aufbewahrung der einzelnen Kassen. Viel überraschender noch sind genaue Vorschriften, die tief in das eingreifen, was wir heute »Privatleben« nennen würden.

Da wird exakt festgelegt, wie die Gemeindemitglieder sich kleiden dürfen: »Männer dürfen nicht in Samtkleidung gehen, selbst Aufschläge am Mantel sind verboten. Nur Kragen und schwarze Hüte sind erlaubt. Knöpfe aus Silberfäden sind erlaubt. Spangen mit Edelsteinen, selbst imitierten, sind verboten.« Oder: »Frauen dürfen keinesfalls farbige Seidenkleider tragen, sondern nur schwarze [. . .] Nur Ärmel aus farbiger Seide sind erlaubt, aber es darf keinesfalls Silber darauf sein.« Oder: »Mützen mit Silber- oder Goldstickerei sind verboten, sogar mit Seide, Spitze oder Bändern.«[44] Und, und, und . . .

Doch nicht nur die Kleidung wurde genau vorgeschrieben. Festgelegt wurde auch, wie viele Gäste am Vorabend einer Hochzeit eingeladen werden durften: zwanzig Familienväter mit ihren Frauen sowie zwölf junge Männer und zwölf junge Mädchen. Ähnliche Vorschriften gab es auch für andere Familienfeiern, die Beschneidungsfeier etwa. Die Einladungsliste mußte zeitweise sogar einem Statutenkommissar vorgelegt werden. Vorgeschrieben wurde die Art der Bewirtung sowie die Art und der Wert der Geschenke.

Reglementiert wurde schließlich auch die »Freizeit«. Offenbar gab es Probleme mit Glücksspielen, denn dieses wurde ganz nachdrücklich verboten.

Die Statuten wurden in den folgenden Jahrzehnten mehrfach überarbeitet. Immer wieder wurde das Spielen verboten, immer wieder wurde die Zahl der Eingeladenen bei Familienfesten streng begrenzt – deutliche Hinweise, daß gerade diese Punkte immer wieder übertreten wurden, so daß sie immer wieder den Gemeindemitgliedern eingeschärft werden mußten.

An der Veränderung der Statuten läßt sich aber auch sehr genau die Veränderung der Lebensgewohnheiten feststellen. Waren nach der Fassung von 1685 noch Opernbesuche für Mädchen und Frauen generell und strengstens verboten, so wurde das 1714 dahingehend geändert, daß jüdische Gemeindemitglieder in den Wochen, in die Chanukka oder Purim fiel, die Oper besuchen durften. Taten sie dies auch zu anderen Zeiten, wurden sie mit harten Bannstrafen belegt.

Ganz besonders interessant sind die Statutenvorschriften, soweit sie das sittliche Verhalten von Mädchen und Frauen betreffen. Diesen war es verboten, ohne Begleiter in ein fremdes Haus zu gehen. Ebensowenig durften sie mit einem Familienvater oder Ledigen spielen, geschweige denn mit einem Fremden.

Ein besonderes Problem bildeten die unehelichen Geburten. Die Statuten sind da rigoros, offenbar um einem verbreiteten »Übel« abzuhelfen: »Wenn eine Dienstmagd, Mädchen oder Frau, unehelich schwanger wird, so sollen die drei Gemeinden keinen Pfennig dafür ausgeben, mag daraus entstehen, was es auch sei und was man gar nicht aufs Papier bringen kann [. . .]«[45] Die »unzüchtigen« Frauen und ihre Kinder verloren darüber hinaus die Gemeindemitgliedschaft und damit jegliche soziale Gemeinschaft, jeglichen sozialen Schutz.

Alle Übertretungen der Statuten waren entweder mit Geldstrafen belegt oder zogen differenzierte Bannstrafen nach sich.

All das erscheint uns heute als unerträglicher Eingriff in ganz private Bereiche – in ihrer Zeit waren solche Bestimmungen die selbstverständliche Regel. Auch alle christlichen Gemeinden erließen seit dem Mittelalter genaue Kleiderordnungen. Und natürlich verfügten sie über ebenso strenge Sittenregeln. Mit der Konsequenz, daß unverheiratete Mütter oft lieber ihr Neugeborenes töteten, als den sozialen Absturz zu riskieren. Und mit der Folge zahlreicher Aburteilungen wegen Kindsmord. Goethes »Faust« zeigt es.

Man darf nicht vergessen, daß die jüdischen Gemeinden ihre Angelegenheiten völlig autonom regelten, ihre eigene Gerichtsbarkeit hatten und selbständig über die Einhaltung von Verträgen jeglicher Art wachten. Sie nahmen für die Gemeindemitglieder und die durchreisenden JüdInnen also weitgehend die Stelle einer weltlichen Obrigkeit ein, und entsprechend regelten sie jeden möglichen Lebensbereich, so wie dies auch jede weltliche Obrigkeit tat.

Die drei jüdischen Gemeinden waren sehr darum besorgt, daß ihre Mitglieder kein unliebsames Aufsehen in Hamburg erregten. Denn die Stimmung der Bürgerschaft gegenüber den JüdInnen blieb gereizt und konnte jederzeit in Belästigung und Verfolgung umschlagen, wie ein Beispiel aus den achtziger Jahren beweist, das Glückel ausführlich darstellt. Da waren nacheinander zwei jüdische Geldwechsler verschwunden. Schon bald wurde ein Verdacht laut gegen den Sohn einer angesehenen christlichen Familie. Nach einigem hin und her wurde er überführt und zum Tode verurteilt. Schon während der Untersuchungen war die Stimmung der jüdischen Gemeinde gegenüber sehr gereizt gewesen.

Glückel: »An jenem Tage, als der Mörder hingerichtet wurde, ist ein solcher Tumult in Hamburg gewesen, wie er seit hundert Jahren noch bei keiner Hinrichtung vorgekommen war. Die Juden sind damals alle in großer Lebensgefahr gewesen, denn es wurde ein großer Haß gegen sie erregt.«[46]

Bezeichnend, daß Glückel von »erregen« spricht. Es gab

also ganz gezielte Unruhestiftung. Und die war offenbar so bedrohlich, daß der Rat am 19. September 1687 ein Dekret erließ, in dem er befahl, die JüdInnen auf den Gassen und in ihren Häusern nicht mehr zu belästigen und anzugreifen. »Wer diese Verordnung verletzt, soll in Haft gebracht, vor Gericht gestellt und soll wider ihn als einen Frevler und Störer innerlicher Ruhe mit exemplarischer, nach Befindung mit Leib- und Lebensstrafe verfahren werden.«[47]

Die gesamte Episode beleuchtet die Situation in Hamburg überdeutlich; die Angst der jüdischen Gemeinde, berechtigte Ansprüche durchzusetzen, die Versuche des »Rats«, die JüdInnen in ihren Rechten zu schützen, und die Stimmung der Bewohner Hamburgs, die jederzeit gegen die JüdInnen gerichtet werden konnte. Sicherheit für JüdInnen gab es trotz der verläßlichen Haltung des Rats nicht endgültig, und Schutz fanden JüdInnen nur in ihrem Haus und in ihrer Gemeinde. Im Falle einer Ausweisung war es gut, in anderen Gemeinden Freunde und Verwandte zu haben. Und natürlich möglichst viel Geld, denn das allein bewirkte ein einigermaßen freundliches Willkommen und verschaffte den Grundstock für einen neuen geschäftlichen Anfang.

Glückels und Chaijms erstes Kind, Zipora, kam mit zwölf Jahren ins heiratsfähige Alter. Glückel selbst war zu diesem Zeitpunkt etwa achtundzwanzig Jahre alt. Erstmals nahmen nun sie und ihr Mann aktiv an Heiratsverhandlungen teil, begann für sie die Zeit, durch die geschickte Verheiratung ihrer Kinder ihre geschäftlichen Kontakte auszubauen und zu sichern. Ein weiterer Grund kam hinzu: »Mein sel. Mann war leider nicht stark; darum hat er sehr geeilt, seine Kinder zu verheiraten, und den Tag gefürchtet, der uns leider begegnet ist.«[48] Vor seinem Tod noch möglichst viele seiner Kinder zu verheiraten oder zumindest zu verloben ist fortan das wichtigste Ziel beider Ehepartner. Folglich nehmen die Schilderungen von Heiratsverhandlungen einen großen Raum in Glückels »Erinnerungen« ein.

Dabei werden die Vornamen der Kinder und ihrer zukünftigen EhepartnerInnen oft nicht einmal erwähnt. Immer aber wird die Höhe der Mitgift und die betreffende Familie mit ihren Beziehungen genannt.

Für Zipora gelang eine glänzende Partie. Sie heiratete in die Familie Gomperz in Kleve ein, mit der Glückel ohnehin durch ihre Schwester Hendele verwandt war.

Als Zipora knapp vierzehn war, wurde die Hochzeit in Kleve gefeiert. Glückel und Chaijm begleiteten die Tochter an ihren zukünftigen Wohnort. Glückel war tief beeindruckt von der Größe und Einrichtung des Gomperzschen Wohnhauses: »ein Königspalast«. Übrigens auch mit fürstlichen Gästen, denn der spätere Kurprinz und erste König in Preußen, Friedrich, lebte damals in Kleve, das ja preußisch-brandenburgischer Besitz war, und ging im Hause Gomperz ein und aus ebenso wie Prinz Moritz von Nassau, der brandenburgische Statthalter im Herzogtum Cleve.

Diese Fürstlichkeiten wollten auch an der Hochzeit teilnehmen, und so ließ Elia Gomperz prächtige Kollationen [Erfrischungen] herrichten: Konfitüren, auserlesene fremde Weine, Früchte, Konfekte. Es wurden Maskenspiele aufgeführt, schließlich gar ein Totentanz, wie er damals gebräuchlich war, in einer Zeit, die sich dem engen Zusammenhang zwischen Leben und Tod bewußter stellte als wir heute. Allgemeiner Liebling der Festgäste war, wie Glückel stolz vermerkt, ihr Sohn Mordechai, ein schönes Kind, fein und sauber gekleidet; »besonders der Prinz [Friedrich] hat ihn stets bei der Hand gehalten«.[49]

In den folgenden Jahren wurden auch Nathan, Esther, Hannah und Mordechai verlobt und verheiratet, nicht immer zur vollsten Zufriedenheit der Eltern, aber immer mit hohen Kosten.

Chaijm und Glückel waren aber nach wie vor »gut im Geschäft« und konnten alle diese Ausgaben mehr als wettmachen.

Dennoch – Chaijm hatte zu Recht geahnt, daß er sich mit der Etablierung seiner Kinder beeilen mußte. Schon seit vielen Jahren hatte er einen Leistenbruch, sprach aber nicht darüber, aus Angst, man könne das für ein erbliches Leiden halten und seine Kinder daraufhin meiden. Im kalten Winter 1688/89 fiel er auf einem geschäftlichen Gang eines Dienstagabends sehr unglücklich auf einen spitzen Stein und kam so elend nach Hause, daß er sich nicht mehr allein entkleiden, geschweige denn allein in seine Schlafkammer hinaufgehen konnte. Die Nacht über lag er in der eiskalten Kammer, in die man ihn getragen hatte, die Familie um ihn herumstehend, bis er sich überreden ließ, in eine geheizte Stube umzuziehen. Glückels Vorschlag, einen Arzt hinzuzuziehen, lehnte er ab: »Ehe ich es Leuten offenbaren wollte, wollte ich lieber sterben.«[50] Glückel darauf schreiend: »Was redet Ihr da? Warum sollen es die Leute nicht wissen? Ihr habt es ja nicht von Sünde oder Schande bekommen.«[51] Schließlich stimmte er zu, ließ aber keinen Bruchschneider, sondern einen portugiesischen Arzt rufen. Doch dieser Arzt konnte ebensowenig helfen wie zwei weitere Ärzte und ein Bruchschneider, die Glückel am Donnerstag holen ließ. Einer von ihnen diagnostizierte eine Darmverschlingung.[52] Möglicherweise war es auch ein Darmverschluß. Glückel: »Und was unten hätte herausgehen sollen, das hat er – Gott sei's geklagt – oben ausgebrochen.«[53] Am Sabbatsausgang gaben ihn schließlich die Ärzte auf. Er verabschiedete sich von seinem Schwager Josef und seiner Schwiegermutter. Gefragt nach letzten Verfügungen über das Vermögen oder die Zukunft der Kinder, antwortete er: »Ich weiß nichts zu befehlen; meine Frau weiß von allem; laß sie tun, wie sie vorher zu tun pflegte.«[54] Eine Weile war Glückel dann mit ihm allein. »Da sagte ich zum ihm: ›Mein Herz, soll ich dich anfassen?‹ Ich durfte nämlich damals nicht mit ihm in Berührung kommen. Er sagte darauf: ›Gott bewahre, mein Kind, es wird ja nicht so lange dauern, daß du dein Tauchbad nehmen wirst.‹ Er hat es aber leider nicht mehr erlebt.«[55] Nun ließ er einen guten Bekannten, Rabbi Feibusch, sowie den Hauslehrer seiner Kinder rufen und las noch eine halbe Stunde in dem frommen Werk eines Frankfurter Rabbiners. Schließlich sagte er: »Wißt ihr nicht, wie es mit mir steht? Laßt meine Frau und meine Kinder herausgehen; es ist hohe Zeit.«[56] Kurze Zeit darauf war er tot und wurde einen Tag später, am 16. Januar 1689, auf dem alten jüdischen Friedhof in Altona begraben.

Glückel erlebt sehr bald, daß sie in Zukunft auf sich allein gestellt sein wird: »Nach den dreißig Trauertagen ist kein Bruder, keine Schwester und kein sonstiger Verwandter zu uns gekommen, der uns gefragt hätte: ›Was macht ihr oder wie kommt ihr zurecht?‹ Wenn wir zeitweise zusammengekommen sind, bevor die dreißig Trauertage aus waren, so sind ihre Reden unnütz gewesen und haben mir und meinen Waisenkindern wenig helfen können.«[57]

Nüchtern zog sie zunächst einmal Bilanz: »Nach den dreißig Tagen [der vorgeschriebenen Trauer] bin ich nun über mein Buch gegangen und habe nachgesehen. Da habe ich gefunden, daß wir 20000 Reichstaler Schulden hatten.«[58] Das war weiter nicht schlimm, wie sie wußte, denn der Gegenwert in Waren war vorhanden. Also organisierte sie eine große Auktion. Zwar sagte ihr der Schwager, wegen der Preisgestaltung um Rat gefragt, sie verkaufe zu billig, aber sie ließ sich nicht beirren. Sie verkaufte alles gut, konnte sämtliche Schulden abdecken und behielt genug Bargeld übrig, um vorerst mit ihren Kindern von Geldverleih leben zu können. Chaijm hatte seine Familie eigentlich recht gut versorgt zurückgelassen.

Nicht materielle Dinge fehlten ihr, sondern der Mensch Chaijm, der Ehepartner: »Jetzt habe ich niemanden mehr, dem ich mein Leid klagen, niemanden, auf den ich mich stützen könnte, als nur unseren Vater im Himmel. Alle meine Sorgen hat mir der liebe Freund ausreden können und durch seinen Zuspruch kam mir alles leichter vor. Wer aber ist nun mein Tröster, wer spricht mir nun meine schweren Gedanken aus meinem betrübten Herzen wie mein lieber, herziger Freund? Ich glaube, ich werde den lieben Freund wohl alle meine Tage beweinen müssen.«[59]

Am Tage konnte sie sich mit Geschäften ablenken, doch nachts kamen Verzweiflung und Leid hoch. So fand sie einen Ausweg, indem sie zu schreiben begann, ein schriftliches Gespräch mit den Kindern, vermischt mit Gebeten. In sieben Büchern will sie ihr Leben darstellen: »Ich schreibe euch dieses nicht zur Belehrung, sondern (wie schon erwähnt) um mir in den langen Nächten die melancholischen Gedanken damit zu vertreiben.«[60]

Tags Geschäftsfrau, nachts Chronistin ihres Lebens – es scheint, als wolle sie sich mit Arbeit betäuben, sich überfordern.

Und schon tagsüber im Geschäft hat sie mehr als genug zu tun. Sie hätte sich ja auch damit begnügen können, in Hamburg mit Waren zu handeln, Geld auf Pfänder auszuleihen und Geld zu wechseln. Das ist genug Arbeit für eine alleinstehende Frau mit großer Familie und hätte mit Sicherheit ein auskömmliches Leben garantiert.

Aber Glückel wollte mehr. Gemeinsam mit Chaijm hatte sie geschäftlich, und damit sozial, einen Status erreicht und gehalten, in dem beide durch Herkunft und das geschäftliche Geschick ihrer eigenen Eltern aufgewachsen waren und den sie als allein angemessen empfunden hatten. Diesen Status wollte sie für sich und ihre Kinder auch weiterhin halten und ausbauen, und das konnte sie nur im Fernhandel. Sie mußte also in Zukunft wie einst Chaijm Reisen unternehmen, sie mußte in Hamburg Geschäftsräume, ein sogenanntes Gewölbe, halten, und sie mußte Heiratsverträge für ihre acht noch unverheirateten Kinder herbeiführen. Ein Riesenprogramm. Aber sie schaffte es: »Ich habe mich auch nicht geschont, bin Sommer und Winter gereist und den ganzen Tag über in der Stadt herumgelaufen.«[61]

Wie alle Kaufleute damals war sie zugleich auch Unternehmerin, das heißt, sie ließ die Waren, die sie verkaufte, teilweise selbst herstellen. So spricht sie einmal davon, sie betreibe eine Strumpffabrikation. Strumpfwirkerei war zu ihrer Zeit ein Kunstwerk, das besonders von Hugenotten beherrscht wurde, die nach Aufhebung des Toleranzedikts von Nantes durch den katholischen französischen König 1685 als Glaubensflüchtlinge nach Deutschland strömten und hier schnell Fuß faßten. Glückel setzte schon bald bedeutende Summen um. Allein in ihrem Hamburger Gewölbe verkaufte sie jeden Monat Waren für mehr als fünfhundert oder sechshundert Reichstaler. »Außerdem bin ich alle Jahre zweimal auf die Braunschweiger Messe gereist und habe auf jeder Messe mehrere Tausende gelöst [. . .]«[62] Sie handelte wie Chaijm mit Juwelen und Unzenperlen, die sie aufkaufte, sortierte und an die Orte weiterverkaufte, wo sie den größten Gewinn erwarten konnte.

Streng sah sie darauf, alle Verträge und Vereinbarungen korrekt zu erfüllen, denn das begründete ihre Kreditwürdigkeit, und die wiederum war in einer Zeit, in der der Kapital- und Warenverkehr ausschließlich auf gegenseitigem persönlichen Vertrauen beruhte, die Grundlage aller Verdienstmöglichkeiten im Handel. Die Folge: »Ich habe großen Kredit gehabt. Wenn ich auf der Börse zur Börsenzeit 20000 Taler Banco hätte haben wollen, hätte ich sie bekommen können.«[63] Beiläufig erzählt sie einmal, sie habe anläßlich einer Reise Juwelen im Wert von fünfzigtausend Talern bei sich gehabt.

Das sind natürlich Riesensummen. Glückel macht damit deutlich, daß sie zu der sehr kleinen Gruppe der ganz reichen jüdischen Kaufleute gehört, vergleichbar mit den berühmten Hofjuden wie Jost Liebmann in Berlin, Leffmann Behrens in Hannover, Elias Gomperz in Kleve oder Samson Wertheimer in Wien. Mit ihnen allen ist sie denn auch verwandt oder verschwägert. Auch ihre Geschwister und deren Ehepartner sind durchaus wohlhabend. Aber es bestätigte sich, was Glückel schon kurz nach Chaijms Tod erstmals festgestellt hatte: Die Verwandten gaben ihr Ratschläge und Hinweise für Geschäfte und Heiratsmöglichkeiten, aber das geschäftliche Risiko trug sie allein. Im Notfall konnte sie auf materielle Unterstützung nicht zählen.

Und die großen Summen zerrannen auch immer wieder, denn die vielen Reisen, die Glückel nun unternehmen mußte, waren teuer, vor allem, wenn sie sich keiner Reisegruppe anschließen konnte.

So reiste sie einmal allein mit ihrem fünfzehnjährigen Sohn Moses über Leipzig nach Bamberg. Sie berichtet: »Auf dieser Reise habe ich große Beschwerden ausgestanden; denn es ist ein sehr böser Weg, und ich bin nur als einzelne Frau mit einem Jungen von fünfzehn Jahren gefahren. Doch wenn man Geld hat, kann man allerwegen zurechtkommen; die Reise hat aber viel Geld gekostet.«[64]

Vor allem aber kosten ihre Kinder sie »allezeit viel Geld«.

Da war zunächst einmal deren Schulbildung. Die Hauslehrer, die alle ihre Kinder unterrichteten, kosteten sie zwar nicht viel. Denn das waren meistens arme, junge Männer, die noch selber den Talmud studierten oder in anderen Berufen Schiffbruch erlitten hatten und erst einmal ein billiges Unterkommen suchten. Gelegentlich zogen solche Leute als Betteljuden von Stadt zu Stadt, immer auf der Suche nach einem Platz, wo sie für einige Zeit bleiben konnten. In einem großen Haushalt wie dem Glückels verursachten sie kaum zusätzliche Kosten. Aber teurer wurde es schon, wenn nach der Elementarschule die Jungen eine talmudische Bildung erhalten sollten. Man konnte sie in eine Talmudschule schicken, wie es sie zeitweise auch in Hamburg gab. Auch in anderen Orten wie Frankfurt gab es sie, und manche hatten einen so guten Ruf, daß sie Schüler von weither anzogen. Das kostete die Eltern dann gewöhnlich viel Geld.

Glückel scheut diese Geldausgabe nicht. Den Sohn Moses schickt sie nach Frankfurt in eine »Klause«, den besonders begabten Josef nach Lissa (Polen) zum Studium.

Im Vergleich zu den Kosten, die die Verheiratung und Etablierung ihrer noch ledigen Kinder verschlang, waren diese Ausgaben eher gering. Glückel zeigte sich in all diesen Vertragsverhandlungen als gewiefte Geschäftsfrau, die hart um jeden Taler und jede einzelne Vertragsbedingung feilschte.

Doch trotz aller Vorsichtsmaßregeln war auch sie nicht gegen Mißerfolge gefeit, wie die Geschichte ihres Sohnes Loeb beweist. Den hatte sie nach Berlin verheiratet, in die bedeutende Familie Ries, wo er unter der Aufsicht seines Schwiegervaters ein Handelsgeschäft führen sollte. Aber, entweder durch eigenes Ungeschick oder durch üble Machenschaften seiner Schwiegerfamilie, er geriet in Schulden und mußte schließlich durch seine Mutter finanziell saniert und nach Hamburg geholt werden, samt seiner Frau und seinem kleinen Kind, für die immerhin der Schwiegervater ein Kostgeld zahlte. Auch in Hamburg versagte er geschäftlich, ließ sich auf krumme Geschäfte ein und wurde endlich auch noch schwer krank. Vor seinen Gläubigern mußte er sogar nach Altona fliehen. Mit seinen Brüdern geriet er in Streit über das Erbe ihrer verstorbenen Schwester Hendele. Glückel, die genau wußte, daß ein unbefleckter Name die Grundlage für weitere erfolgreiche Geschäfte der ganzen Familie war, gelang es letztlich, die Brüder zu versöhnen, aber es war ihr klar, daß Loeb nicht selbständig handeln konnte. So nahm sie ihn, weil sie nicht wollte, daß er untätig herumsaß, in ihr Geschäft auf, immer in Sorge, er könne auch dort falsch handeln. Als er, nicht einmal achtundzwanzig Jahre alt, im Sommer 1701 starb, verglich sie ihr Verhältnis zu ihm mit dem Davids zu Absalon: »So verzeihe ich auch vom Grund meines Herzens diesem meinem Sohn alles, was er an Jugendstreichen verübt hat.«[65]

Zu der Zeit von Loebs Tod lebte sie schon nicht mehr in Hamburg. Im Sommer 1700 hatte sie eine zweite Ehe geschlossen und war für die letzten Lebensjahrzehnte nach Metz übergesiedelt.

Damit nun beging sie, wie ihr wenige Jahre später bewußt wurde, den größten Fehler ihres Lebens. Elf Jahre war sie Witwe gewesen und es geblieben, mit guten Gründen: »Es waren mir in dieser Zeit viele Partien vorgeschlagen worden und darunter wirklich die vornehmsten in ganz Deutschland. Aber so lange ich konnte und so lange mir deuchte, daß ich mich mit dem, was mein seliger Mann mir hinterlassen, ernähren könnte, kam es mir nicht in den Sinn mich zu verändern.«[66] Statt dessen hatte sie einen Lebensplan verfolgt, der unter frommen JüdInnen nicht eben selten war: »[...] ich wollte erst meine verwaisten Kinder einigermaßen versorgen und dann nach dem heiligen Lande ziehen.«[67] Dort auf die Ankunft des Messias warten: »[...] ich hätte alle Nichtigkeiten dieser Welt verlassen und mich mit dem bißchen, was ich noch übrig hatte, ins heilige Land begeben sollen. Denn dort hätte ich als eine gute Jüdin leben können, und die Sorgen und Leiden meiner Kinder und Freunde und sonstige Nichtigkeiten der Welt hätten mir keine Beschwerden mehr gemacht.«[68]

Gerade gegen Ende der neunziger Jahre, Glückel war jetzt etwa fünfzig Jahre alt, stießen ihr in Geschäft und Familie »allerhand Widerwärtigkeiten und Leiden« (Glückel) zu. Sie verlor unverhältnismäßig viel Geld. »Dabei habe ich [. . .] mich sehr gequält, bin im Sommer bei der Hitze und im Winter bei Regen und Schnee auf die Messen gefahren und habe dort ganze Tage in meinem Gewölbe gestanden.«[69] Das Alter machte sich nun bemerkbar, die Wechseljahre kamen hinzu. Sie sah voraus, daß sie nicht sehr viel länger so aktiv wie bisher sein konnte. Sie wollte aber ihren Kindern auch nicht zur Last fallen, wohl in der Befürchtung, diese würden sie als lästige Kostgängerin vielleicht sogar abschieben. Und damit gegen das Gebot verstoßen, die Eltern zu ehren. Auch nach jüdischer Auffassung eine schwere Sünde: »Nach alledem habe ich aber doch die große Mühe und das Reisen und das Herumgehen in der Stadt nicht länger aushalten können. Denn wenn ich auch ein großes Geschäft hatte und einen bedeutenden Kredit genoß, so war ich doch immer in Angst, wenn mir einmal etliche Ballen Waren oder ausstehende Schulden verloren gingen, daß ich, Gott behüte, ganz bankerott gehen und meine Gläubiger um das Ihrige bringen müßte, was mir und meinen Kindern und meinem frommen Manne unter der Erde eine Schande gewesen wäre.«[70]

Sie bereute nun, nicht eine neue Ehe geschlossen zu haben, zur Alterssicherung und zum Wohle ihrer Kinder.

In dieser Situation traf ein Brief ihres Schwiegersohnes Moses Krumbach aus Metz ein, der ihr vorschlug, den gerade verwitweten Hirz Levy zu heiraten. Hirz sei »ein vortrefflicher Jude und hervorragend an Gelehrsamkeit und Reichtum [. . .]«[71]

Lebensabend in Metz, in einer frommen Gemeinde, abgesichert durch Wohlstand und Familienbeziehungen – das schien die Lösung aller Probleme zu versprechen. In Hamburg war zudem wieder einmal der Judenhaß stärker noch als üblich spürbar. Zwar waren in Frankreich die Juden im Mittelalter »für alle Zeiten« vertrieben worden, und dieser Erlaß hatte bis zur Französischen Revolution 1789 auch volle Gültigkeit. Aber Metz hatte bis zum 16. Jahrhundert zum Deutschen Reich gehört, und die dortige Judengemeinde wurde auch nach dem Übergang an Frankreich stillschweigend geduldet. Sicherheit vor Judenverfolgungen war dort zwar auch nicht zu finden, aber vielleicht etwas größere Ruhe und Duldung.

Sie fing nun an, ihr Geschäft zu liquidieren, aber in aller Heimlichkeit. Da sie Hamburg endgültig verlassen wollte, hätte sie mehrere hundert Taler Abzugsgeld an den Rat zahlen müssen, und das wollte sie natürlich vermeiden. Einer so unzuverlässigen Obrigkeit gegenüber fühlte sie sich vermutlich nicht zur Korrektheit verpflichtet. Ihren Geschäftspartnern gegenüber blieb sie dagegen bis zuletzt korrekt.

In Metz wurde sie eindrucksvoll empfangen. »Zwei Meilen, bevor wir nach Metz gekommen sind, hat mein Mann seinen Schreiber zu Pferd geschickt. Der ist neben unserem Wagen hergeritten, bis wir in das Gasthaus gekommen sind. Er hat allerlei Speise und Trank bei sich gehabt, soviel er auf seinem Pferde fortbringen konnte.«[72] Dennoch, Glückel hatte, zumindest erscheint es ihr in der Rückschau so, sehr trübe Vorahnungen. Das änderte sich auch nicht, als sie kurz vor Metz von drei angesehenen Frauen der jüdischen

Gemeinde begrüßt und von ihnen in ihrer Kutsche in die Stadt geleitet wurde. Glückel war über diese »französische« Art, jemandem seine Hochachtung zu bezeugen, etwas verblüfft und dankte, »[. . .] so gut ich es konnte und die aufrichtige deutsche Art es mich gelehrt hatte.«[73]

In Metz, in der Wohnung ihrer Tochter Esther, traf sie erstmals ihren Bräutigam. Weder sein Aussehen noch sein Verhalten kommentiert sie in ihrer Autobiographie, ebensowenig ihre Gefühle ihm gegenüber. Nun waren Gefühle, wie immer wieder betont, nicht unbedingt notwendig für das Gelingen einer Ehe. Auch hatte Glückels nüchterne Art bisher keine Überschwenglichkeiten zugelassen. Aber es verblüfft doch, wie sie über ihren zweiten Mann schweigt, während sie ihren ersten als »Krone meines Lebens« bezeichnet.

So nahm alles seinen Lauf. Glückel: »Die Woche ist so hingegangen, ohne daß etwas Besonderes passiert ist. In der anderen Woche, am Donnerstag, am Neumondstage des Tamus, ist die Hochzeit gewesen. Man hat mich am Morgen aus dem Hause meiner Tochter in das benachbarte Haus meines Mannes geführt. Dort habe ich bis nach 12 Uhr mittags gesessen; dann hat mich mein Mann durch einen wertvollen Trauring von einer Unze sich angetraut. [. . .] Nach der Trauung hat man mich in unsere Kammer vor dem Kabinett geführt, die gar schön möbliert gewesen ist. Dorthin hat man uns Essen und einen Hochzeitskuchen gebracht, wie es in Deutschland üblich ist. Obwohl ich den ganzen Tag nichts gegessen hatte, habe ich es doch nicht übers Herz bringen können, etwas zu genießen; denn mein Herz ist noch zu voll gewesen von dem vielen Weinen beim Abschied. Als ich von meiner Tochter Esther weggegangen bin, haben wir beide so viele Tränen vergossen, wie uns zu Mute gewesen ist. Mein Mann hat mich nun in sein Kabinett geführt und mich eine große Schachtel mit allerhand Ketten und Ringen sehen lassen. Aber er hat mir doch von jener Zeit an bis jetzt nicht das kleinste Ringchen oder irgendwelche silberne oder goldene Münze gegeben, so daß er sich an mir nicht bankerott gemacht hat. Abends hat man eine prächtige Mahlzeit gemacht, wobei alles wieder aufs herrlichste hergegangen ist. Diener und Jungfern habe ich genug in meinem Haus gefunden und aller wegen, wo ich nur hingesehen und gehört habe, ist vieles im Überfluß gewesen.«[74]

Überfluß schien es auch weiterhin viel zu geben. Im Geschäft ihres Mannes lag viel Gold und Silber; jeder, der Geld zu bekommen hatte, wurde ohne Mahnung sofort bezahlt. Auch das Kleingeschäft, das Ausleihen »auf der Gasse«, lief gut und summierte sich zu großen Beträgen.

Glückel war selbst nicht mehr geschäftlich tätig.

Schon sehr bald nach der Eheschließung mehrten sich aber die Zeichen, die auf Schlimmes hindeuteten. Sie war beunruhigt, als sie bemerkte, daß ihr Mann nachts sehr viel stöhnte. Doch er beschwichtigte sie, das sei so seine Gewohnheit. Auch die Kinder und die Schwägerin beruhigten sie dahingehend. Glückel: »Da habe ich mich zufrieden gegeben, und es hat mich nur zuweilen verdrossen; aber ich wußte ja nicht, daß hinter seinem Stöhnen solche Sorgen steckten. Sein Schlafen und sein Essen ist sehr unruhig gewesen.«[75]

Anders als während ihrer ersten Ehe erfuhr sie gar nichts Geschäftliches, lebte aber ständig im Zustand der Unruhe und Unsicherheit. Hinzu kam, daß sie, zumindest anfangs, das Französische nicht geläufig sprach und selbst bei Gesprächen über unwichtige Dinge meist auf eine Übersetzung angewiesen war.

Nur zwei Jahre nach der Heirat konnte Hirz Levy sein Geschäft nicht mehr halten und machte Bankrott. Nicht einmal die Hälfte des Geldes, auf das er Schuldverschreibungen ausgestellt hatte, war bar oder in Waren vorhanden. Die Mitgift ihrer Tochter Mirjam, die Glückel ihrem Mann anvertraut hatte, war genau so verloren wie das von ihr selbst eingebrachte Kapital. Desgleichen Schuldforderungen ihres Sohnes Nathan an Hirz im Wert von mehreren tausend Talern. Doch Glückel hatte nicht nur ihr Geld verloren. Sie verlor auch den Schutzraum ihres Hauses: »Mein Mann hat sich verbergen müssen. Als die Kreditoren es gewahr wurden, haben sie drei Gerichtsdiener in sein Haus geschickt; die haben eine Inventur gemacht und alles bis zum Nagel an der Wand aufgeschrieben und versiegelt, so daß sie mir nicht Speise für eine Mahlzeit gelassen haben. Ich habe mit meiner Jungfer in der Stube gewohnt; darin haben sich die drei Gerichtsdiener auch aufgehalten, und sie sind die Meister gewesen, keiner hat aus- und eingehen dürfen. Habe ich am Tage einmal weggehen wollen, da haben sie mich untersucht, ob ich etwas bei mir hätte. In diesem miserablen Zustand haben wir etwa drei Wochen gelebt. Endlich hat mein sel. Mann einen Akkord mit seinen Kreditoren gemacht. Sie haben alles, was er gehabt hat, aufgeschrieben und es ihm in Händen gelassen, damit er einen Ausruf [eine Auktion] machen sollte. Da ist kein zinnerner Löffel bei ihm im Hause gewesen, der nicht aufgeschrieben wurde, so daß er nichts hat verheimlichen können. Er wollte auch nichts verheimlichen; denn er hat Gott gedankt, daß er mit seinem Leben davongekommen ist. Seine Kreditoren haben gesehen, daß er ihnen alles gegeben, was er gehabt hat; da haben sie selbst Mitleid mit ihm gehabt, als er die Hälfte von dem nicht bezahlen konnte, was er mit ihnen akkordiert hatte. Sie haben ihn in Frieden gelassen und ihn nicht scharf gedrängt. Sie hätten ihn wohl gefangen nehmen können, aber sie haben gesehen, daß er ein ehrlicher Mann war und daß ihm nicht das geringste von dem, was er besessen hatte, übrig geblieben war.«[76]

Glückel machte sich finanziell nun selbständig; vermutlich lieh sie, wie das die jüdischen Frauen immer in solchen Situationen taten und wie sie es auch von ihrer Mutter und deren Mutter wußte, Geld auf Pfänder aus. Sie führte Hirz den Haushalt, achtete aber auf getrennte Rechnungslegung. Es ging ihnen manchmal so schlecht, daß kein Brot im Hause war. Der Spanische Erbfolgekrieg, den Frankreich gegen halb Europa führte und in dem es sich für viele Jahre wirtschaftlich und finanziell ruinierte, traf auch die Einzelhaushalte, wie hier den Glückels: »Wie vor einigen Jahren hier so große Teuerung war, habe ich von meinem bißchen Geld zeitweise ausgegeben, was für den Haushalt nötig war. Sobald er Geld bekommen hat, hat er mir solches wiedergegeben.«[77] Als Hirz starb, äußerte Glückel keine Trauer. Sie meinte, man könne zwar viel Lobendes darüber schreiben, wie Hirz als Vorsteher der Jüdischen Gemeinde in Metz gewirkt habe. Aber: »Ich finde solches nicht für nötig. Er ist zu seiner Ruhe gegangen und hat mich in Elend und Trübsal sitzenlassen.«[78]

Elend. Das Wort ist fast zu schwach, um Glückels Situation zu benennen. Bisher hat sie mit Hirz in dem Haus gewohnt, das vor dem Bankrott noch Eigentum ihres Mannes gewesen war und wo sie, so meint sie jedenfalls, lebenslängliches Wohnrecht hat. Doch es kommt schlimmer. Glückel: »Aber als mein Mann gestorben war [...] habe ich sofort aus [dem] Haus gemußt und nicht gewußt, wohin ich soll. Bei meinem Schwiegersohn Moses Krumbach habe ich auch nicht sein können, da er noch nicht gebaut hatte, wie er es jetzt mit Gottes Hilfe getan hat. Also bin ich übel daran gewesen. Endlich hat ein Familienvater namens Jakob Marburg mir ein kleines Kämmerchen bauen lassen, worin ich keinen Ofen oder Schornstein gehabt habe. Ich durfte wohl in seiner Küche kochen und auch in seiner Winterstube sein –

aber wenn ich zu Bett gehen oder sonst in meine Kammer gehen wollte, mußte ich zweiundzwanzig Treppen hinaufsteigen, was mir gar schwer angekommen ist, so daß ich die meiste Zeit unpäßlich gewesen bin.«[79]

Ihr Schwiegersohn lud sie dann ein, in seinen Haushalt zu ziehen, aber Glückel war noch nicht bereit, ihre Unabhängigkeit aufzugeben. Noch drei Jahre hielt sie aus, aber schließlich konnte sie einfach nicht weiter und tat das, was sie unbedingt hatte vermeiden wollen: ihre Unabhängigkeit aufgeben und zu den Kinder ziehen.

Zwar hatte sie es fortan gut dort im materiellen Sinne; sie bekam von allen Speisen das Beste vorgelegt, und wenn sie später als gewöhnlich aus der Synagoge heimkehrte, hatte man alle möglichen Leckerbissen für sie zurückgelassen. Aber sie blieb nun bis an ihr Lebensende eine Almosenempfängerin. Und das fiel der stolzen und selbstbewußten Frau, die einst mit den bedeutendsten jüdischen Kaufleuten des Deutschen Reiches von gleich zu gleich Geschäfte gemacht hatte, sehr schwer.

Doch nicht nur ihre persönliche Situation mißfiel ihr zutiefst, auch die Verhaltensweisen und die Stimmung in der jüdischen Gemeinde veränderten sich zum Schlechteren, wie sie meinte: »Als ich hierhergekommen bin, ist Metz eine sehr schöne, fromme Gemeinde gewesen und die Vorsteher lauter ehrwürdige Leute, welche die Gemeindestube wirklich geziert haben. In jener Zeit ist in der Gemeindestube keiner gewesen, der eine Perücke aufgehabt hat, und dazumal hat man auch nichts davon gewußt, daß man aus der Judengasse heraus vor dem nichtjüdischen Gericht einen Prozeß führen sollte. Wenn auch bisweilen manche Differenzen vorgekommen sind, wie es leider bei Juden so üblich ist, so sind solche doch alle bei der Gemeinde oder bei dem Rabbinatsgericht geschlichtet worden.«[80] Nun kam es vor, daß Juden aus der jahrhundertelang erprobten

Gemeindesolidarität ausbrachen, die sie zunehmend als Zwang empfanden. Und es gab Streit innerhalb der Gemeinde, so daß sich zwei Parteien bildeten, die einander heftig bekämpften. Noch Schlimmeres, jedenfalls nach Glückels Meinung, geschah am Simchas-Thora-Fest 1715: »Damals waren alle Thora-Rollen, wie üblich, aus der heiligen Lade genommen, und sieben von ihnen standen auf dem Tisch. Da hat in der Frauensynagoge eine Schlägerei unter den Frauen angefangen, und sie haben einander die Schleier vom Kopf gerissen, so daß sie in der Synagoge barhäuptig standen. Deshalb haben auch die Männer in ihrer Synagoge angefangen zu zanken und sich zu schlagen. Obwohl der hochgelehrte Rabbiner Abraham Broda mit lauter Stimme und mit Androhung des Bannes gebot, Ruhe zu halten und den Festtag nicht zu entweihen, so hat dies doch alles nichts geholfen. Der Rabbiner und die Gemeindevorsteher sind darauf eilig aus der Synagoge gegangen und haben bestimmt, was eines jeden Strafe sein sollte.«[81]

Wenig später kam es zu einem schrecklichen Unglück in der Synagoge, bei dem Glückel in Lebensgefahr geriet. Einige Frauen hörten während des Morgengebets am Sabbat des Wochenfestes ein Getöse und glaubten, das Gewölbe über der Frauensynagoge breche ein. Sie gerieten in Panik, wollten die Frauensynagoge eilig verlassen und stürzten auf der engen Treppe übereinander. Auf diesen Lärm hin verließen die Frauen aus der unteren Frauensynagoge und die Männer aus der Männersynagoge ebenfalls das Bethaus. In dem allgemeinen Gedränge stürzte auch Glückel zu Boden und wurde von Flüchtenden niedergetrampelt. Sie selbst kam knapp mit dem Leben davon, aber sechs Frauen starben, und weitere dreißig erlitten schwere Verletzungen.

Armut, Bitterkeit, Unglücksfälle, Streit, erste Anzeichen für die Auflösung der Gemeinde.

Nein, ein geruhsames Alter oder gar ein »besonnter« Lebensabend war das nicht. Die Idylle war sehr fern. Die Matriarchin im Kreise ihrer Kinder und Enkelkinder, hochgeehrt als Verkörperung des Familienzusammenhalts – dieses Bild von Familie, das heute bürgerliche PolitikerInnen, oft in Ermangelung von politischer Substanz, so gern als ewigen Wert gegen eine vermeintlich wertezersetzende feministische Kritik aufrichten, dieses Bild stimmt nicht. Zumindest stimmte es nicht durchgängig, und schon gar nicht, wenn die Matriarchin (oder der Patriarch oder beide) kein Vermögen hatte, sondern nur noch als lästige Kostgängerin betrachtet und behandelt wurde.

Die Großfamilie als eine Art soziales Netz, das die ärmeren und schwächeren Mitglieder zumindest vor dem schieren Hungertod bewahrte – mehr war nicht gegeben. Ein Alter in der Würde, wie es Glückel sich erhofft hatte, war ihr bis zu ihrem Tode 1724 nicht vergönnt.

Ihre Autobiographie beschloß sie im Jahre 1719 mit einem mehrdeutigen Bild: »Im Nissan 5479 (= 1719) ist eine Frau an der Mosel gestanden und hat Geräte gesäubert. Ungefähr um 10 Uhr nachts ist es so hell geworden wie bei Tage, die Frau hat in den Himmel gesehen, und der Himmel ist offen gewesen [. . .] und Funken sind davon gesprungen, und danach ist der Himmel wieder zugegangen, als wenn einer einen Vorhang zugezogen hätte, und es ist wieder ganz finster geworden.«[82]

Ziehen auch wir den Vorhang über Glückels Leben zu und wünschen ihr, sie finde den Himmel offen, wie sie das immer gehofft hat!

Anmerkungen

1 Denkwürdigkeiten der Glückel von Hameln. Aus dem Jüdisch-Deutschen übersetzt, mit Erläuterungen versehen und herausgegeben von Alfred Feilchenfeld. Nachdruck der 4. Auflage, Berlin, Jüdischer Verlag, 1923 – Frankfurt am Main: Athenäum, 1987 (im folgenden abgekürzt: GH), S. 29

2 GH S. 14, Anmerkung / **3** GH S. 15 / **4** GH S. 15 f. / **5** GH S. 17 / **6** GH S. 17 f. / **7** GH S. 18 / **8** GH S. 19 / **9** GH S. 21 / **10** GH S. 12 / **11** GH S. 35 / **12** GH S. 35 f. / **13** GH S. 38 / **14** GH S. 38 / **15** GH S. 38 / **16** GH S. 47 / **17** GH S. 48 / **18** GH S. 49 / **19** GH S. 47 / **20** GH S. 47 / **21** GH S. 47 f. / **22** GH S. 48 / **23** GH S. 49 f. / **24** GH S. 166 f. / **25** GH S. 50 / **26** GH S. 50 / **27** GH S. 50 / **28** GH S. 50 / **29** GH S. 168 / **30** GH S. 52 / **31** GH S. 85

32 Vergl. die Biographie Esther Liebmanns in diesem Buch, S. 114 ff.

33 GH S. 84 / **34** GH S. 151 / **35** GH S. 87 / **36** GH S. 114 / **37** GH S. 115 / **38** GH S. 31 / **39** GH S. 62 f. / **40** GH S. 62 / **41** GH S. 61 / **42** GH S. 61 / **43** GH S. 63

44 Heinz Mosche Graupe (Hrsg.), Die Statuten der drei Gemeinden Altona, Hamburg und Wandsbek. Teil 1, Hamburg 1973, S. 190

45 ebd. / **46** GH S. 225

47 Akten des Hamburger Staatsarchivs. Zitiert nach GH S. 225, Anm. 54

48 GH S. 169 / **49** GH S. 120 / **50** GH S. 172 / **51** ebd. / **52** GH S. 174 / **53** GH S. 175 / **54** GH S. 176 / **55** ebd. / **56** GH S. 177 / **57** GH S. 181 / **58** ebd. / **59** GH S. 178 / **60** GH S. 13 / **61** GH S. 205 / **62** ebd. / **63** ebd. / **64** GH S. 231 / **65** GH S. 277 / **66** GH S. 251 / **67** GH S. 252 / **68** GH S. 253 / **69** ebd. / **70** GH S. 254 / **71** GH S. 255 / **72** GH S. 264 / **73** GH S. 266 / **74** GH S. 269 f. / **75** GH S. 273 / **76** GH S. 281 f. / **77** GH S. 282 f. / **78** GH S. 289 / **79** GH S. 290 / **80** GH S. 292 **81** GH S. 304 f. / **82** GH S. 305

Esther Liebmann

?-1714

Diese merkwürdige, von Geld- und Machthunger getriebene Frau ...

Esther Liebmann, geborene Schulhoff, ist die unbekannteste unter den in diesem Band porträtierten Frauen.

Bekannt und überliefert ist ihr Ruf. Und der ist verheerend. Moderne HistorikerInnen nennen sie ehrgeizig, hab- und herrschsüchtig, eine Person, die ihre beiden Ehemänner geschäftlich und persönlich an Bedeutung übertroffen, die ihren Ehemann aus dem Hintergrund ständig aufgestachelt und angetrieben habe.[1]

Zeitgenossen erschien sie als eine »gefährliche Person«[2], vor deren Nachstellungen man sich hüten müsse.

Wahrlich Grund genug, neugierig zu werden. Die Neugier trifft schnell auf Grenzen. Zwar gibt es eine Reihe von Quellen, die viel über Esthers kaufmännische und soziale, also ihre öffentliche Wirkung aussagen. Aber über den Menschen Esther, über ihre Glücksmomente und Enttäuschungen, über ihre Vorlieben und Abneigungen erscheint gar nichts. Persönliche Aufzeichnungen wie ihre Altersgenossin Glückel von Hameln hat sie nicht hinterlassen. Zumindest ist nichts überliefert. Nichts ist in Erfahrung zu bringen über das, was wir heute Privatleben nennen.

In den gedruckten Quellen erscheint Esther als Kauffrau, die ihre geschäftlichen Interessen mit großem Nachdruck vertritt. Da Familienpolitik, etwa im Bereich von Heiraten, immer auch Geschäftspolitik ist, trennt sie beide Bereiche nicht, kann sie nach den vorgegebenen Bedingungen auch gar nicht trennen. Hierin ist sie Glückel sehr ähnlich.

Anders als Glückel jedoch begnügt sie sich in der jüdischen Gemeinde nicht mit der traditionellen weiblichen Rolle eines passiven Mitglieds. Vielmehr greift sie tatkräftig, direkt und indirekt, ins Gemeindeleben ein. Sie ist zwar gezwungen, in dieser patriarchalischen Zeit die Gemeindeämter den Männern ihrer Familie zu überlassen. Die Ziele dagegen bestimmt sie ebenso, wie sie auch den Kampf selber führt.

Gemeinde, Familie und Geschäft – in diesen drei Feldern wirkt sie, in ihnen hat sie deutliche Spuren hinterlassen. Hier wird sie erkennbar, hier lassen sich einige ihrer Konturen schildern.

Für den Versuch eines Porträts spricht auch die Ausnahmestellung, die sie in der Geschichte der deutschen JüdInnen ihrer Zeit einnimmt.

Geschäftsfrauen begegnen uns mehrere; Glückel von Hameln ist ein sehr einprägsames Beispiel. Aber eine Frau, die so aktiv in die männlich bestimmte Gemeindepolitik eingreift und die Männer, jüdische wie christliche, geradezu in Angst und Schrecken, zumindest aber in Wut versetzt, ist in der Literatur zur deutschjüdischen Geschichte einzigartig.

Da streift eine Frau selbstbewußt die Zwänge der konventionellen Frauenrolle ab; und das rechtfertigt, denke ich, allemal ein Porträt, mag es auch fragmentarisch bleiben.

Zentraler Lebensort Esthers ist Berlin. Hier verbringt sie den größten Teil ihres Lebens, hier stirbt sie 1714.

So wie Hamburg die Stadt Glückels war, so ist Berlin die Stadt Esthers. Szenenwechsel denn also. Statt einer weltoffenen Handelsstadt nun die ackerbürgerlich geprägte Hauptstadt Brandenburgs, statt einer republikanisch organisierten Freien Reichsstadt nun die Residenzstadt einer aufstrebenden Militärmacht dritter Ordnung, statt jahrhundertealten bürgerlichen Reichtums nun die Armut der »Streusandbüchse des Heiligen Römischen Reiches Deutscher Nation«.

Das Kurfürstentum Brandenburg ist Mitte des siebzehnten Jahrhunderts noch weit entfernt von preußischen Großmachtträumen. Es gehört zu den ärmsten Gebieten

Deutschlands. Schlechte Böden erlauben lediglich kärglichen Ackerbau, Bodenschätze wie in Sachsen gibt es nicht, und große Handelsstraßen durchziehen das Gebiet auch nicht. Nennenswerte Messestädte haben sich, mit Ausnahme der Oderstadt Frankfurt, nicht entwickelt. Wie denn auch? In den wenigen Städten ist ein Handwerkertum angesiedelt, das allenfalls für lokale Märkte produziert, und eine Kaufmannschaft, deren Aktionsradius ebenfalls sehr begrenzt ist.

Gerade dieses ohnehin schon ärmliche Land ist von den Verwüstungen des Dreißigjährigen Krieges besonders betroffen worden.[3] Durchziehende Heere, mehr aber noch die in ihrem Gefolge auftretenden Hungersnöte und Epidemien hatten zu einem völligen wirtschaftlichen Zusammenbruch geführt. Weitere Landstriche lagen völlig brach, weil ganze Dörfer entvölkert waren. Es wird geschätzt, daß auf dem Land etwa die Hälfte der Bevölkerung umgekommen war, in der besser geschützten Stadt Berlin noch etwa vierzig Prozent. Daß sich in der Stadt Ruppin eines Tages um eine verendete Katze hungrige Arme prügelten, illustriert diese Zustände.[4]

Viele Landstraßen waren zerstört, und wo sie noch intakt waren, gab es marodierende Truppen. Handelsreisen waren unter diesen Bedingungen nicht mehr möglich, so daß gegen Ende des Krieges alle bedeutenderen Berliner Handelsgeschäfte zusammenbrachen. Zählt man noch das nahezu völlige Verschwinden von Bargeld hinzu, Folge tributfordernder und plündernder Truppen, so ist leicht erkennbar, daß Brandenburg auf den Status eines Entwicklungslandes zurückgefallen war, in dem die BewohnerInnen wieder zur Natural- und Tauschwirtschaft zurückgekehrt waren. Zu einer wirtschaftlichen Erholung aus eigener Kraft fehlten nach dem Kriegsende 1648 Arbeitskräfte, Kapital, technisches Know-how und Infrastruktur.

Brandenburg wurde seit Jahrhunderten von den Hohenzollern regiert. Durch Erbfolge hatten sie im Laufe der Zeit zu ihrem Stammland ein Reich von Territorien erworben, die vom Herzogtum Kleve im äußersten Westen Deutschlands bis zum Herzogtum Preußen im Osten reichten. Diese Territorien lagen verstreut, wiesen keine gemeinsamen Grenzen auf und unterschieden sich in ihrer Wirtschafts- und Sozialstruktur ebenso voneinander wie in ihrer landständischen Verfassung. Einzige Klammer dieses Bündels von Territorien war der gemeinsame Herrscher, der jeweilige Kurfürst.

Als Friedrich Wilhelm I. 1640, noch mitten im Krieg, als Zwanzigjähriger das Erbe nach dem Tod des Vaters antrat, sah er sich einer solchen Fülle von Schwierigkeiten gegenüber, daß ein weniger tatkräftiger und begabter Mensch gewiß resigniert hätte.

Sein Vater hatte resigniert, hatte sein Stammland Brandenburg in den Kriegswirren weitgehend sich selbst überlassen und sich in das relativ sichere Königsberg zurückgezogen. Politisch unbegabt und indolent, besaß er immerhin die Voraussicht, seinen Sohn und Nachfolger zur Ausbildung nach Holland zu schicken, an den Hof seines Verwandten, Prinz Friedrich Heinrich von Oranien.[5]

Dort nun, von 1634 bis 1637, hatte der junge Friedrich Wilhelm eine ganz neue Welt kennengelernt. Sein Onkel Friedrich Heinrich gilt als Schöpfer des neuzeitlichen Heeres mit der Einführung der Infanterie, eines effizienten Offizierskorps und des Exerzierens.

Durch Friedrich Heinrich und an der Universität Leiden lernte er auch die Philosophie des Neustoizismus kennen, die in der Betonung von Standhaftigkeit, Geduld und Selbstbeherrschung ein neues Herrscherbild entwarf, welches die sittliche Vernunft als Voraussetzung weltlichen Handelns betonte und von den Herrschern die Unterwerfung unter einen rationalistisch geprägten Sittenkodex verlangte.

Am ständig wachsenden Wohlstand der Niederlande, der nicht zuletzt durch die praktische Tolerierung vieler Glaubensrichtungen und damit der Anziehungskraft des Landes für verfolgte JüdInnen und HugenottInnnen entstanden war, konnte er zudem studieren, welche Kraftquellen einem Staat durch geschulte Menschen erschlossen werden. Und wie nützlich es ist, auf die Fähigkeiten, Kenntnisse und Fertigkeiten der Menschen zu setzen und ihre unterschiedliche Herkunft, ihre verschiedenen Glaubens- und Lebensformen als ihre Privatsache zu behandeln.

Genau in diesem Geist trat er seine Regierung an, geleitet von zwei Zielen: der effizienten Vereinheitlichung seiner Territorien und einer Neuordnung der brandenburgischen Wirtschaft. Denn das sah er klar, einen straffgeführten und machtpolitisch erfolgreichen Staat konnte es nur geben, wenn die Wirtschaft des Landes die erforderlichen Mittel dazu bereitstellte.

Er begann mit der Aufstellung eines schlagkräftigen Heeres als Instrument zur Durchsetzung innen- und außenpolitischer Ziele. Zur Versorgung dieses Heeres brauchte er Menschen, die die Soldaten stellten, und andere, die diese dann mit Waffen und Uniformen ausrüsteten. Brandenburg, das verwüstete, menschenleere Gebiet, mußte zum Einwanderungsland werden. Damit geriet es in Konkurrenz zu anderen deutschen Territorien, die die gleichen Ziele verfolgten. Sollte Brandenburg attraktiv sein, mußte es den Einwanderern besonders gute Bedingungen bieten. Dazu zählte nun neben so traditionellen Lockmitteln wie Hilfen bei der Einreise, Steuervergünstigungen und Bereitstellung von Wohnraum gerade im Zeitalter der Glaubensverfolgung die Garantie religiöser Toleranz.

Das fiel Friedrich Wilhelm, geschult am Beispiel der Niederlande, aus persönlichen und staatspolitischen Gründen leicht.

Neben einer ganzen Reihe niederländischer Familien sind es denn vor allem zwei große Gruppen von religiös Verfolgten, die er in seiner Regierungszeit erfolgreich zur Ansiedlung in seinem Staat bewegen konnte, JüdInnen und HugenottInnen. Aus primär wirtschaftlichen Erwägungen erwarb sich mithin Brandenburg das Verdienst eines toleranten Landes.

Das war, zumindest gegenüber JüdInnen, nicht immer so gewesen. Seit etwa 1100 n. Chr. hatte es, im Gefolge der ersten großen Judenverfolgung und der sich anschließenden Ostwanderung mancher Überlebender, JüdInnen in Brandenburg gegeben. Ihnen widerfuhr das gleiche Schicksal wie ihren GlaubensgenossInnen überall in Europa.

Von den christlichen HandwerkerInnen und Kaufleuten als KonkurrentInnen abgelehnt und bekämpft, von den Obrigkeiten mal als Einnahmequelle angesiedelt und ausgebeutet, mal als Ventil für den Volkszorn preisgegeben und vertrieben, war von dauerhafter Ansiedlung, gar kontinuierlichem Gemeindeleben kaum die Rede.

Mehrfach wird von Vertreibungen berichtet, für das Jahr 1510 von einem Hostienschändungsprozeß und achtunddreißig Verbrennungen. Doch zwei Jahrzehnte später wurden erneut jüdische Familien aufgenommen, die einen Begräbnisplatz zugewiesen bekamen und eine Synagoge bauen durften.

Aus ihren Reihen tritt erstmals auch in Brandenburg ein Unternehmertyp ins historische Licht, der unter wechselnden Bezeichnungen wie Hofagent, Hoffaktor oder Hofjude etwa zwei Jahrhunderte lang eine bestimmende wirtschaftliche Größe in allen deutschen Territorien werden sollte.

Esther Liebmann war Hofjüdin, und auch die anderen

Frauen des vorliegenden Buches gehören Hofjudenfamilien an, entstammen ihnen weitläufig oder stehen zumindest in engen Beziehungen zu ihnen. Es ist darum sinnvoll, diesen spezifisch jüdischen Unternehmertyp kurz zu charakterisieren.

Die Stellung der Hofjuden, wie sie im folgenden durchweg genannt werden, entwickelte sich parallel zur Herausbildung der absolutistischen Regierungsform. Die absolutistischen HerrscherInnen brauchten Kaufleute, die ihnen kurzfristig und in hohen Summen Gelder beschafften. Geld, und das in steigenden Größenordnungen, war notwendig für die Aufstellung und Ausrüstung der neuen stehenden Heere. Geld erforderte auch die wachsende Verwaltung, die dem inneren Ausbau der Territorien diente und zugleich die unbequeme Mitverwaltung der Stände überflüssig machen sollte. Und Geld verschlang nicht zuletzt die fürstliche Hofhaltung, die nach französischem Vorbild immer glanzvoller und aufwendiger die Machtstellung eines Landes und damit seines Fürsten widerspiegelte. Höfischer Prunk befriedigte nicht nur die Eitelkeit so mancher Fürstlichkeit, sondern konnte gezielt auch, wie Ludwig XIV. das in Frankreich praktizierte, als innen- und außenpolitischer Faktor eingesetzt werden.

Jüdische HändlerInnen waren in Deutschland nach dem wirtschaftlichen Zusammenbruch des großen Krieges nahezu die einzigen, die auf den vermehrten Geld- und Warenbedarf der absolutistischen Fürstenhöfe reagieren konnten. Seit dem Mittelalter aus fast allen zünftigen Berufen ebenso verdrängt wie aus der Landwirtschaft, waren sie auf den Handel mit Geld und Luxuswaren verwiesen und verfügten darin nicht nur über eine jahrhundertelange Erfahrung, sondern auch über die nötigen Geschäftskontakte. Trotz aller Einbrüche und Diskontinuitäten spannte sich ein weitmaschiges Netz jüdischer Gemeinden über Europa, dessen Enden im Westen die reichen niederländischen Judengemeinden mit ihren intensiven Geschäftskontakten in die spanischen, portugiesischen und niederländischen Kolonien in Afrika, Asien und Amerika bildeten, im Osten die jüdischen Gemeinden im expandierenden osmanischen Reich, mit Kontakten ins Mittelmeergebiet und in die arabischen Staaten des Nahen und Mittleren Ostens.

Die zahlenmäßig sehr kleine Gruppe jüdischer Großhändlerfamilien war zunächst recht offen; geschäftstüchtige junge Leute konnten durch Verbindung mit etablierten HandelsjüdInnen binnen kurzem in die engeren Zirkel aufsteigen, besonders wenn sie gute Kontakte zu einem Fürsten hatten und einige geglückte Transaktionen vorweisen konnten.

Die Fürsten wiederum verbanden sich im Aufbau ihrer absolutistischen Herrschaftssysteme gern mit jüdischen Kaufleuten, weil diese nicht eingebunden waren in die Loyalitäten und Interessen der noch aus dem Mittelalter überkommenen Stände. Die auf Mitsprache und Mitwirkung beharrenden ständischen Formationen mit ihren vielfältigen Privilegien standen ja gerade einem einheitlichen und rationellen Verwaltungsaufbau im Weg. Modernisierung hieß Zerbrechen der ständischen Verfassungen, hieß Zerschlagung der auf ihre Monopole bedachten Gilden und Zünfte, die die lokalen Märkte untereinander aufgeteilt hatten.

Die flexiblen und weitgereisten jüdischen Kaufleute mit ihren überregionalen Marktkenntnissen, ihren weitreichenden Verbindungen und ihren modernen Vermarktungsmethoden, zu denen Anpreisung der Ware ebenso gehörte wie das Aufsuchen möglicher Kundschaft, konnten außer als KreditbeschafferInnen eben auch als Hebel zur Modernisierung der Wirtschaftsstrukturen eingesetzt werden.

Zugleich waren sie wegen ihrer ungesicherten sozialen Stellung weit abhängiger von den FürstInnen und ihren bürokratischen Helfern als die bodenständigen christlichen Kaufleute und Gewerbetreibenden. Gemeinsam war den JüdInnen und den FürstInnen übrigens, wenn auch aus unterschiedlichen Gründen, die Existenz außerhalb der Stände. Dies mag manche enge Beziehung zwischen FürstInnen und HofjüdInnen erklären. Schließlich setzten die absolutistischen FürstInnen, ausgehend vom Handelsreichtum der Niederlande und dem merkantilistischen Vorbild Frankreichs, in ihrer Wirtschaftspolitik stärker auf die Förderung des Handels als auf die des Gewerbes oder gar der Landwirtschaft.

Alle diese Gründe führten zu der Erscheinung der Hofjuden, als deren erster brandenburgischer Vertreter in der zweiten Hälfte des sechzehnten Jahrhunderts der Münzmeister Lippolt erscheint.

Sein Schicksal zeigt zugleich auf erschreckende Weise die Risiken einer engen Verbindung zwischen einem Hofjuden und einem Fürsten. Nach dem unerwarteten Tod des Kurfürsten Joachim II. wurde sein Münzmeister vom Nachfolger seines Herrschers für sämtliche wirtschaftlichen Aktivitäten des Vorgängers verantwortlich gemacht. Noch bevor Lippolt in Untersuchungshaft genommen war, kam es in Berlin zu ersten Pogromen: die Synagoge wurde zerstört, zahlreiche jüdische Häuser geplündert, alle JüdInnen zu Ostern 1571 »auf ewige Zeiten« aus der Mark Brandenburg ausgetrieben.

Lippolt konnte trotz langwieriger gründlicher Untersuchung weder Amtsmißbrauch noch gar die Vergiftung Joachims nachgewiesen werden. So griff man zur Folter, und nun »gestand« der Gequälte. Zwar widerrief er dieses Geständnis vor seiner Hinrichtung öffentlich unter Hinweis auf die Folter, aber das nützte ihm nichts mehr. Erneut wurde er öffentlich gefoltert und zu Tode gebracht. Zum großen Vergnügen und zur Unterhaltung des zahlreich erschienenen Publikums.

Mit dem Wegzug seiner Familie, die als einzige noch in Berlin hatte verbleiben dürfen, endete – wieder einmal – die Geschichte einer jüdischen Gemeinde. Eine Tochter Lippolts betätigte sich später an anderen Höfen als Hofjüdin.

Wenig später wagten sich erneut JüdInnen in die Mark Brandenburg, geduldet nur, aber letztlich unentbehrlich.

Zu den ersten, die wieder Aufenhaltsrecht in Berlin erhielten gehörten die Familie Schulhoff aus Prag und Israel Aron, Esthers erster Ehemann.

Er stammte aus Glogau in Schlesien und stand spätestens seit 1653 in Beziehungen zum Kurfürsten Friedrich Wilhelm, dessen Hof er mit Weinen, Lebensmitteln und anderen Waren versorgte und dem er als Heeres- und Münzlieferant diente. 1663 zog er endgültig nach Berlin.

Um diese Zeit siedelten sich dort auch andere jüdische Familien an. Israel Aron wohnte zunächst zur Miete in der Stralauer, dann in der Spandauer Straße.

Mit beiden Straßennamen ist jüdische Geschichte in Berlin verbunden. In der Stralauer Straße hatte neunzig Jahre zuvor Lippolt mit seiner Familie gewohnt, in die Spandauer Straße werden hundert Jahre später Fromet und Moses Mendelssohn ziehen und in ihrem Haus die erste jüdisch-christliche Begegnungsstätte schaffen.

Im Jahre 1665 hatte Israel Aron sich in Berlin bereits fest etabliert. Der Kurfürst gewährte ihm das Aufenthaltsrecht in allen seinen Landen, deren Umfang nur vom Habsburgerreich im Süden Deutschlands übertroffen wurde, und unterstellte ihn der Rechtsprechung des Kammergerichts in

Berlin. Das Kammergericht war direkt dem Kurfürsten unterstellt und wurde von ihm kontrolliert. Gegenüber anderen JüdInnnen, die unter einem besonderen Judenrecht standen, bedeutete diese Gleichstellung mit ChristInnen eine deutliche Bevorzugung Arons. Im gleichen Jahr wurde er auch noch zum Hofjuden ernannt, war damit Inhaber eines Hofamtes und hatte ungehindert Zutritt zum Hof und zum Fürsten. Er erhielt sogar eine geringe Entsoldung.

Seine Lieferungen an den Kurfürsten wurden immer umfangreicher.[6]

Sie bestanden im wesentlichen aus Weinen, Gewürzen, Lebensmitteln und Livreen. Aber er lieferte auch Juwelen. Als die erste Frau Friedrich Wilhelms, Louise Henriette von Oranien, im Juni 1667 starb, lieferte Aron Trauerlivreen für über sechzigtausend Reichstaler an den kurfürstlichen Hof. Zwei Jahre später schuldete ihm der brandenburgische Herrscher über einhundertzwanzigtausend Taler. Zum Vergleich: Etwa zur selben Zeit berechnete Glückel von Hameln die Jahreskosten für einen wohlhabenden jüdisch-bürgerlichen Haushalt mit eintausend Talern. Doch auch mit fünfhundert Talern konnte eine Familie auskömmlich leben.

Seine hohen Schulden konnte der Kurfürst nicht bar zurückzahlen. Mehrfach übertrug er darum seinem Hofjuden Steuer- und Zolleinkünfte in verschiedenen Teilen seines Landes, in Minden und in der Kurmark beispielsweise.

Nun besaß Israel Aron aber durchaus kein Liefermonopol. Es ist anzunehmen, daß auch andere jüdische und christliche Händler den Versuch unternahmen, Lieferanten des kurfürstlichen Hofes zu werden. Aron wußte das und soll mindestens einmal einem kurfürstlichen Beamten zweitausend Taler angeboten haben, wenn ihm die Lieferungen weiter anvertraut würden. In einer Zeit, in der der Verkauf von Ämtern und Titeln eine selbstverständliche und keineswegs verschwiegene Einnahmequelle vieler Fürstenhöfe darstellte, angefangen vom mächtigen Frankreich bis hinunter zum kleinsten deutschen Landesherrn, hat vermutlich keine der beiden Seiten in diesem Angebot etwas Ehrenrühriges gesehen.

Über Arons erste Ehe ist nicht viel bekannt. Aber so viel zumindest: Die Mitgift seiner ersten Frau hatte zweitausend Taler betragen, was eine sehr große Summe war. Die Einheirat Zipora Hamelns in den mächtigen Gomperz-Clan etwa kostete Chaijm und Glückel Hameln ebensoviel, und Glückel stöhnte nicht schlecht über die Höhe dieser Summe. Vielleicht hatte die Mitgift Aron überhaupt erst in die Lage versetzt, Geschäfte großen Stils betreiben zu können.

Aus der ersten Ehe[7] stammten zwei Söhne. Um 1666 heiratete er Esther Schulhoff. Wie alt Esther zur Zeit ihrer Eheschließung mit Israel war, konnte nicht ermittelt werden. Geht frau von den üblichen Gebräuchen jüdischer Familien aus, die Töchter spätestens mit fünfzehn oder sechzehn Jahren zu verheiraten, dann dürfte Esther in den späten vierziger Jahren geboren sein, im Alter Glückel von Hamelns oder nur wenig jünger.

Esthers Vater, Samuel Schulhoff, stammte aus Prag, wo es seit dem Mittelalter eine starke jüdische Gemeinde gegeben hatte, ihre Mutter Gretil aus Glogau wie Israel. Möglicherweise waren Esther und ihr Mann sogar Cousine und Cousin.

Esthers Eheschließung mit dem reichen Israel Aron läßt vermuten, daß die Familie Schulhoff wohlhabend war; nur dann konnte sie eine entsprechend hohe Mitgift zahlen. Es scheint, als hätten sich die beiden einflußreichsten jüdischen Familien in Berlin verbunden.

Esther besaß mindestens drei Brüder, unter ihnen Amschel und Joseph Schulhoff. Beide sollten in den folgenden Jahrzehnten eine wichtige Rolle in der wachsenden jüdischen Gemeinde Berlins spielen, gemeinsam mit ihrer Schwester und deren Familie. Esthers Schwester Elisabeth war mit dem einflußreichen Aron Salomon verheiratet; er war 1705 Oberältester von Berlin.

In den Jahren ihrer Ehe mit Israel brachte Esther drei Kinder zur Welt; bekannt sind die Namen der Söhne, Jost und Salomon Israel.

Die Familie lebte, zumindest in den letzten Lebensjahren Israels, in einem eigenen Haus, Zeichen der besonderen Stellung Arons in einer Stadt, in der JüdInnen sonst noch keine Häuser besitzen durften.

Das Haus muß sehr geräumig gewesen sein, denn Israel und Esther richteten darin nicht nur eine Synagoge zum privaten Gebrauch ein, sondern auch eine Talmudschule.

Ansonsten war das Leben in der brandenburgischen Residenzstadt sicher längst nicht so komfortabel wie in den größeren und reicheren Städten des Habsburger-Staates. In Berlin liefen die Schweine, die in vielen Häusern gehalten wurden, teilweise noch auf der Straße herum, wo sie sich von den Abfällen ernährten, die aus den Häusern einfach auf die Gasse gekippt wurden. Denn Abwasserkanäle oder gar so etwas wie eine Müllabfuhr gab es noch nicht.

An Arons sich ständig ausdehnenden Geschäften, die ihn mit den Handelsstädten des Westens wie Amsterdam und Hamburg verbanden, hatte Esther offiziell keinen Anteil; zumindest wird sie in den erhaltenen Urkunden und Niederschriften nicht erwähnt. Ganz offensichtlich begnügte sie sich noch, wie anfangs ja auch Glückel, mit einer Hintergrundrolle als Vertraute und Beraterin. Angesichts ihrer später bewiesenen Tatkraft und Geschäftstüchtigkeit ist wohl nicht anzunehmen, daß sie sich ausschließlich um ihren, zweifellos großen, Haushalt gekümmert hat. Sicher waren ihr die Geschäfte ihres Mannes in den Grundzügen wohl vertraut.

Der Umfang dieser Geschäfte und die monopolartige Stellung Israels geriet ins Wanken, als er von der Absicht des Kurfürsten erfuhr, Dutzende wohlhabender jüdischer Familien in Berlin anzusiedeln.

Bisher hatte die staatliche Einwanderungspolitik wenig Ergebnisse gezeigt. Zwar waren einige niederländische Familien ins Land gekommen, aber Berlin war immer noch ein Nest; es wurde um 1670 von gut achttausend Menschen bewohnt. Die Zahl der JüdInnen unter ihnen ist nicht bekannt, dürfte aber nur einige Dutzend betragen haben. Unter ihnen nahm der Aron-Schulhoff-Clan die beherrschende Stellung ein, dank seines Geschäftsvolumens, seiner auswärtigen Verbindungen und seiner engen Verbindungen zum kurfürstlichen Hof.

Anfang 1670 erfuhr Friedrich Wilhelm durch seinen Gesandten in Wien, daß die dortige Regierung beabsichtigte, alle JüdInnen aus Österreich für alle Zeiten auszuweisen. Darin sah er eine Chance für seinen Staat.

Also schrieb er seinem Gesandten, er sei überaus bereit, »daferne es reiche, wohlhabende Leute wären, welche ihre Mittel ins Land bringen und hier anlegen wollten, ein vierzig bis fünfzig Familien in unseren Landen aufzunehmen«.[8]

Diese Absicht mußte Israel Aron alarmieren, wenn es ihm um seine Stellung ging und nicht um Solidarität mit verfolgten GlaubensgenossInnen; denn die Zahl der Familien mußte seinen Einfluß auf die Berliner Gemeinde schmälern, und die ausdrückliche Bedingung, es sollten reiche oder zumindest wohlhabende Familien sein, bedeutete geschäftliche Konkurrenz.

Zunächst konnte er sich beruhigen, denn die Reaktion

der JüdInnen in Wien war verhalten. Sie glaubten offenbar noch nicht recht an die Ernsthaftigkeit des Ausweisungsbeschlusses, und sollte es denn ernst werden, ergaben sich vielleicht anderswo bessere Möglichkeiten als ausgerechnet im kleinstädtischen Berlin.

Es wurde ernst. Und so reisten ein Jahr nach dem brandenburgischen Angebot einige Familienväter zu Verhandlungen nach Berlin, allesamt Stammväter der später bedeutenden Berliner Judenfamilien Lazarus, Veit und Ries.

Die kurfürstliche Verwaltung reagierte schnell und legte innerhalb weniger Tage ein unterschriftsreifes Edikt vor, das die Ansiedlung von fünfzig jüdischen Familien in den kurfürstlichen Landen erlaubte. Jede einzelne ansiedlungswillige Familie sollte allerdings zuvor ein Aufnahmegesuch stellen und einen individuellen Schutzbrief erhalten – zweifellos damit die Verwaltung überprüfen konnte, ob die Aufnahmesuchenden die wirtschaftspolitischen Bedingungen des Kurfürsten erfüllten. Ziel war schließlich die »Beforderung Handels und Wandels«.[9]

Die Einzelverordnungen des Edikts waren, gemessen an den bisherigen Existenzbedingungen für JüdInnen überall in Deutschland, glänzend: Es gab keine Beschränkung der Niederlassung auf bestimmte Orte; Miete und Hauskauf waren erlaubt; der bisher übliche Leibzoll, den nur jüdische Menschen zahlen mußten, sollte durch die üblichen Landessteuern sowie ein jährliches Schutzgeld pro Familie ersetzt werden.

Aber: Das Ansiedlungsprivileg war zunächst auf zwanzig Jahre begrenzt, brachte also keine dauerhafte Existenzsicherung. Auch die wirtschaftliche Tätigkeit wurde genau vorgeschrieben; die Einwandernden sollten sich lediglich im Handel betätigen dürfen. Und der Bau einer eigenen, öffentlichen Synagoge wurde ihnen versagt.

Vergleicht man, wie das in der Literatur getan worden

ist[10], diese Bedingungen mit denen des Ansiedlungsedikts für die HugenottInnen 1685, so ergibt sich, daß letztere weitaus besser gestellt wurden.

Dennoch: Für JüdInnen bedeuteten die Ansiedlungsbedingungen einen riesigen Fortschritt.

Die großzügigen Bedingungen erzeugten denn auch sofort Unwillen bei den eingesessenen christlichen Kaufleuten Berlins. Und noch jemand reagierte heftig.

Im September verfaßte Israel Aron ein bemerkenswertes Schreiben an den Kurfürsten.

Zunächst bat er, als Sprecher der neumärkischen JüdInnen auftretend, für diese um eine Verlängerung ihrer Schutzbriefe. Damit mußte er den Betroffenen als ihr Interessenvertreter gegenüber den Kurfürsten erscheinen, diesem wiederum als Bevollmächtigter einer hinter ihm stehenden Gruppe. So baut man sich eine Verhandlungsposition auf! Sodann bat er um Erweiterung der Schutzbriefe seiner Eltern und Schwiegereltern.

Außerdem bat er darum, daß die Rechtsprechung für alle JüdInnnen in der Mark weiterhin bei dem Landsberger Rabbiner Cain liegen sollte. Möglich, daß er dank seines eigenen Aufenthalts in Landsberg auf Cain Einfluß hatte. Sein Gegner oder Konkurrent war er sicher nicht.

Schließlich, und das ist der interessanteste Punkt, erbat er sich das Recht, als Gutachter für die Ansiedlung neuer jüdische Familien tätig zu werden. Zur Begründung wies er darauf hin, daß die finanziellen Verhältnisse der bisherigen Antragsteller undurchsichtig seien.[11]

Der Kurfürst reagierte sofort. Unklare Finanzverhältnisse waren nun gerade nicht das, was er wollte. Er zog die Genehmigung zur Ausstellung von zehn Schutzbriefen für jüdische Familien zurück und erlaubte zunächst nur Schutzbriefe für zwei Familien. Immerhin sollten diese Schutzbriefe auch für Angehörige aus dem weiteren Familienkreis gelten, also mehr Menschen als vorgesehen die Niederlassung ermöglichen.

Zugleich erhielt aber auch Israel Aron einen neuen Schutzbrief, der seinen Vorrang bestätigte: er sollte als Gutachter bei jedem weiteren jüdischen Zuzug gehört werden; außerdem wurde er von Einquartierung befreit, falls er ein Haus kaufte oder baute. Und das war, da Berlin 1657 zur Garnisonsstadt erklärt worden war, deren Besatzung zwangsweise in Bürgerhäusern wohnte, eine Entlastung.

Mit seiner Intervention beim Kurfürsten hatte Israel Aron die Ansiedlung von Konkurrenten nicht verhindern können, aber die weitere Entwicklung der Berliner jüdischen Gemeinde stark belastet. Zwei Parteien standen einander nun gegenüber: die eingesessenen und die »Wiener« Familien. Beide kämpften in den nächsten Jahrzehnten gegeneinander um den entscheidenden Einfluß. Esther spielte in dem Kampf eine, wenn nicht die, Hauptrolle.

Beide Gruppen bauten zielstrebig ihre Positionen aus, indem sie sich als Wohltäter der Gemeinde darstellten.

Der »Wiener« Model Ries erwarb 1672 ein Grundstück an der Großen Hamburger Straße und stiftete es als Gemeindefriedhof. Damit hatte er der Gemeinde ein Zentrum gegeben. Noch bis in die Nazizeit sollte die Große Hamburger Straße im Mittelpunkt des Berliner jüdischen Lebens stehen, wenngleich zuletzt auf todbringende Weise: Aus der Straße als Sammelstelle gingen während des Zweiten Weltkriegs zahlreiche Todestransporte in den Osten ab.

Aron gliederte im selben Jahr 1672 seiner schon bestehenden Privatsynagoge eine Talmudschule an. Mehr noch als durch einen Friedhof hatte der Aron-Schulhoff-Clan damit der Gemeinde einen weiteren Mittelpunkt geschaffen.

Wie sehr eine Synagoge der Mittelpunkt aller Gemeindeaktivitäten war, zeigt ein Bericht. Da wird beschrieben, daß zur Synagoge die folgenden Bediensteten gehörten: drei Kantoren, acht Schulmeister, zwei Schlächter, zwei Totengräber, ein Gesetzschreiber, zwei Schulklopfer[12], zwei Krankenwärter und zwei Krankenwärterinnen, die zugleich auch Hebammen waren.[13]

Wenn ein solches Gemeindezentrum nun, da eine öffentliche Synagoge ja verboten war, in einem Privathaus untergebracht war, eröffneten sich den BesitzerInnen dieses Hauses zahlreiche Möglichkeiten direkten und indirekten Einflusses auf alle Bereiche des Gemeindelebens.

Zweierlei zeigt der Besitz einer Synagoge für die Familie Aron an: Sie war vermögend genug, im eigenen Haus einen Raum als Synagoge abtreten und unterhalten zu können, und sie hatte die Kontrolle über alle wichtigen Vorgänge in der Gemeinde, nach innen und außen. Denn die brandenburgischen Behörden nutzten ihrerseits die Synagoge, wenn sie schnell und wirkungsvoll allen jüdischen Gemeindemitgliedern Vorschriften und Verhaltensregeln aller Art bekanntzugeben hatten.

Ein Jahr später wurde erstmals ein Vorsteher der aufgenommenen Judenschaft Berlins bestimmt, Benjamin Mirels Fränkel.

Im selben Jahr, am 8. November 1673, starb Israel Aron. Esther verlor ihren ersten Ehemann.

Was nun folgte, ist eine unschöne Geschichte.

Esther übernahm sofort die Sorge für die Familie und die Geschäfte ihres Mannes. Sehr schnell aber erkannte sie, daß sie in eine heillose Situation geraten war. Sie war verantwortlich für ihre eigenen Eltern, die mittlerweile bei ihr lebten, für ihre Schwiegermutter und ihre Schwägerin, für ein Kind aus Arons erster Ehe sowie zwei eigene Kinder, allesamt noch unmündig und wirtschaftlich abhängig von ihr.

Und die Geschäfte hatte ihr Mann in völliger Verwirrung hinterlassen.

Da gab es auf der einen Seite Gläubiger, darunter viele Berliner Gewerbetreibende, von denen Israel Aron Waren bezogen hatte. Sie drängten auf Bezahlung, und Esther stellte fest, daß sie nicht genug Geld hatte. So erbat sie in einer Eingabe an die kurfürstlichen Behörden einen zweijährigen Aufschub, um allmählich diese Schulden begleichen zu können.

Denn auf der anderen Seite hatte sie auch gewaltige Außenstände. Ihr Hauptschuldner war der Kurfürst. Diese Schulden, deren Höhe nicht zu ermitteln ist[14], erwähnt sie in ihrer Eingabe mit keinem Wort, obwohl sie doch eine Sicherheit bedeuten konnten. Warum nicht? In der Fachliteratur wird vermutet, sie habe den Kurfürsten nicht bloßstellen wollen, sondern vielmehr, indem sie seine Schulden stillschweigend überging, an zukünftige Geschäfte mit ihm gedacht. Diese Annahme hat viel für sich.

Wie auch immer, die Abwicklung der Aronschen Hinterlassenschaft ist ein Musterbeispiel für fürstliche Verstrikkungen und diskrete Abwälzung finanzieller Verantwortung.

Esther schlug die Erbschaft aus. Damit war sie für die Schulden Arons nicht mehr verantwortlich, der Kurfürst nicht mehr für die seinigen bei Aron.

Zeitweilig ging sie sogar nach Prag, der Heimatstadt ihres Vaters. Sie selbst begründete diesen Aufenthalt mit der Gefahr, die durch den kriegerischen Aufmarsch der Schweden in der Mark Brandenburg entstanden war.

In Wahrheit war es wohl eine Flucht. Vor ihrem Haus kam es währenddessen zu Tumulten, und ihr Hauptgläubiger drang sogar mit seinem Sohn in das Haus ein, um Bettzeug, Geschirr, Kleidung und Geräte daraus zu entnehmen. Anschließend blieb der Sohn im Haus wohnen. Als Esther schließlich zurückkehrte, fand sie, daß »viele fremde Juden und nicht vertrauenswürdige Soldaten darin logierten«.[15]

Sie selbst und ihre kleinen Kinder mußten zunächst auf dem blanken Boden schlafen und sich Eßschüsseln ausleihen.

Die Behörden setzten schließlich eine Nachlaßkommission ein und schoben damit die Erledigung des Nachlasses auf die lange Bank. Fünfundzwanzig (!) Jahre später war der Nachlaß immer noch nicht endgültig geregelt.

Die kurfürstliche Kasse war auf jeden Fall geschont worden, die Gläubiger gingen leer aus. Natürlich lasteten sie, aus ihrer Sicht verständlich, der Erbin die Schuld an, der »Jüdin«, und der eigentlich Schuldige, der zahlungsunwillige oder -unfähige Kurfürst, war mit dieser öffentlichen Schuldzuweisung vermutlich ganz zufrieden.

Ihr Haus als Basis eines neuen Geschäftes konnte Esther behalten, und die beiden auf so betrügerische Art entschuldeten Geschäftspartner, der Kurfürst und die Hofjüdin, setzten die beiderseitige gute Zusammenarbeit völlig ungetrübt fort.

Ihrem verstorbenen Ehemann errichtete Esther auf dem jüdischen Friedhof ein schönes Denkmal, dessen Reste noch in den dreißiger Jahren unseres Jahrhunderts zu sehen waren.

Nach angemessener Trauerzeit verheiratete Esther sich erneut, mit Jost Liebmann aus Hildesheim.

Jost Liebmann war ein Aufsteiger, der mit nichts angefangen hatte, aber durch Klugheit und Tatkraft und durch eine geschickte erste Heirat bereits den Grundstock eines erheblichen Vermögens gelegt hatte.

Geboren wurde er um 1640 in Göttingen. Seine Familie gehörte zur Gruppe der Kaufleute, aus der sich die HofjüdInnen rekrutierten. Einer seiner Vettern etwa, der Hannoveraner Hofjude Leffmann Behrens, galt als besonders erfolgreicher und integrer Vertreter seiner Berufsgruppe.[16]

Jost hatte sich zunächst, in der Hoffnung auf Einheirat in eine reiche Hamburger Familie, in diese große Handelsstadt begeben, wo er sofort Zugang zu Glückel und Chaijm Hameln fand, mit denen er über Leffmann Behrens weitläufig verwandt war.[17]

Glückel war durchaus beeindruckt von dem klugen, geschäftlich interessierten Mann, der zudem ein guter Talmudkenner war, und überredete ihren Mann, Jost als Reisenden in sein Geschäft zu übernehmen. Josts »Vermögen« zu dieser Zeit bestand ihr zufolge aus zwanzig bis dreißig Reichstalern, in Bernstein angelegt.

Als Reisender in Ostpreußen handelte er in Chaijms Auftrag recht selbständig, hauptsächlich mit Unzenperlen[18], wobei er sich die Geschäftskontakte der Hamelns zunutze machen und eigene im Hinblick auf spätere geschäftliche Selbständigkeit knüpfen konnte.

Nach Ablauf der vereinbarten Zeit hielt er mit Chaijm Abrechnung, ließ sich seinen Verdienst von etwa neunhundert Talern auszahlen und siedelte nach Hildesheim über, wo er sich, vermittelt durch Chaijm und Glückel, 1664 mit Malke verheiratete, der Tochter von Chaijms Bruder Samuel Hameln.

Gestützt auf sein bisher erworbenes Vermögen und die fünfhundert Taler Mitgift seiner Frau, begann er nun sein selbständiges Handelsunternehmen, das sich im wesentlichen auf Juwelenhandel konzentrierte. Ein gemeinsames Geschäftsunternehmen, das er, mittlerweile als gleichgestellter Partner, mit seinem früheren Arbeitgeber Chaijm betrieb, endete allerdings im Streit der Partner und zuletzt vor einem jüdischen Gericht.[19]

Jost wird in der Literatur stets als machtbewußter, geldgieriger Kaufmann dargestellt, und das war er wohl auch.

Aber Glückel berichtet auch von anderen Seiten seines Wesens; so half er den Hamelns selbstlos während der Erkrankung ihrer Tochter Zipora[20], und er pflegte Chaijm Hameln, als der während der Messe in der »bösen« Stadt Leipzig schwer erkrankte.[21] Glückel, selbst so überaus korrekt in allen geschäftlichen Belangen, resümiert: »Wir haben bei dem Manne sonst [mit Ausnahme des Versuchs der oben erwähnten Partnerschaft] nichts Ungebührliches oder Unrechtes gespürt.«[22]

Als Malke 1675 gestorben war, ergab sich für Jost die Möglichkeit, Esther Aron zu heiraten und mit ihr gemeinsam in Berlin ein Geschäft zu betreiben. Am 30. Januar 1677 erhielt er auf Antrag seiner Braut Esther einen Schutzbrief, der ihm, mit seinen Juwelen und Mobilien, die Übersiedlung nach Berlin ermöglichte.[23]

Seine bisher geknüpften Geschäftskontakte und Esthers gute Beziehungen zum kurfürstlichen Hof eröffneten in der Folge beiden Geschäfts- und Ehepartnern die Möglichkeiten zu Geschäften ganz großen Stils.

Dabei beschränkten sie sich im wesentlichen auf den Juwelen- und Edelmetallhandel. Eine weise Entscheidung, denn hier kannte Jost sich am besten aus, hier hatte er erprobte Kontakte und den unentbehrlichen guten Ruf als solider und korrekter Geschäftsmann. Esther hingegen konnte mit Sicherheit die Geschäftskontakte Israel Arons, besonders mit den geprellten Gewerbetreibenden, nicht reaktivieren, ohne vorher die beträchtlichen Nachlaßschulden ihres ersten Mannes zu bezahlen. Und das konnte und wollte sie nicht.

Für beide, Esther und Jost, war es ein Neuanfang, und der Dritte im Bunde war der Kurfürst. Es wurde ein erfolgreiches Team.

Schon bald sind erste Juwelenlieferungen Josts an den

kurfürstlichen Hof beurkundet. Sieben Jahre nach der Eheschließung wurde Jost auch offiziell als Hofjude bezeichnet, und im gleichen Jahr erhielt er das Privileg, daß seine Juwelen bei der Ein- und Ausfuhr aus den kurfürstlichen Landen nicht mehr deklariert, geschweige denn verzollt werden mußten.

Weitere zehn Jahre später erlebten Esther und Jost eine förmliche Bestätigung ihres korrekten Geschäftsverhaltens. Auf ihren Antrag hin wurde ihnen vom Kurfürsten bestätigt, »daß sie bei diesem ihrem großen Handel aus ihren Handels-Büchern niemalen einiger Unrichtigkeit noch Gefährdung bis hieher bezeiget worden [. . .]«[24]

Der Kurfürst gewährte ihnen das Privileg, daß hinfort ihre Geschäftsbücher eine ebensolche Beweiskraft haben sollten wie die der christlichen Kaufleute.

Anlaß für diese bis dahin unerhörte Gleichstellung von jüdischen Kaufleuten mit christlichen war eine Auseinandersetzung der Liebmanns mit der Fürstin Henriette von Anhalt.

Diese Dame hatte von Esther und Jost einen Ring bezogen und nicht bezahlt. Da der Vorgang nur im Geschäftsbuch der Liebmanns festgehalten war, weigerte sie sich, die rechtliche Gültigkeit der Forderung anzuerkennen, »zumal da der Juden Handels Bücher andern rechten Kaufmanns Büchern [. . .] nicht gleich gehalten zu werden pflegen«.[25]

Sie wollte sich also die mindere Rechtsstellung der jüdischen Kaufleute zunutze machen, um sich einer Zahlungsverpflichtung zu entziehen. Es ist bemerkenswert, daß der Kurfürst hier für seine jüdischen Kaufleute und gegen seine Standesgenossin und Verwandte entschied.

Um diese Zeit war Kurfürst Friedrich Wilhelm, der Große Kurfürst, mit dem Esther so einträgliche Geschäftsbeziehungen verbunden hatten, schon einige Jahre tot. Seit 1688 regierte sein Sohn Friedrich III., der im Jahre 1701 zum ersten preußischen König erhoben werden sollte.

Auch mit Friedrich hatte Esther schon früh geschäftliche Kontakte geknüpft. In Berlin munkelte man sogar, die Beziehungen zwischen beiden seien eng, auch im persönlichen Bereich. Und es ist eine Äußerung überliefert, Esther sei eine sehr schöne Frau gewesen, »die bei Friedrich III. (I.) in seiner Kurprinzenzeit sehr wohl gelitten gewesen sei und die Erlaubnis gehabt habe, sich jederzeit, wenn es ihr beliebte, in seinem Zimmer einzufinden«.[26]

Friedrich soll ihr auch eine goldene Kette geschenkt haben, die sie so hochschätzte, daß sie sie mit ins Grab nahm.[27]

Das riecht nun geradezu nach Skandal: die schöne Jüdin und der Prinz!

Möglich, daß die biblische Esther, die jüdische Ehefrau des persischen Königs Artaxerxes, hier historisch Pate stand. [Diese rettete durch ihr mutiges Eingreifen während der babylonischen Gefangenschaft ihre GlaubensgenossInnen vor einem geplanten Pogrom.]

Möglich auch, daß Esther Liebmanns Gegner in der jüdischen Gemeinde Berlins dieses Gerücht streuten, um ihrem Ruf zu schaden.

Erstaunlich ist der enorme Einfluß Esthers auf Friedrich allemal.

Aber dies muß nicht nur im persönlichen Bereich seine Erklärung finden. Friedrich war im Umgang mit JüdInnen erstaunlich liberal, Folge der Erziehung durch ein tolerantes, niederländisch geprägtes Elternpaar und früher eigener Erfahrungen mit der jüdischen Lebenswelt.

Er war zunächst gar nicht als Thronerbe vorgesehen, wurde dies vielmehr erst durch den Tod seines älteren Bruders Karl Emil.

Als Junge fast noch, etwa im Alter von dreizehn bis vierzehn Jahren, lebte er einige Zeit in Kleve bei Fürst Moritz von Nassau, damals brandenburgischer Statthalter im Herzogtum Kleve. Auch Fürst Moritz war JüdInnen gegenüber vorurteilslos, zweifellos aufgrund seiner calvinistischen niederländischen Erziehung. Er pflegte enge Kontakte zur jüdischen Familie Gomperz und nahm ganz selbstverständlich an der Feier teil, die Elias Gomperz anläßlich der Hochzeit seines Sohnes Kossmann mit Zipora Hameln, der Tochter Glückels und Chaijms, prunkvoll und aufwendig ausrichtete.[28] Auch Prinz Friedrich war dort Gast, und er beschäftigte sich während der Feierlichkeiten besonders mit Glückels Sohn Mordechai, der damals nach Angaben seiner Mutter ein bezauberndes Kind war; »besonders der Prinz [Friedrich] hat ihn stets bei der Hand gehalten«.[29]

Dieselbe Vorurteilslosigkeit im Umgang mit jüdischen Menschen zeigt sich auch kurz nach seinem Regierungsantritt, als er auf das jüdische Mädchen Brentgen Marcus und dessen Vater einen Schutzbrief für Berlin ausstellen ließ, »damit gedachte Brentgen bei unserer hochgeliebten Gemahlin [. . .] mit Singen aufwarten und nach derselben Gutfinden sich weiter in der Musik üben und perfektionieren, auch ihre habende ungemeine Stimme nach der Kunst und Methode einrichten und emploiren lerne [. . .]«.[30]

Nein, Vorbehalte gegen den Umgang mit jüdischen Menschen hatte Friedrich, ganz im Gegensatz zu seinem engstirnigen Sohn und Nachfolger, gewiß nicht.[31]

Vielmehr war er, wie seine zweite Frau Sophie Charlotte von Hannover, die mit dem großen Leibniz befreundet war, den Wissenschaften und Künsten überaus zugetan. In seine Regierungszeit fallen die Gründung der Universität Halle, der Akademie der Künste und der Sozietät der Wissenschaften in Berlin. Das Militär interessierte ihn überhaupt nicht, es sei denn als Paradekulisse oder als außenpolitische

Schachfigur. Vielleicht trug zu diesem Desinteresse seine leichte Verwachsung bei. Er liebte vielmehr die glanzvolle Repräsentation, den Pomp eines Hofstaates nach französischem Vorbild.

Und da waren enge, zumindest geschäftliche Beziehungen zur Hofjüdin Liebmann und ihrem Ehemann unabdingbar. Schon in seiner Kurprinzenzeit hatte er Schulden in Höhe von 52000 Talern bei ihnen, die nach seiner Regierungsübernahme 1688 gemäß einem sofort aufgestellten Plan abbezahlt werden sollten. Doch acht Jahre später betrug die Neuverschuldung bei Liebmanns schon wieder über zweihunderttausend Taler.

Wie sein Vater übertrug auch Friedrich die Einkünfte aus Zöllen und Pachten an die Liebmanns, aber diese Maßnahme reichte, ebensowenig wie direkte Rückzahlungen aus der kurfürstlichen Kasse, offenbar nicht annähernd zur Deckung der Schulden. So vergab er immer wieder die Erlaubnis zum Münzschlagen an die Liebmanns. Der Gewinn aus der Münzprägung, der Schlagschatz, diente dann zur Schuldentilgung.

Das war nun in allen Staaten eine vielgeübte Praxis, aber das Ausmünzen von minderwertigem Geld bedeutete für die BewohnerInnen der betroffenen Gebiete letztlich Geldentwertung. Die jedoch wurde nicht dem Landesherrn, sondern den Münzern, in diesem Falle also den Liebmanns, angelastet. Hier, wie schon beim Zusammenbruch des Aronschen Geschäftes, profitierte der Landesherr, während die Schuld öffentlich allein den Münzern zugewiesen wurde. Die natürlich an der Münzminderung auch nicht schlecht verdienten.

Noch Friedrich II., der Enkel des ersten Friedrich, sollte auf diese Art seine Kriege gegen Österreich finanzieren – und einige jüdische Vermögen in Berlin begründen helfen.

Wie schon Esthers erster Ehemann erreichte auch Jost Liebmann eine beherrschende Stellung in der Gemeinde, nicht zuletzt indem er mit Unterstützung des Kurfürsten Verwandte in einflußreiche Gemeindeämter schob.

So gelang es ihm 1681, seinen Bruder Benjamin Wolff Liebmann fest als Rabbiner in Landsberg/W. zu etablieren. Auf Bitten Josts erhielt der Rabbiner die Befugnis, in der Judenschaft der ganzen Neumark sowie Hinterpommerns Recht zu sprechen und Strafgelder einzutreiben. Die Gouverneure und Magistrate der Provinzen und Städte wurden vom Kurfürsten ausdrücklich angewiesen, den Rabbi nach Kräften hierbei zu unterstützen.[32] Einige Jahre später wurde die rabbinische Gerichtsbarkeit Benjamin Wolffs auf die Kurmark ausgedehnt.[33]

Jost selbst erhielt ein Amt, das ihn zum Mittler zwischen allen JüdInnen der Mark Brandenburg und dem kurfürstlichen Hof machte: Gemeinsam mit dem Juden Bendix Levi aus Schwedt wurde er zum Beisitzer für alle jüdischen Gerichte und jüdischen Zusammenkünfte der Mark Brandenburg ernannt, mit dem Auftrag, »wegen der vorgehenden Sachen und Strafen Sr. K. Durchl. Interesse aufs Beste untertgst [zu] beobachten, und was in allen vorgehet, an gehörigen Orten an[zu]melden[34].«

Und noch eine Vorzugsbehandlung wurde ihm zuteil. Die Berliner Gemeindemitglieder hatten den kurfürstlichen Auftrag erhalten, sich in drei Steuerklassen einzuordnen und selbst festzusetzen, wie jede Klasse und jedes Gemeindemitglied zu der vom Staat pauschal genannten Gesamtsteuersumme herangezogen werden sollte.

Dazu war die Offenlegung der Einkünfte gegenüber der Gemeinde erforderlich. Die Liebmanns wurden von dieser Pflicht durch den Kurfürsten ausdrücklich befreit. Außerdem wurde die Liebmannsche Synagoge als einzige Synagoge der Gemeinde weiterhin konzessioniert; eine inzwischen entstandene zweite private Synagoge wurde geschlossen.

Damit sind die drei Bereiche benannt, in denen die Auseinandersetzungen zwischen der Liebmann-Schulhoffschen und der »Wiener« Partei sich bis zu Esthers Tod abspielen sollten: die Besetzung des Rabbineramts, die Stellung und die Rechte der Gemeindevorsteher gegenüber allen Mitgliedern der Gemeinde und der Besitz der Synagoge.

Die Berliner jüdische Gemeinde war mittlerweile beträchtlich gewachsen.

Um 1688 lebten insgesamt vierzig jüdische Familien in der brandenburgischen Residenzstadt. Da in allen Familien nicht nur Kinder und Verwandte lebten, sondern auch Dienstboten, da ferner immer auch für kurze Zeit durchreisende JüdInnen sich in der Stadt aufhielten, kann wohl vorsichtig auf eine Gesamtzahl von fast eintausend jüdischen Menschen geschlossen werden. Ganz Berlin hatte zu dieser Zeit etwa zwanzigtausend Einwohner.

Je größer die Gemeinde, desto schwieriger wurde es, zu vernünftigen und konsensfähigen Vereinbarungen über Gemeindeangelegenheiten zu kommen, zumal ja seit der Aufnahme der »Wiener« die Gemeinde faktisch gespalten war. Zu heftigen Auseinandersetzungen kam es schließlich 1693. Auslöser war ein Streit um die Verwaltung und Auszahlung des sogenannten Armengeldes. Wortführer der Liebmannschen Partei war Esthers Bruder Amschel Schulhoff.

Nach hergebrachtem, mittelalterlichem Rechtsverständnis war jede Korporation verpflichtet, für ihre Armen sowie für durchreisende Mitglieder selbst zu sorgen. So gab es zum Beispiel Zunftkassen für in Armut geratene Zunftmitglieder und zur Versorgung von Hinterbliebenen. Durchziehende Gesellen hatten Anspruch auf ein Nachtlager und eine Mahlzeit oder etwas Zehrgeld.

Das entsprach auch dem jüdischen Gesetz, das allen JüdInnen vorschreibt, den zehnten Teil ihres Besitzes mit den Armen zu teilen.

Nun entwickelte sich nach dem Dreißigjährigen Krieg eine Erscheinung, die es seit je[35] gegeben hatte, immer stärker: die der umherziehenden Armen. Unter ihnen waren auch zahlreichen JüdInnen. Sie hatten nirgendwo Niederlassungsrecht, konnten darum auch niemals ein geregeltes Einkommen erwerben und machten es zu ihrem »Beruf«, von Gemeinde zu Gemeinde zu ziehen, wo sie Anspruch auf Nachtlager, Freitische und Zehrgeld hatten. Sie wurden »Betteljuden« genannt. Unter ihnen waren übrigens viele gebildete Menschen, die auf der Suche nach vorübergehenden Engagements als Hauslehrer aus dem Osten, besonders aus Polen, langsam nach Westen wanderten, in der stillen Hoffnung, in irgendeiner Gemeinde vielleicht auf Dauer geduldet zu werden.

Je größer und wohlhabender eine Gemeinde war, desto größer war natürlich auch ihre Anziehungskraft auf Betteljuden. Für das Jahr 1699 etwa ist überliefert, daß jede Woche zwischen siebzig und achtzig Personen Berlin passierten, die als Arme verpflegt und mit Reisegeld versehen werden mußten.

Beliebt waren diese Betteljuden weder bei den niedergelassenen Judenfamilien noch bei der Obrigkeit. Die ersteren fürchteten um ihren guten Ruf in ihrer christlichen Umgebung, letztere sahen es nicht gern, wenn in Berlin vorhandenes Geld an nutzlose EsserInnen vertan wurde.

Zwar erhielten die Betteljuden nur sehr geringe Summen. Für eine spätere Zeit wird einmal die Gesamtsumme von sechshundert Talern jährlich[36] für Arme genannt. Aber immerhin, dieses Geld mußte eingesammelt, verwaltet, eingeteilt und ausgezahlt werden, im Umkreis der Synagoge und durch Armenvorsteher aus der Gemeinde.

An dieser Auszahlung der Armengelder entzündete sich immer wieder der Streit zwischen den eingesessenen Berliner JüdInnen unter der Führung der Schulhoff-Liebmann-Familie und den »Wienern«. Jedesmal setzte die Schulhoff-Liebmann-Familie sich durch. Sie hatten einfach die besseren Kontakte zur Obrigkeit.

Offiziell hielten Esther und Jost sich in den neunziger Jahren aus Gemeindeangelegenheiten weitgehend heraus. Als Sprachrohr des Clans trat innerhalb der Gemeinde gewöhnlich Esthers Bruder Amschel auf.

Über die ganz persönlichen Angelegenheiten Esthers und Josts in diesen Jahren ist aus den Quellen nur wenig zu erfahren. Ihrer Ehe entstammten mehrere Kinder; und für sie wurde in der bekannten Weise möglichst früh gesorgt, ebenso wie für die Kinder aus den ersten Ehen.

Das konnten beide Liebmanns mit Erfolg tun, wird doch ihr Vermögen um 1690 auf etwa einhunderttausend Taler geschätzt. Glückel von Hameln berichtet: »[. . .]ich glaube, er [Jost] wird, wenn er so fortfährt und Gott ihm nicht zuwider ist, als der reichste Mann von ganz Deutschland zu seiner Zeit sterben.«[37]

Josts Sohn Abraham wurde 1692 als Rabbiner von Magdeburg, Halberstadt, Halle und Dernburg bestätigt. Er amtierte offenbar sehr ungeschickt und zog große Feindschaft auf sich, doch auf die Hilfe Josts und Esthers konnte er sich immer verlassen.

Als sich z. B. einige jüdische Gemeindemitglieder bei den kurfürstlichen Behörden über Amtsmißbrauch Abrahams beschwerten und darum baten, von der Jurisdiktion ihres »Kapitalfeindes«[38] ausgenommen zu werden, intervenierte Jost sofort beim Kurfürsten, der die Beschwerdeführer anwies, sich der Rechtsprechung Abrahams zu unterwerfen und zu seinem Unterhalt wie üblich beizutragen.[39]

Zugleich wurden die lokalen Behörden angehalten, Abraham in jeder Weise zu unterstützen. Ähnliche Vorgänge gab es in den nächsten Jahren mehrmals.

Esthers und Josts Sohn Isaac war zunächst im Herzogtum Preußen geschäftlich tätig, wo er zugleich als Vorsteher der jüdischen Gemeinde in Königsberg amtierte. In dieser Eigenschaft verfaßte er 1698 einen Bericht an die Regierung über eine Reform der von den JüdInnen zu zahlenden Geleitgelder: Deren Einzug sollte einem zuverlässigen Juden übertragen werden, der dann einmal im Jahr die Gelder an die Regierung abliefern könnte. Er schlug also die Errichtung eines staatlichen Amtes vor, und die Vermutung, er könne bei dem »verläßlichen Juden« als Inhaber dieses Amtes an sich selbst oder einen seiner Anhänger gedacht haben, ist sicher nicht zu weit hergeholt.[40]

Seine Mutter bot 1703 dem König an, dem Königsberger Waisenhaus einhundert Taler zu überweisen, wenn dafür den dortigen JüdInnen ein Friedhof zugewiesen werde.[41] Der König ging auf das Angebot ein und befahl wenig später der preußischen Regierung, einen jüdischen Begräbnisplatz zu gestatten.[42]

So konnte sich Isaac als Wohltäter der Gemeinde profilieren und zugleich den Einfluß seiner Familie auf den König dokumentieren. Als Warnung an alle möglichen Gegner oder Konkurrenten.

Einige Jahre später, 1709, holte Esther den Sohn nach Berlin, wo er auf ihre Bitte vom König zum Oberältesten der Gemeinde ernannt wurde.

Isaac ist ein schönes Beispiel für Esthers Wirken: Sie plante und arbeitete hinter den Kulissen, brauchte aber männliche Familienmitglieder zur Besetzung der Ämter. Im Falle dieses Sohnes jedoch war der Erfolg nur von kurzer Dauer; Isaac starb wenig später.

Auch ihrem Sohn Salomon Israel aus erster Ehe ließ

Esther stets erfolgreich ihre Fürsorge zuteil werden. Er konnte als Schutzjude in Halle etabliert werden, und obwohl es den Hallenser JüdInnen seit 1695 verboten war, Häuser zu kaufen, und sie ihre bereits gekauften Häuser gegen angemessenes Entgelt sogar zurückgeben und statt dessen mieten mußten, wurde es Salomon 1702 erlaubt, »wegen der von Unserer Hofjüdin sowohl als deren verstorbenen Ehemann Uns geleisteten guten Diensten« ein Haus zu kaufen zu und vererben.[43]

Auch um »gute« Heiraten waren die Eltern besorgt. Ein Sohn – welcher, ließ sich bisher nicht ermitteln – heiratete um 1700 eine Großnichte Glückel von Hamelns, so daß die schon bisher bestehenden verwandtschaftlichen Beziehungen zu dieser einflußreichen Familie weiter verstärkt wurden.

Im Jahre 1699 unternahmen Esther und Jost eine Reise nach Wesel, zusammen mit ihrer Tochter Hindchen, die dort mit dem Sohn des Arend Behr aus Frankfurt verheiratet werden sollte. Der zu dieser Gelegenheit ausgestellte Geleitbrief dokumentiert wieder einmal den Rang der Familie: Die Regierung der Provinz Kleve wurde angewiesen, die Reisenden »nachdrücklich zu schützen und zu protegieren«.[44]

Ihren Schwiegersohn Arend Benjamin Wolff konnte Esther 1709 als Rabbiner in der Mark Brandenburg installieren, doch offenbar nur gegen starke Vorbehalte in den Gemeinden. Schon wenige Monate nach Amtsantritt beklagte Arend sich, daß einige Juden seiner Jurisdiktion keine Folge leisteten, sondern sich lieber an die staatliche Rechtsprechung wendeten. Der königliche Beamte Freyberg von der mittlerweile eingerichteten »Judenkommission«, einer Behörde für alle die jüdische Gemeinde betreffenden Fragen, verteidigte sich gegen »des Rabbi Dreistigkeit«[45] mit dem Hinweis, zu seinem Aufgabenbereich gehöre eben auch die Jurisdiktion der Juden in bestimmten Fällen.[46] Doch jetzt griff Esther ein. Sie bat den König, er möge die Rechtsprechung in Streitfällen, die allein Mitglieder der jüdichen Gemeinde beträfen, ausschließlich ihrem Schwiegersohn belassen.[47]

Freyberg, nun sehr gemäßigt im Ton, daraufhin: »Und tut Frau Liebmann mir in Wahrheit ungütig und zu viel, wann sie vorgeben darf, als wann ich mit Fleiß dergleichen Sachen an mich zöge oder mich darzu dränge [. . .]«[48]

Freybergs Angst vor Esther und ihrem Einfluß auf den König ist offenkundig. Und ebenso Esthers Rolle als »Löwin«, die ihre Jungen beschützt. Und sich nebenbei weiteren Einfluß und die Ergebenheit eben dieser »Jungen« sichert.

Kaum jedoch war Esther tot, da wurde dem Rabbi Arend Benjamin auf Bitten der Gegenpartei der Liebmanns der Rabbi Michel Levi beigeordnet. Ganz offen wird davon gesprochen, Wolff sei krank, und nach seinem Tode könne Levi ja dann die gesamte Amtsführung übernehmen.[49]

Esthers Sohn Jost Liebmann der Jüngere wurde 1712 vom König in die Position des Oberältesten in Berlin berufen, blieb aber nicht lange darin. Es scheint, daß er, wie die meisten männlichen Familienmitglieder seiner Generation, nicht fähig gewesen war, die glänzenden Ausgangsbedingungen, die seine Mutter geschaffen und bewahrt hatte, dauerhaft zu erhalten.[50] Wie stark Esthers Stellung in der Gemeinde und beim König tatsächlich gewesen ist, wird am besten am jahrzehntelangen Streit um den Bau einer allgemeinen Synagoge in Berlin deutlich.

Im Niederlassungsedikt von 1671 war den JüdInnen der Bau einer öffentlichen Synagoge verboten worden.[51]

So entstanden Privatsynagogen; als erste die Aron-Liebmannsche, der seit 1672 noch dazu eine Talmudschule angegliedert war. In den folgenden Jahren war eine zweite Synagoge eingerichtet worden, was weder den Liebmanns noch den Behörden gefiel.

1684 erging darum die kurfürstliche Anordnung, die zweite Synagoge solle geschlossen werden, die Liebmannsche dürfe geöffnet bleiben.

In den neunziger Jahren, die Gemeinde war beträchtlich angewachsen, erhielten nach und nach drei weitere Familien, sämtlich »Wiener«, Konzessionen für die Errichtung von privaten Synaogen. Zweifellos nicht ohne zuvor erhebliche Zahlungen an die notorisch leere Kasse des Landesherrn geleistet zu haben.

Die Existenz mehrerer Synagogen erwies sich für die staatliche Judenkommission als äußerst lästig bei ihrer Aufgabe, die Angelegenheiten der jüdischen Gemeinde zu kontrollieren und behördliche Anordnungen schnell und umfassend der Gemeinde bekanntzugeben. Ihr Bestreben ging dahin, die Zahl der Synagogen möglichst zu reduzieren.

Um 1700 wurde das Problem drängender. Die Zahl der JüdInnen in Berlin war zu hoch geworden für den geringen Raum in den bestehenden Synagogen, die Kontrolle unmöglich.

Im Zuge einer Neuordnung für alle JüdInnen in Berlin im Dezember 1700[52] ließ der Landesherr verkünden, weil »die vielen Synagogen zu allerhand Confusion und Unterschleif Anlaß gegeben«[53], sollten nur noch die Liebmannsche und die David-Riessche Synagoge bestehen bleiben. Eine allgemeine Synagoge solle entweder in einer der beiden genannten oder in einem eigenen Gebäude eingerichtet werden. Diese Ankündigung war der Auslöser für den Berliner Synagogenstreit.

In der Gemeinde, die nun überwiegend aus »Wienern« und ihren Nachkommen bestand, sah man endlich die Möglichkeit, sich von der drückenden Überlegenheit des

Liebmann-Clans zu befreien. Und so überlegte die Wiener Partei hin und her, wie sie dem Auftrag des Königs nachkommen könne.

Jost nahm an diesem Streit nicht mehr aktiv teil. Er war schon länger krank gewesen und starb am 30. Januar 1702. Anders als beim Tod ihres ersten Mannes führte Esther die Geschäfte bruchlos weiter, war sie doch im Testament Josts ausdrücklich dazu bevollmächtigt worden, auch gegen eventuelle Ansprüche der Kinder.

Auch in der Angelegenheit des Synagogenneubaus führte sie die bisherige Liebmannsche Politik fort.

Im Sommer 1708 erging, nachdem lange und ergebnislos in der Gemeinde diskutiert worden war, ein erneutes Dekret, »daß alle Synagogen Berlins außer der Liebmannschen geschlossen werden sollen. Für sämtliche Berliner Juden soll eine neue Synagoge gebaut werden. Die Juden sollen sofort für den Bau Anstalten treffen. Bis zu seiner Vollendung dürfen sie in die Liebmannschen Synagoge Gottesdienst halten.«[54]

In Ausführung dieses Befehls wurde die Synagoge des David Ries durch Landreiter verschlossen und versiegelt.[55]

Damit hatte die Wiener Partei ihre Synagoge verloren und war nun gezwungen, in die Liebmannsche zu gehen. Das aber hieß, den Liebmannschen Einfluß weiter zu festigen.

Also ging die Wiener Partei nun ernsthaft an einen Synagogenneubau. Geld wurde gesammelt und ein Grundstück in Aussicht genommen und schließlich gekauft.

Esther war alarmiert. Zwar hatte sie die Schließung der Riesschen Synagoge begrüßt, aber der Neubau bedrohte langfristig die gerade erreichte Ausnahmestellung ihrer Synagoge. Sie intervenierte beim König gegen den Generalfiskal Duhram, dem wichtigsten Beamten in der Judenkommission. Ihn sah sie als Hauptgegner ihrer Position und als Fürsprecher der Partei ihrer Gegner. Als Duhram hörte, daß »die Hofjüdin sich äußerst bemühe, mich und alle diejenige, so dem Judenwesen vorgesetzet, bei Ew. Kgl. Maj. zu discreditiren und die Administration der Judensachen auf einen ganz anderen Fuß zu bringen«[56], bat er seinen König, Esther keinen Glauben zu schenken, ihn in seinem Amt zu lassen und ihn nicht um Brot und Unterhalt zu bringen. Er bat weiter, der König möge Beschlüsse fassen, denen er, Duhram, sich dann unterwerfen wolle, auf die er sich aber auch berufen könnte. Er werde es »vor eine Wohltat achten, wann ich auf einmal von den Nachstellungen einer so gefährlichen Person endlich abkomme«.[57]

Ein erstaunliches Dokument! Höchste Beamte des Königs zittern vor dem Einfluß einer Frau, die doch einer diskriminierten Minderheit und einem diskriminierten Geschlecht angehört!

Esther war aber klug genug, den Bogen nicht zu überspannen, und ließ sich auf einen Kompromiß ein. Sie erlaubte, daß die Gemeindeältesten über die Armengelder der Liebmannschen Synagoge ebenso verfügten wie über die Stühle darin. Sie bat lediglich darum, von der Offenlegung ihrer Geschäftsbücher gegenüber den Ältesten ausgenommen zu werden.

Ihre Begründung: »Nun ist kein besseres und leichteres Mittel als dieses [die Offenlegung], meinen Kredit auf einmal überm Haufen zu werfen.«[58]

Was heißt das anders als ein Eingeständnis, daß sie wenig flüssige Mittel besaß. Es hieß aber auch, daß bei einer Offenlegung alle ihre Außenstände bekannt wurden. Und den weitaus größten Posten darunter werden die Schulden des Königs ausgemacht haben. Daran hatte der König natürlich kein Interesse, und so wurde sie denn wiederum von der Offenlegung befreit.

Der Kompromiß hielt, wie zu erwarten, nicht lange.

Im Juni 1710 monierte Esther, daß es bei den Almosengeldern zu Unterschleifen gekommen sei, daß auch die Schulbediensteten nicht ordentlich bezahlt worden seien, weswegen sie, »da das meiste von mir und meinen Kindern gegeben wird«[59], zwei Armenpfleger aus eigener Befugnis angestellt habe. Die von den Ältesten aus Rachsucht gegen sie erhobenen Beschuldigungen seien falsch. Und weiter: »Wenn dann nun die Juden hierunter nichts anderes suchen, als ich meinen guten Willen, daß ich sie bishero in meiner Synagoge, die ich mit großen Kosten erbauet, auch zu ihrer besseren Bequemlichkeit nachhero erweitern lassen, zu gehen verstattet, und nicht das allergeringste von ihnen genommen, mit Undank belohnen, auf solche Art aber besorgen muß, daß, da sie ohnedem meinen Kredit quovis modo zu schwächen suchen, sich nicht scheuen dürfen, meiner Synagoge sich gar eigentümlich anzumaßen, [so bittet sie den König], denen Juden bei 1000 Taler fiscalischer Strafe anzubefehlen, sich überall friedlich zu begehen und sich keiner Jurisdiktion in einerlei Weise oder Wege anzumaßen, widrigenfalls sie meine Synagoge meiden und nur denenjenigen, welche vorhin sich dazu gehalten, darin zu gehen erlaubet sein soll [...]«.[60] Undank, Strafe, Kredit schwächen – hier wurde mit harten Bandagen gekämpft!

Der Vorsteher der Judenkommission schlug als Ausweg aus den »Querelen« vor, den Bau einer allgemeinen Synagoge mit Jurisdiktionsbefugnis voranzutreiben.

Esther war natürlich dagegen.

In den folgenden Monaten tobte der Streit zwischen den Parteien weiter. Esther, zwischenzeitlich auf Geschäftsreise in Holland, wurde durch Briefe auf dem laufenden gehalten. Vor Ort handelte ihr Sohn Jost für sie.

Trotz aller Versuche der Wiener Partei, die Riessche Synagoge wieder für die Gemeinde zu öffnen, blieb es zunächst dabei, daß allein die Liebmannsche Synagoge anerkannt wurde.

Die ewigen Streitigkeiten führten als nächstes zu einer behördlichen Untersuchung des Almosenwesens, wobei die von Esther schon vorher beschuldigten Ältesten zugeben mußten, daß sie nicht ordentlich Rechnung legen konnten. Damit war die Position der Liebmann-Gegner geschwächt. An deren Spitze stand mittlerweile Marcus Magnus, der Hofjude des Kronprinzen Friedrich Wilhelm. Dieser hatte mit seinem Vater zunehmend politische Auseinandersetzungen, und die Konflikte am preußischen Hof schlugen sich auch in der jüdischen Gemeinde Berlins nieder; die »Wiener« stützten sich auf den Kronprinzen, die Liebmanns auf den König.

Die Judenkommission versuchte sich weiterhin im Kompromiß. Sie fragte die Judenältesten, »ob es nicht ratsam, mit der Hofjüdin, der Frau Liebmannin, sich dahin zu vergleichen, daß selbige ihre Schul zu ewigen Zeiten der hiesigen Judenschaft einräume [. . .]«[61]

Inzwischen haten die »Wiener« schon mit einem Synagogenneubau begonnen, der jedoch stockte, weil manche Gemeindemitglieder nicht mehr bereit waren, Gelder beizusteuern und statt dessen lieber wieder die Liebmannsche Synagoge besuchen wollten.

In seiner Antwort an die Kommission befürwortete der König diesen Kompromiß, zumal er es als Schande empfand, daß die Anhänger eines Neubaus in ihrer Geldnot in den Judengemeinden von Amsterdam, Hamburg, Frankfurt/M., Prag und anderen Städten für die Berliner Synagoge Geld sammelten.[62]

Erneut wurde ein Bericht angefertigt. Er überliefert, daß die Kommission »fast nicht mehr gewußt, was sie, ohne überall anzustoßen, tun sollte. Sie hat auch mit Schmerzen empfinden müssen, wie die gegeneinander tobende und übermäßig erhitzte, mit Haß angefüllete Parteien abwechslungsweise eines oder des andern von der Commission redliches Verfahren mit Undank belohnet . . .«[63]

Erstmals zeigt übrigens der zitierte Bericht, der nur im Konzept erhalten ist, offen antijüdische Einstellungen der Kommission.

Da ist von »Blindheit und Verstockung« des jüdischen Volkes die Rede, von »Lästerungen unseres Heilandes Jesu Christi und unserer heiligen christl. Religion«, von »verdeckten schimpflichen Redensarten« über die christliche Kirche. Um dies unter Kontrolle halten zu können, wird empfohlen, Beobachter, die der hebräischen Sprache mächtig sind, in die Gottesdienste der allgemeinen Synagoge zu schicken und nur noch eine Synagoge zu erlauben, damit die Juden nicht verdeckt »ihre mehr als heidnische Bosheit wider den Heiland der Welt ausüben können«.[64]

Der Regierungsantritt des nächsten Königs, der, ungleich seinem Vater und Großvater, entschieden antijüdisch eingestellt war, warf erkennbar seine Schatten voraus!

In der Praxis schlug die Kommission eine Teilung der Gemeinde vor, da an Esther nicht vorbeizukommen war. Jede Partei solle ihre eigene Synagoge samt den zugehörigen Bediensteten und Ämtern haben.

Die »Wiener« erklärten sich damit einverstanden, ebenso mit der fortgesetzten Jurisdiktion von Esthers Schwiegersohn Wolff Liebmann. Auch Esthers Sohn stimmte in Abwesenheit seiner Mutter zu. Aber Esther, kaum wieder in Berlin, machte alle Hoffnungen auf einen Kompromiß zunichte. Sie bat den König, bei der Anerkennung ihrer Schule als der alleinigen zu bleiben und ihrem Gegner Marcus Magnus alle weiteren amtlichen Schritte »bei unausbleiblicher Lebens-Strafe zu untersagen«.[65] Sie bezeichnete Magnus als einen, der durch Unbesonnenheit und Hitze alles verderbe und verwirre; er führe sich unerträglich auf und habe in seiner Zeit als Oberältester das Unterste zuoberst gekehrt, obwohl er nicht einmal seinem eigenen Hauswesen ordentlich vorstehen könne. Sie stelle dagegen erneut ihre Synagoge allgemein zur Verfügung, ohne Bedingung.[66]

Esthers Gegner machten geltend, auf die Liebmannschen Versprechungen könne man nicht bauen, dazu sei man von ihr schon zu oft hintergangen worden; und in diesen Fällen habe »die Judenschaft wider die Liebmannin nirgendwo Hilfe gefunden.«[67] Alle Liebmannschen Vorschläge seien »Fallstricke, um sie [die »Wiener«] vollends unter Joch zu bringen, ihr Schwiegersohn sei Rabbi, ihr Sohn sei Ober-Ältester und die übrige neue Älteste waren von ihr vorgeschlagen, mithin ihre Creaturen [. . .]«[68] Und dann folgte ein Hinweis auf die finanzielle Nützlichkeit, von der sie sich mehr erhoffen mochten als von ihren bisherigen Ausführungen: »Fremde und reiche Juden würden sich hier nimmer niederlassen, so lange der Liebmannin Reich über sie bestehet und wäre die hiesige Judenschaft deshalb bei auswärtigen schon verachtet.«[69] Und es sei schließlich eine Gefahr, die Liebmannsche Schule weiter zu benutzen, denn: »Die Liebmannin behielte die Keller von der Synagoge und stünde es bei ihr, die Synagoge mit ihnen einsinken oder sie in die Luft sprengen zu lassen.«[70] Der staatliche Berichterstatter, der die Argumente beider Parteien zusammengetragen hatte, hielt den letzten Vorwurf schlicht für »lächerlich«, und das war er wohl auch, aber er zeigt die Verhärtung der Fronten ebenso wie die von Marcus Magnus überlieferte Bemerkung, seine Partei wolle »lieber alles Unglück, ja den Tod über sich ergehen lassen«[71], als daß die Synagoge »ihrer größten Feindin«[72] weiterhin die allgemeine Synagoge bleibe. Resigniert schlug der Berichterstatter vor, »die Trennung in der Juden-Gemeinde notwendig zu veranlassen, so daß jede Partei ihre eigene Schule und ihre eigenen Ältsten habe [. . .]«[73]

Ungern, aber einsichtig erlaubte der König schließlich die Teilung der Gemeinde, verband dies aber mit dem Hinweis, wenn sich die Feindseligkeiten weiter fortsetzten, würden ihre Urheber aus der Stadt gejagt.

Keine der beiden Seiten hatte sich also durchgesetzt, und in der Judenkommission bestand offenbar Hoffnung, daß sich über kurz oder lang das Problem gleichsam biologisch lösen würde. Im letzten Bericht der Judenkommission vom Oktober 1712 hatte der Hinweis gestanden, daß »nach dem Lauf der Natur die Liebmannin nicht lange mehr zu leben hat [. . .]«[74]

Vorerst trat ein anderer Tod ein. Nur wenige Tage nach dem königlichen Einverständnis zur Trennung der Gemeinde starb Friedrich III. (I.). Mit ihm brach Esthers stärkster Rückhalt gegenüber ihren Gegnern in der Gemeinde zusammen.

Sofort zog ein neuer Geist in dem Staat ein, der nun, nach dem Erwerb der Königskrone im Herzogtum Preußen 1701, immer häufiger Preußen hieß anstelle des herkömmlichen »Brandenburg«.

Der neue König, Friedrich Wilhelm I., war in fast allem das Gegenteil seines Vaters: schlicht religiös, persönlich anspruchslos, sparsam, am Soldatischen interessiert.

Zwar ließ er seinen Vorgänger noch in gewohntem Prunk aufbahren und beerdigen, aber dann schaffte er die vielen nutzlosen Hofzeremonien und die mit ihnen verknüpften Hofämter ab. Für sich selbst bevorzugte er die Uniform als tägliches wie auch als offizielles Kleidungsstück – und schuf damit die bis heute in Europa beibehaltene »Mode«, nach der Fürsten sich, zumindest bei offiziellen Anlässen, in Uniform präsentieren. Eigene Hofkleidung nach prächtigem französischen Muster wurde für Männer in Preußen überflüssig. Teilweise überflüssig wurden damit die HändlerInnen für Luxuswaren. Weniger Seiden und Samte, weniger Pelze, weniger Edelsteine. Überflüssig also auch Leute wie Esther Liebmann.

In ihr sah der König wohl auch die Verkörperung der ihm so verhaßten höfischen Verschwendung. HändlerInnen waren für ihn Drohnen, unproduktive und damit nutzlose, wenn nicht gar gefährliche Wirtschaftssubjekte.

Da der Luxushandel weitgehend in jüdischen Händen lag, ging des Königs religiös begründeter Antijudaismus mit seinen wirtschaftspolitischen Vorstellungen eine kräftige Verbindung ein. Er setzte auf die Förderung des Gewerbes statt auf den Handel als Motor des Wirtschaftsaufschwungs. Und so begann mit dem Amtsantritt Friedrich Wilhelms I. eine Kette von Reglementierungen, die alle darauf abzielten, die Zahl der JüdInnen in seinem Land zu begrenzen, wenn möglich zu verringern. So sie blieben, sollten sie weitgehend im gewerbetreibenden Sektor ihre Gelder anlegen. Die »Plage« der Betteljuden wollte man natürlich ganz beseitigen.

Schon in den letzten Regierungsjahren Friedrichs I., als der Kronprinz immer stärkeren Einfluß auf die Regierungsgeschäfte erlangt hatte, tauchte die Idee auf, die JüdInnen, ganz wie im Mittelalter, durch ein besonderes Kleidungsmerkmal zu kennzeichnen.

Natürlich kehrte man nicht zu den blutigen Zeiten des Münzmeisters Lippolt zurück. Dafür war Preußen denn doch schon zu weit zivilisiert. Vielmehr ließ sich Friedrich Wilhelm die Kennzeichnungs-Pflicht – er war auf rote Hüte als Judenzeichen verfallen – gegen schweres Geld »abkaufen«. Vielleicht hatte dieses Geschäft schon von Anfang an hinter dem Kennzeichnungsplan gestanden, hatte man gar nicht ernsthaft an die Verwirklichung gedacht. Wie auch immer, der Vorgang zeigt, daß die JüdInnen mehr noch als in den letzten Jahren des alten Königs von Wirtschaftssubjekten zu finanzpolitischen Ausbeutungsobjekten geworden waren.

Esthers große Zeit war vorbei. Propagandistisch hatten ihre Gegner das Feld für ihren Sturz längst vorbereitet. In der Berliner Gemeinde, nun zu über fünfzig Prozent aus »Wienern« bestehend, konnte sie kaum Unterstützung erwarten.

Auch aus der Provinz ertönten ablehnende Stimmen, wie die des Berend Lehmann in Halberstadt, der von der Liebmannschen Familie behauptete, daß sie »allen ehrlichen Juden und der ganzen Welt Tort zu tun gewohnt waren«.[75]

Unmittelbar nach dem Tod Friedrichs I. geriet Esther in Gefahr. Es gibt die Vermutung, sie habe fliehen wollen, sei aber ergriffen und auf die Festung Spandau gebracht worden.[76] Vermutlich wurde sie »nur« unter Hausarrest gestellt, während eine eigens eingesetzte Kommission ihre Geschäfte untersuchte. Zwei der Mitglieder waren schon Angehörige der Judenkommission des vorigen Königs gewesen und zählten nicht unbedingt zu Esthers Freunden.

Man warf ihr Betrügereien beim Verkauf von Juwelen an König Friedrich sowie beim Münzprägen vor und ebenso, daß sie vor dem Tod des letzten Königs noch zweihunderttausend Taler erhalten habe, von denen sie vierzigtausend nach Leipzig, also in außerpreußisches Gebiet, habe verschieben wollen.

Esther begründete den Empfang der Zahlung mit gelieferten Juwelen und forderte im Gegenzug für weitere unbezahlte Juwelen zwischen einhundert- und zweihunderttausend Taler.

In einem Kompromiß einigte sie sich sehr bald, nach etwa zehn Wochen, mit der Kommission. Ihr Hausarrest wurde aufgehoben. Sie verzichtete auf die letztgenannten Forderungen und zahlte ungefähr die Hälfte der erstgenannten zweihunderttausend Taler zurück, so daß sie durch den gesamten Vorgang zwischen zweihundert- und dreihunderttausend Taler verloren hatte.[77]

Gewonnen hatte die königliche Kasse, und zwar eine beträchtliche Summe. Wieder einmal.

Esther ging aber nicht in Konkurs. Und sie muß wegen des Verlustes auch nicht allzusehr bedauert werden.

Zwar ging es, nach unseren Maßstäben, gewiß nicht rechtsstaatlich zu; doch während der vier Jahrzehnte ihrer erfolgreichen Geschäftstätigkeit unter den Vorgängern Friedrich Wilhelms I. hatte sie von ihrer privilegierten Stellung, auch nicht gerade rechtsstaatlich, erheblich profitiert.

Rechtsstaatlicher als im Falle des Joseph Süß Oppenheimer in Stuttgart ging es allemal zu. Der wurde, Hofjude wie Esther, im Jahre 1738 noch auf geradezu mittelalterliche Art als Sündenbock für die Taten seines Herzogs hingerichtet. Aus welchem Fall in der Nazizeit der sattsam bekannte Veit Harlan dann wiederum einen antisemitischen Hetzfilm fabrizierte.

Esther dagegen, fünfundzwanzig Jahre vor Jud Süß und in Preußen lebend, konnte nach den Untersuchungen ihre geschäftliche Tätigkeit fortsetzen. Sie erhielt am 1. September 1713 einen neuen Schutzbrief, in dem bekräftigt wird, gegen sie und ihre Familie würden keine Forderungen mehr erhoben. Die herausgehobene Rechtsstellung der Familie gegenüber allen anderen jüdischen Familien Berlins wurde sogar erneut bestätigt.[78] Und wenige Monate später wurde auch ihre Synagoge ausdrücklich konzessioniert, mitsamt einer Bedienstetenschar von insgesamt zweiundzwanzig (!) Menschen. Hofjüdin blieb sie jedoch nicht.[79]

Ihre schnelle Rehabilitierung, besonders angesichts der antijüdischen Haltung des Königs, spricht in der Tat dafür, daß der Geschäftsfrau Esther Liebmann keine großen Unkorrektheiten nachgewiesen werden konnten. Das Qualitätssiegel, das sie und Jost 1684 mit der Anerkennung der Beweiskraft ihrer Geschäftsbücher erhalten hatten, bestätigte sich. Und es hatte sich auch Glückel von Hamelns Vorausschau bestätigt, das Liebmannsche Vermögen werde eines Tages das größte in Deutschland sein. Nur ein so großes Vermögen konnte den Verlust von Hunderttausenden von Talern verkraften, ohne in Konkurs zu gehen. Ein weiter Weg vom Zustand ihrer Geschäfte beim Tod Israel Arons bis zum gegenwärtigen Zeitpunkt!

Doch der schon 1712 angekündigte »Lauf der Natur« vollzog sich bald auch an Esther.

Gut ein Jahr nach dem Tod König Friedrichs I., am 15. April 1714, starb sie.

Wenige Monate später wurde die neue Berliner Synagoge eingeweiht.

Eine harte Frau? Gewiß.

Ehrgeizig, machthungrig? Auch das!

Und klug, diplomatisch, überlegen, zielstrebig dazu!

Kampfbereit bis in ihre letzten Lebenstage, einfach nicht unterzukriegen. Es gibt keinen Grund, all diese Eigenschaften ihr gegenüber als Vorwurf zu formulieren. Wären sie doch, bei einem Mann, gerade das, was ihn dazu befähigte, ein Großer zu sein, der Große Kurfürst etwa oder Friedrich der Große. Esther, wegen ihres Geschlechts und ihrer jüdischen Herkunft weniger begünstigt, verhalfen sie immerhin zu einem erfolgreichen Leben.

1 Hugo Rachel/Paul Wallich, Berliner Großkaufleute und Kapitalisten, 2. Band: Die Zeit der Merkantilismus 1648-1806, Berlin 1938 (Rachel/Wallich 2), S. 27
Selma Stern, Der preußische Staat und die Juden. Erster Teil: Die Zeit der Großen Kurfürsten und Friedrichs I. Erste Abteilung: Darstellung, Tübingen 1962 (Stern I, 1), S. 150; Heinrich Schnee, Die Hoffinanz und der moderne Staat, 1. Band, Berlin 1953 (Schnee 1), S. 63
2 Selma Stern, Der preußische Staat und die Juden. Erster Teil: Die Zeit der Großen Kurfürsten und Friedrichs I. Zweite Abteilung: Akten, Tübingen 1962 (Stern I, 2), S. 520
3 Zum folgenden: Brigitte Scheiger, Juden in Berlin. In: Stefi Jersch-Wenzel/Barbara John (Hg), Von Zuwanderern zu Einheimischen. Hugenotten, Juden, Böhmen, Polen in Berlin. Berlin 1990, S. 165. Carl Hinrichs, Der Große Kurfürst. 1620-1688. In: Preußen als historisches Problem. Ges. Abhandlungen, Berlin 1964, S. 227-252. Barbara Beuys. Der Große Kurfürst. Der Mann, der Preußen schuf. Reinbek 1979
4 Vgl. Beuys, S. 51
5 Vgl. dazu die Darstellung bei Hinrichs und Beuys!
6 Rachel/Wallich 2, S. 27f.
7 Vgl. zu den Familienbeziehungen: Rudolf Hallo, Geschchte der Familie Hallo. 350 Jahre aus dem Leben einer Hofjuden- und Handwerkerfamilie. Kassel 1930
8 Zitiert nach Scheiger, S. 171
9 Scheiger, S. 167
10 Scheiger, ebd.
11 Scheiger, S. 175f.
12 Schulklopfer hatten die Aufgabe, an den jüdischen Häusern zu klopfen, wenn der Gottesdienst in der Synagoge begann. Sie »ersetzten« die Kirchenglocke.
13 Stern, II, 2, S. 4
14 Rachel/Wallich 2, S. 29
15 Hallo, S. 57

16 Zu Leffmann s. Bernd Schedlitz, Leffmann Behrens. Untersuchungen zum Hofjudentum im Zeitalter des Absolutismus. Hildesheim 1984

17 Dazu: Alfred Feilchenfeld (Hg), Denkwürdigkeiten der Glükkel von Hameln (GH), Nachdruck der 4. Auflage, Berlin 1923, S. 58ff.

18 GH, S. 59

19 GH, S. 93-99; vgl. auch die Glückel-Biographie auf S. 110f. dieses Buches

20 Glückel-Biographie S. 64f. Zipora erkrankte während einer Reise zu Glückels Schwiegereltern.

21 GH, S. 84 / **22** GH, S. 95 **23** Rachel/Wallich 2, S. 30 / **24** Stern I, 2, S. 517 / **25** Stern I, 2, S. 516 / **26** Rachel/Wallich 2, S. 37 / **27** ebd. / **28** GH, S. 118-122 / **29** GH, S. 120 / **30** Stern I, 2, S. 521

31 Zu Friedrich I.: Carl Hinrichs, König Friedrich von Preußen. Die geistige und politische Bedeutung seiner Regierung. In: Preußen als . . ., S. 253-271

Zu Preußen immer noch lesenswert: Otto Hintze, Die Hohenzollern und ihr Werk. Berlin 1915

32 Stern I, 2, S. 50 / **33** Stern I, 2, Anm. 1, S. 58 / **34** Stern I, 2, S. 56

35 Vgl. dazu das Buch von Henri Brunschwig, Gesellschaft und Romantik in Preußen im 18. Jahrhundert, Frankfurt/Berlin/Wien 1976

36 Stern I, 2, S. 284-288 / **37** GH, S. 100 / **38** Stern I, 2, Anm. 2, S. 355 / **39** Stern I, 2, S. 356 / **40** Stern I, 2, S. 428f. / **41** Stern I, 2, Anm. 1, S. 437 / **42** Stern I, 2, S. 437 / **43** Stern I, 2, S. 375 / **44** Stern I, 2, S. 518 / **45** Stern I, 2, S. 269 7 **46** Stern I, 2, S. 269 / **47** Stern I, 2, Anm. 2, S. 276 7 **48** Stern I, 2, S. 276 / **49** Stern II, 2, S. 21 / **50** Dazu Rachel/Wallich 2, S. 41f. / **51** Vgl. S. 109 dieses Buches / **52** Stern I, 2, S. 221-229 / **53** Stern I, 2, S. 226 / **54** Zusammenfassung des Dekrets, Stern I, 2, S. 258 / **55** Stern I, 2, S. 283f. / **56** Stern I, 2, S. 520 / **57** Stern I, 2, S. 520 / **58** Stern I, 2, S. 517 / **59** Stern I, 2, S. 275 / **60** Stern I, 2, S. 275 / **61** Stern I, 2, S. 288 / **62** Stern I, 2, S. 297 / **63** Stern I, 2, S. 297 / **64** Stern I, 2, S. 298 / **65** Stern I, 2, S. 300 / **66** Stern I, 2, S. 300 / **67** Stern I, 2, S. 301 / **68** Stern I, 2, S. 301 / **69** Stern I, 2, S. 301 / **70** Stern I, 2, S. 302 / **71** Stern I, 2, S. 302 / **72** Stern I, 2, S. 302 / **73** Stern I, 2, S. 302 /

74 Stern I, 2, S. 305 / **75** Stern I, 2, S. 349 / **76** Rachel/Wallich 2, S. 40f. / **77** Schnee 1, S. 71f. / **78** Rachel/Wallich, 2, S. 41 / **79** Stern II, 2, S. 4

Fromet Mendelssohn

1737-1812

... eine mäßige Lektüre
kleidet dem Frauenzimmer

»Viel ist nicht über sie bekannt.«

Nein, wahrlich nicht. Da hat der Biograph[1] Moses Mendelssohns schon recht. Und was bekannt ist, kennzeichnet sie als »relatives« Wesen: Ehefrau, Mutter, Großmutter; Ahnin berühmter Männer und Frauen. Stammutter der Dynastie Mendelssohn, Mitbeteiligte an der Entstehung und Entwicklung der bürgerlichen deutschen Kultur. Aber eine eigenständige Persönlichkeit? Niemand hat ihr das bisher zugebilligt. Ihre Familie nicht, die Nachgeborenen nicht.

Keine Eigenständigkeit. Damit will ich mich nicht zufriedengeben. Kinder sind schließlich nicht nur vom Vater geprägt, obwohl diese Prägung im Falle Moses Mendelssohn sicher nachhaltig war. In der Regel ist die Prägung durch die Mütter genau so stark, wenn nicht stärker, trotz allem, was BiographInnen männlichen Geschlechts gar so gern behaupten. (Im Falle Nietzsche ist zu besichtigen, welch falsche Schlüsse, auch auf das Werk, daraus gezogen werden können.[2])

Es ist zweifellos dringend vonnöten, die Anteile der Mütter und Ehefrauen zunächst nüchtern, vorurteilslos und überzeugend zu erarbeiten und darzustellen.[3]

Im Falle Fromet Mendelssohn ist es mehr als gerechtfertigt. Ihre Persönlichkeit, ihr Einfluß waren so eindrucksvoll, daß ihre Tochter Dorothea, die wohlweislich schon lange Zeit von ihrer Mutter entfernt lebte und arbeitete, doch viele Jahre ihren offenen Übertritt zum Christentum hinauszögerte, weil sie Fromet nicht wehtun wollte.

Spurensuche also, mühsames Aufspüren kleiner und kleinster biographischer Schnipsel im Umkreis ihrer berühmten Verwandten.

Bescheiden war sie. Nie hat sie eine Autobiographie geschrieben wie Glückel. Nie auch haben die Mitglieder ihrer Familie sie für so wichtig gehalten, daß sie ihre Briefe und sonstigen Lebensäußerungen aufgehoben hätten.

Aber in ihrer Unauffälligkeit entspricht sie eher dem jüdischen Frauenbild ihrer Zeit als die berühmt-berüchtigte Tochter Dorothea[4] oder deren Altersgenossinnen und Freundinnen Henriette Herz und Rahel Levin.

Und ohne Frauen wie sie wäre die Lebensleistung der Berühmten nicht möglich, derjenigen, die in die Kulturgeschichte eingegangen sind. Fromets Lebensleistung war es, den Hintergrund zu schaffen für andere. Grund genug also, sie eingehender zu betrachten und zumindest den Versuch zu unternehmen, die übermächtig hervortretenden Berühmtheiten zurückzudrängen und das Licht auf die zu richten, ohne deren Arbeitskraft und Verständnis die großen Leistungen dieser »Rothschilds der Kultur«[5] nicht hätten vollbracht werden können.

Fromet Gugenheim wurde am 6. Oktober 1737 in eine Hamburger Familie geboren, die wohl zum jüdischen Patriziat gezählt werden kann, bei allen Vorbehalten gegenüber einer solchen Klassifizierung.

Ihre Mutter Glückche Mirjam gehörte dem Altonaer Zweig der Familie Gomperz an, der Vater Abraham stammte aus Frankfurt am Main und war ein Urenkel des Wiener Hofbankiers Samuel Oppenheim.

Beste Familienbeziehungen also, Grundlage für geschäftlichen Erfolg und soziale Sicherheit.

Zwar waren die jüdischen Gemeinden in Hamburg, Altona und Wandsbek durch Privilegien und eigenes politisches Geschick im Umgang mit dem Hamburger Rat und dem dänischen König einigermaßen frei von der Gefahr einer Austreibung ihrer Mitglieder. Auch hatten mit dem

Fortschreiten einer gewissen Toleranz die Austreibungen von JüdInnen aus deutschen Staaten abgenommen, nicht zuletzt gefördert durch die Erkenntnis vom wirtschaftlichen Nutzen dieser Minderheit. Aber ein jüdischer Mensch war letztlich niemals und nirgends sicher, wie das Beispiel des Jud Süß Oppenheimer zeigte, der ein Jahr nach Fromets Geburt unrechtmäßigerweise in Stuttgart hingerichtet wurde, als Sündenbock für die politischen Fehler des Herzogs, dem er als Hofagent gedient hatte.

Und wenn schon nicht Hinrichtung und zeitgemäß übliches Foltern oder Austreibung, dann gab es immer noch die vielen Gesetze und Verordnungen, die die JüdInnen als besondere UntertanInnen kennzeichneten und ihre wirtschaftliche Ausbeutung durch die Regierenden sicherten. Da waren Familienbeziehungen oft wichtiger als materielle Güter, auf jeden Fall Voraussetzung zur erneuten Sicherung einer Existenz.

Über die Ehe von Fromets Eltern läßt sich nichts feststellen. Sie war vermutlich zustande gekommen, wie Ehen in dieser Zeit eben zustande kamen: eine Vereinbarung beider Familien zu allseitigem Nutzen, gesichert durch einen möglichst ausführlichen, alle Eventualitäten einkalkulierenden Ehevertrag.

Gestützt auf die mit der Eheschließung gewonnenen Verbindungen ließ Abraham Gugenheim sich endgültig in Hamburg nieder, von wo aus er seine Geschäfte betrieb. Er nahm sehr bald eine geachtete Stellung in der Altonaer Gemeinde ein. Als in Hamburg der sogenannte Amulettenstreit tobte, der die Gemeinde heftig beschäftigte, zählte er zu den Anhängern des Rabbi Eybenschütz. (Es ging dabei um den Verdacht, der Rabbi habe Amulette für schwangere Frauen mit sabbatianischen Texten versehen – übrigens ein Beleg dafür, wie sehr die Nachwirkungen der sabbatianischen Bewegung, über die ja schon Glückel berichtet hatte, noch immer die Gemeinden beschäftigten und entzweiten.)

Fromet, Abrahams und Glückchens älteste Tochter, wurde nach ihrer Frankfurter Großmutter benannt, Abraham Gugenheims Mutter. Diese Großmutter war schon 1713 in Frankfurt gestorben, als ihr Sohn noch ein kleines Kind war. Mit der Namensgebung folgten Fromets Eltern dem jüdischen Brauch, Kindern die Namen verstorbener Familienmitglieder zu geben, um die Erinnerung lebendig zu halten.

Als Fromet zwei Jahre alt war, starb ihre Mutter. Schon bald heiratete der Vater erneut, und wieder wählte er »standesgemäß«. Seine zweite Frau Vogel gehörte zu der Familie der van Gelderns, einer rheinischen Hoffaktorenfamilie, aus der später auch Heinrich Heine hervorging.

Fromet wuchs innerhalb einer großen Geschwisterschar heran, zusammen mit den Schwestern Recha, Blümchen und Brendel sowie den Brüdern Joseph und Nathan.[6] Ein besonders enges Verhältnis verband sie mit der jüngsten Schwester Brendel, die immer zu Scherzen aufgelegt war, während Fromet viel ernsthafter veranlagt war.

Fromet wuchs in einer Zeit auf, in der auch Mädchen damit begannen, sich Bildung anzueignen. Das war jedoch recht schwierig, denn nach wie vor gab es keine weiterführenden Mädchenschulen. Bildung wurde vielmehr erworben durch Privatlehrer, durch Lektüre und Gespräche im Freundinnenkreis. Oft bestimmte der Zufall die Inhalte. Bücher waren teuer, ihr Besitz selten. Sie wurden ausgeliehen oder gemeinsam gelesen. Obwohl die Gemeindeältesten es nicht gern sahen, ging der Bildungsdrang mittlerweile doch über die traditionelle jüdische Bildung hinaus. Reisende Händler führten Bücher mit sich, die sie gegen hohe Summen verkauften[7]; und immer häufiger waren das Werke, die in gebildeten christlichen Kreisen diskutiert wurden. Über Bücher eröffneten sich erste Einblicke in die Gedankenwelt der christlichen Umgebung, ergaben sich erste Möglichkeiten eines Gedankenaustausches.

Eine systematische Bildung im heutigen Sinne hat Fromet auf diese Weise sicher nicht erworben, aber sie konnte lesen und schreiben und war an Fremdsprachen interessiert. Aus ihrem späteren Briefwechsel läßt sich ablesen, daß zeitgenössische Philosophen aus England und Frankreich ihr durchaus bekannt waren.

Eine regelrechte Ausbildung Fromets scheiterte also nicht am Vermögensstand des Vaters, sondern einfach an den herrschenden Konventionen. Mädchen waren künftige Hausfrauen und Mütter, und die Ausbildung in häuslicher Wirtschaft wurde innerhalb der Familie in Form der Mithilfe im Haushalt gewährleistet. Alles übrige, Literatur oder Kunst, war zusätzliches Beiwerk. Geduldet, aber von Elternseite als nicht wesentlich erachtet. Immerhin, unter den in diesem Buch porträtierten Jüdinnen ist Fromet die erste, die sich um Bildung außerhalb der traditionellen jüdischen Bildung bemüht. Und von seiten der Eltern wurden ihr offensichtlich keine Hindernisse in den Weg gelegt.

Ein wohlhabendes Haus wie das der Gugenheims war sicherlich nicht notwendig auf die ständige Mithilfe der Töchter angewiesen. Fromet hatte also durchaus Zeit, sich mit ihren Schwestern und Freundinnen zu verabreden, mit ihnen zusammenzusitzen oder mit ihnen auf dem Wall spazierenzugehen. Sie hatte Zeit für Geselligkeit.

Immer aber war diese Geselligkeit häuslich bestimmt und gebunden, immer fand sie statt im häuslichen Rahmen des Bekanntenkreises. Und der war begrenzt auf die jüdische Gemeinde, und da noch einmal auf die sozial etwa gleichgestellten Familien.

Ganz offensichtlich war Fromet an weitergehender Geselligkeit aber auch nicht interessiert. Ihrem späteren Mann fiel jedenfalls auf, daß sie alle großen Geselligkeiten mied und keinen Gefallen an »Lustbarkeiten« fand. In ihrer Verlobungszeit mahnte er sie: »[. . .] so sehr die Einsamkeit lieben, ist weder dem Gemüt noch dem Körper zuträglich.«[8]

Eine Geselligkeit außerhalb des Elternhauses und der Häuser der Freunde war ohnehin nicht denkbar. Zwar gab es Sprechtheater und die Oper in Hamburg, und die Gemeindestatuten der drei Hamburger Judengemeinden erlaubten inzwischen auch Frauen und Mädchen den Theater- und Opernbesuch, zumindest zu gewissen Zeiten. Aber noch immer bestimmten die Statuten weitgehend, wie das Leben der Gemeindemitglieder auszusehen hatte. Noch immer gab es genaue Vorschriften, wie hoch die Zahl der Gäste bei Familienfeiern sein durfte. Die zeitliche Länge der Feiern war genauso festgelegt wie die Art und die Kosten der Geschenke, ebenso die Art der Gerichte. Sorgsam wurde vermerkt, aus welchem Stoff die Kleidung zu sein hatte oder wie viele Röcke und Unterröcke die Frauen und Mädchen tragen durften.

Noch immer war die jüdische Gemeinde weit mehr als eine religiöse Gemeinschaft, war sie eine feste soziale Einheit mit eigenen Regeln und eigener Gerichtsbarkeit. Beherrscht wurde sie von den Gemeindevorstehern, die über die Strafe des Banns verfügten, um die Gemeindemitglieder wirksam an die Regeln binden zu können. Glaubenszugehörigkeit und soziale Zugehörigkeit bildeten noch eine untrennbare Einheit, die JüdInnen und ChristInnen deutlich voneinander schied.

Die ganz wenigen Freundinnen Fromets, deren Namen sich erhalten haben, stammten denn auch aus der Schicht der gebildeten, wohlhabenden jüdischen Familien, denen auch Fromets Familie angehörte.

Triebche Götting, ihre engste Freundin, war eine Tochter des Kaufmanns Joseph Götting. Triebches Bruder Ascher hatte Sara geheiratet, die Tochter des Seidenfabrikanten Bernhard aus Berlin. Auch mit Sara war Fromet befreundet.

Wie ernst sie ihre Freundschaften nahm, zeigt ihr Briefwechsel. Als nämlich zwischen Sara und Triebche Streit entstanden war, geriet Fromet in eine schwierige Situation, Wie sollte sie sich verhalten, wenn sie keine der beiden als Freundin verlieren wollte? Diese Frage war ihr so wichtig, daß sie sie mit dem Mann erörterte, mit dem sie sich kurz vorher verlobt hatte. Und er ging auf diese Schwierigkeiten sehr verständnisvoll ein. Beide lebten schließlich im Jahrhundert des Freundschaftskultes und wußten um die Bedeutung von Freundschaften – ihren christlichen Landsleuten durchaus gleich. Er riet ihr, keine Stellung zur Streitfrage selbst zu beziehen, sondern zu versuchen, mit beiden Freundschaft zu halten. Wenn ihre beiden Freundinnen denn nicht miteinander befreundet sein könnten, solle sie nicht traurig sein; manche Menschen könnten eben nicht freundschaftlich miteinander auskommen. Das müsse sie akzeptieren.[9] Das Aushalten von Gegensätzen bei Wahrung des eigenen Standpunktes, aber keine falsche Harmonie, hier klingt zum ersten Mal an, was als eine Art Motto über dem Leben Fromets stehen könnte.

Im Fall von Triebches Heiratsplänen konnte Fromet dagegen offen Partei nehmen. Hier ging es nicht um Auseinandersetzungen zwischen Freundinnen, sondern um das Durchsetzen eines neuen Prinzips innerhalb der bürgerlichen Gesellschaft: der Neigungsehe. Triebche wollte den Arzt Dr. Aron Gumperz heiraten, sehr gegen den Willen ihrer Familie und gegen alle bisher in den jüdischen wie auch den christlichen Gemeinden geübte Praxis. Fromet stand ganz selbstverständlich auf Triebches Seite, und niemand war glücklicher als sie, nachdem sich Triebche durchgesetzt hatte.

Eine eng begrenzte Geselligkeit, unsystematischer Bildungserwerb, wenige Freundinnen. Nichts sprach in diesen Jahren dafür, daß Fromet einmal eine bedeutende, wenn auch eher im Hintergrund spielende Rolle innerhalb der deutschen Geistesgeschichte übernehmen würde.

Im Gegenteil. Die Aussichten auf eine gesicherte Zukunft verdüsterten sich eher. Abraham Gugenheims Geschäfte verschlechterten sich, und damit verschlechterten sich Fromets Heiratschancen. Innerhalb der patrizischen jüdischen Oberschicht würde es ohne ausreichende Mitgift keinen gleichrangigen Partner für sie geben. Sie würde unverheiratet bleiben.

Schon war sie über zwanzig und noch immer ehelos. Der Vater verreiste für viele Monate nach Wien, in Verfolgung seiner Geschäfte. Während seiner Abwesenheit stellte sich jedoch in Hamburg ein Bewerber ein, der bereit war, Fromet auch ohne Mitgift zu heiraten, und der ihr den Verbleib in eben den sozialen Kreisen garantierte, denen sie durch ihre Familie angehörte: Moses Mendelssohn.

Moses Mendelssohn war, unter wirtschaftlichen Gesichtspunkten betrachtet, ein Aufsteiger.

Geboren wurde er 1729 in Dessau als Sohn des Thorarollenschreibers und Schulklopfers Mendel Heymann und seiner Frau Rahel Sara. Moses' Mutter hatte verwandtschaftliche Beziehungen zu einem Dessauer Hoffaktor, und die verschiedenen Ämter des Vaters zeigen, daß er eher der mittleren sozialen Schicht des Judentums als der unteren angehörte.

Materiell aber waren die Verhältnisse erbärmlich, unter denen Moses heranwuchs. Im Alter von vier Jahren erhielt er von seinem Vater Lese- und Schreibunterricht; mit fünf Jahren lernte er auch bei anderen Lehrern. Schon früh halfen er und sein Bruder Saul dem Vater beim Kopieren – wohl weniger aus Lust am Schreiben und Lernen als aus wirtschaftlicher Notwendigkeit.

Als Glücksfall erwies sich der Geburtsort, Dessau. Die dortige jüdische Gemeinde gab es seit 1672, seit der judenfreundliche Fürst Johann Georg von Dessau jüdischen Familien die Ansiedlung gestattet hatte.

Dessau hatte sich im toleranten Klima seines Fürstenhauses zu einem Zentrum jüdischer Gelehrsamkeit entwikkelt; dort wirkte auch David Fränkel, in dem Moses seinen ersten bedeutenden Lehrer fand. Fränkel eröffnete ihm die geistige Welt des Judentums, machte ihn mit der jahrtausendealten jüdischen Literatur vertraut.

Doch Fränkel verließ Dessau Anfang der vierziger Jahre, um eine Rabbinerstelle in Berlin anzutreten, der Stadt, in der seine Familie seit ihrer Einwanderung aus Wien unter dem Großen Kurfürsten ihre Heimat hatte.

Moses dagegen mußte, da inzwischen nach der Auffassung der Zeit erwachsen, einen Beruf ergreifen. Groß war seine Auswahl nicht; praktisch blieb ihm nichts, als Hausierer zu werden, Trödeljude. Das heißt, er würde mit gebrauchten Waren über Land ziehen, von Dorf zu Dorf, um der Landbevölkerung Dinge des täglichen Bedarfs zu verhökern. Eine klägliche Zukunft, zumal der junge Moses von kleiner Figur war, verwachsen dazu. Und nun ein Wanderleben, das auch starke Menschen bis an die Grenze ihrer Kräfte forderte.

Moses weigerte sich und erhielt von den Eltern schließlich die Erlaubnis, Fränkel nach Berlin zu folgen. Etwa vierzehn Jahre war er zu dieser Zeit alt. Nach einem erschöpfenden Fußmarsch dort angekommen, widerwillig in die Stadt eingelassen von den Beauftragten der jüdischen Gemeinde, die schon am Rosenthaler Tor alle Ankommenden »filzten« und möglichst abwiesen, um die Zahl der Betteljuden in der Stadt nicht zu hoch werden zu lassen, hungerte er sich die nächsten Jahre durch.

Die Situation für Juden in Berlin hatte sich seit den Zeiten Esther Liebmanns geändert.[10] Die Zahl der jüdischen Familien war weiter gestiegen; etwa dreihundertdreißig Familien lebten mittlerweile in der preußischen Hauptstadt. Doch ihre Rechtsstellung unterlag nicht mehr den liberalen Anschauungen des Großen Kurfürsten und des ersten Königs. Friedrich Wilhelm I., der zweite preußische König, hatte durch Erlasse und Gesetze mehrfach versucht, die Zahl der jüdischen Familien wieder zu senken. So hatte er verboten, mehr als ein Kind »anzusetzen«; dies bedeutete, daß die zweiten und dritten und alle weiteren Kinder einer Familie kein Niederlassungsrecht mehr in Preußen erhielten, also weder einem Gewerbe nachgehen noch gar heiraten konnten. Zwar wurden diese restriktiven Dekrete immer wieder durch Ausnahmen gelockert, die von den eher pragmatisch eingestellten Beamten des Königs aus wirtschaftlichen Gründen erwirkt wurden (und natürlich mit schwerem Geld bezahlt werden mußten). Aber grundsätzlich galt die Politik der »Judeneindämmung«, und die jüdische Gemeinde selbst hatte kein Interesse, stadtfremden und mittellosen JüdInnen den Zuzug zu ermöglichen. Denn die Gemeinde haftete solidarisch für ihre armen Mitglieder, und die Kosten dafür wollte man natürlich gering halten.

Die gesamte jüdische Bevölkerungsgruppe war zur Zeit von Moses' Ankunft in sechs Klassen eingeteilt, wobei jede Klasse einen eigenen Rechtsstatus besaß.

Die erste Klasse bildeten die Familien mit Generalprivileg. Sie hatten die gleichen Rechte wie die Familien christlicher Kaufleute; sie durften ihre Rechtsstellung auf alle Kinder vererben. Ihre Zahl war sehr gering.

Die nächste Klasse, die der Schutzjuden, durfte ihre Stellung nur auf ein Kind vererben, andere Kinder aber »ansetzen«, wenn sie einen hohen Betrag zahlte.

Die darauffolgende Klasse der außerordentlichen Schutzjuden besaß ein Niederlassungsrecht nur für die eigene Person, das auch nicht vererbt werden konnte.

Geduldet, aber ohne Niederlassungsrecht, waren die Klassen der Synagogenbediensteten, der JüdInnen als Dienstpersonal in Häusern der ersten drei Klassen und der GelegenheitsarbeiterInnen, die etwa als wandernde Hauslehrer für eine kurze Zeit in der Stadt bleiben durften.[11]

Moses hatte den Gemeindebediensteten am Tor gesagt, er komme, um zu lernen. Sie hatten ihn passieren lassen. In der Stadt begann er eine Hungerexistenz, die ohnehin nur möglich war, weil sein Lehrer Fränkel ihm Freitische in reicheren Familien und gelegentliche Arbeiten verschaffte. Er gehörte zunächst nicht einmal in die unterste Klasse der jüdischen Bevölkerung und durfte nur bleiben, weil er keinerlei Rechtsansprüche an Unterstützung anmeldete.

Er begann mit dem Studium des Deutschen, das er wie eine Fremdsprache erlernen mußte. Bald schloß er Freundschaften auf der Basis gemeinsamer literarischer Interessen: mit Dr. Aron Gumperz, einem Mitglied der berühmten Hofjudenfamilie und Enkel der Glückel von Hameln, mit dem Schriftsteller und Verleger Nicolai und schließlich mit Gotthold Ephraim Lessing.

Eifriges Selbststudium, Privatlehrer, Gespräche mit den Freunden und erste schriftstellerische Versuche verhalfen ihm zu wachsendem Ansehen in gebildeten Kreisen. Christlichen und jüdischen, wohlgemerkt. Gemeinsam mit Freunden gründete er das »Gelehrte Kaffeehaus«, eine aufklärerische Gesellschaft. Er nahm Klavierunterricht und war als eifriger Theaterbesucher bekannt. Mit all diesen Aktivitäten brach er offen den bisher in der jüdischen Gemeinde noch aufrechterhaltenen Schein einer nur nach innen, auf die jüdische Tradition gerichteten Bildung.

Das war die eine Seite seines Lebens, die des aufgeklärten Bildungsbürgers. Die andere Seite: Der strenge Jude, der sorgsam die Ritualgesetze seiner Religion beachtete und, gestützt auf die Fürsprache seines vormaligen Lehrers Fränkel, ein geachtetes Mitglied der Berliner jüdischen Gemeinde geworden war. Sein Ruf wuchs schnell an, so daß er gebeten wurde, aus Anlaß des preußischen Sieges bei Roßbach 1757 eine Dankpredigt für die Gemeinde zu schreiben.[12]

Eine dritte Seite, eher die Basis dieses Lebens, war die berufliche. Nach den ersten Hungerjahren wurde er zunächst Hauslehrer bei dem Seidenwarenfabrikanten Isaak Bernhard. Damit hatte er zumindest einen Status gewonnen; solange er Bediensteter im Haus eines Schutzjuden war, besaß er in Berlin das Aufenthaltsrecht. Etwa 1754, gut zehn Jahre nach seiner Ankunft in Berlin, trat er als Buchhalter in die Seidenwarenfabrik seines bisherigen Dienstherrn ein. Erfolgreich, wie es scheint. Nach zwei Jahren Einarbeitung konnte er die Arbeitszeit auf sechs Stunden täglich reduzieren; der Nachmittag blieb ihm für das Studium.

Diese Zweigleisigkeit sollte charakteristisch für sein gesamtes weiteres Leben bleiben. Er, der berühmte Vertreter der Berliner Aufklärung, war eigentlich ein »Hobbygelehrter«.

Zeitlebens hatte er das Gefühl, von Geschäften belastet zu sein, die ihn vom Studium, dem wesentlichen Inhalt seines Dasins, abhielten. Seine berufliche Tätigkeit schätzte er selbst gering ein: »Ein Buchhalter ist gewiß ein seltenes Geschöpf. Er verdient die größte Belohnung, denn er muß

Verstand, Witz und Empfindung ablegen, um richtig Buch zu führen.« (an Lessing, 1758)

Dabei war er ein überaus gewissenhafter und erfolgreicher Geschäftsmann, der die Firma nach dem Tod seines Arbeitgebers selbständig weiterführte und sie geschickt durch die wirtschaftlichen Turbulenzen der Zeit steuerte.

Nie kam ihm der Gedanke, etwa wie Lessing als freier Schriftsteller sein Glück zu versuchen. Anders als Lessing lebte er ja auch mit der steten Unsicherheit, ausgewiesen zu werden. Als Jude war er in Berlin nur geduldet, solange sein Dienstherr ihn beschäftigte. Aufklärer war er, aber kein Revolutionär. So wie er sich streng an die Ritualgesetze der jüdischen Religion hielt, so verfuhr er auch im bürgerlichen Leben. Er wollte sich in Berlin etablieren, heiraten und eine Familie in gesicherten Verhältnissen gründen.

Die Verlobung zwischen Fromet Gugenheim und Moses Mendelssohn ist Jahrzehnte später als Romanze dargestellt worden: »Moses Mendelssohn war im Bade Pyrmont. Hier lernt er den Kaufmann Gugenheim aus Hamburg kennen. ›Rabbi Moses‹, sagte dieser eines Tages, ›wir alle verehren Sie, aber am meisten verehrt Sie meine Tochter. Mir wäre es das höchste Glück, Sie zu Eidam zu haben. Besuchen Sie uns doch einmal in Hamburg.‹ Moses Mendelssohn war sehr schüchtern, denn er war traurig verwachsen. Endlich entschloß er sich doch von Berlin aus zur Reise und besuchte unterwegs Lessing in Braunschweig, wie in dessen Briefen zu lesen. Mendelssohn kommt nach Hamburg und besucht Gugenheim in seinem Kontor. Dieser sagt: ›Gehen Sie hinauf zu meiner Tochter, sie wird sich freuen, Sie zu sehen. Ich habe viel von Ihnen erzählt.‹ Mendelssohn besucht die Tochter. Anderntags kommt er zu Gugenheim und fragt, was die Tochter, die ein gar anmutiges Wesen sei, von ihm gesagt habe. ›Ja, verehrter Rabbi‹, sagt Gugenheim,

›soll ich es Ihnen ehrlich sagen?‹ ›Natürlich!‹ ›Nun, Sie sind ein Philosoph, ein Weiser, ein großer Mann, Sie werden es dem Kinde nicht übelnehmen; sie hat gesagt, sie wäre erschrocken, wie sie Sie gesehen hat, weil Sie ...‹ ›Weil ich einen Buckel habe?‹ Gugenheim nickte. ›Ich habe es mir gedacht. Ich will aber doch bei Ihrer Tochter Abschied nehmen.‹ Er ging hierauf in die Wohnung und setzte sich zu der Tochter, die nähte. Sie sprachen gut und schön miteinander, aber das Mädchen sah nicht von der Arbeit auf, vermied, Mendelssohn anzusehen. Endlich, da dieser das Gespräch geschickt so gewendet, fragte sie: ›Glauben Sie auch, daß die Ehen im Himmel geschlossen werden?‹ ›Gewiß, und mir ist noch etwas Besonderes geschehen. Bei der Geburt eines Kindes wird im Himmel ausgerufen: der und der bekommt die und die. Wie ich nun geboren wurde, wird mir auch meine Frau ausgerufen, aber dabei heißt es, sie wird leider Gottes einen Buckel haben, einen schrecklichen. Lieber Gott, habe ich da gesagt, ein Mädchen, das verwachsen ist, wird gar leicht bitter und hart, ein Mädchen soll schön sein. Lieber Gott, gib mir den Buckel und lasse das Mädchen schlank gewachsen und wohlgefällig sein.‹ Kaum hat Moses Mendelssohn das gesagt, als ihm das Mädchen um den Hals fiel – und sie ward seine Frau.«[13]

Eine hübsche Geschichte. In Wirklichkeit ist es viel nüchterner zugegangen.

Moses war auf Veranlassung seines Freundes und früheren Lehrers Aron Gumperz nach Hamburg gekommen, wo dieser zeitweise im Gugenheimschen Hause lebte und um Triebche Götting, Fromets Feundin, warb. Gumperz wußte, daß auch Moses eine Frau suchte. Fromet schien ihm die Richtige, mit ihrem freundlich-zurückhaltenden Wesen, ihrem Interesse an Literatur und Philosophie; aber auch mit ihrer Herkunft aus jüdischem Patriziat und zugleich dem Mangel an Mitgift, der ihren Eltern in ihrer augenblicklich bedrängten Lage einen Bewerber wie Moses, gebildet und mit guten Kontakten, aber ebenfalls arm, angenehm machen mußte.

Moses sprach später in einem seiner Briefe an Fromet offen aus, daß er sie auch deshalb liebenswert finde, weil Gott sie nicht in ihrem früheren »brillanten« Vermögensstand gelassen habe.[14] Der nicht mehr brillante Vermögensstand hat in seinen Augen offenbar qualitative Vorteile: »Einer von Ihren würdigsten Vorzügen in meinen Augen ist, daß Sie in der Entfernung von der großen Welt, in der Entfernung von Bosheit, Tücke und Schmeicheley, von Pracht und Wohlleben, in der reinsten Unschuld erzogen worden sind.«[15]

Fromet hatte nicht nur ziemlich zurückgezogen gelebt, sondern war auch zurückhaltend, ja geradezu schüchtern. Auch Moses war es, und so wurde das erste Zusammentreffen durch beider Schüchternheit wohl eine recht quälende Angelegenheit. Fromet war nicht der Typ, die Initiative zu ergreifen. Moses charakteisierte sie als »jung« und »artig«, von angeborener »Sittsamkeit und Bescheidenheit« im Umgang mit anderen. Und er selbst wird von allen, die ihn je gesehen, gesprochen und erlebt haben, ebenfalls als bescheiden, aber gewinnend liebenswürdig beschrieben. Für Fromet kam hinzu, daß der in Aussicht genommene Bewerber in seinem Äußeren ja nun wirklich nicht attraktiv war. Dennoch – er nahm sie für sich ein.

Nach wochenlangem Aufenthalt, die Abreise stand unmittelbar bevor, faßte Moses den Mut, sich Fromet zu erklären. Ort dieser Erklärung war ein Gartenhäuschen. Im Rückblick schrieb er: »Ich kann Ihnen nit beschreiben, wie unruhig mein Herz damahls gewesen. Die Küsse selbst, die ich von Ihren Lippen gestohlen, waren mit einiger Bitterkeit vermischt, denn die nahe Trennung machte mich schwermütig und unfähig, ein reines Vergnügen zu genießen. Ich ärgerte mich über meine Dummheit, daß ich Sie ganzer vier Wochen habe lieben können, ohne mich Ihnen tête à tête zu unterhalten. Was für angenehme Stunden habe ich nit verscherzt! ganz ungebraucht verschwinden lassen.«[16]

Zwar erfolgte diese Verlobung mit Billigung der Stiefmutter, und sie war angebahnt worden durch einen Freund als Vermittler; insofern folgte sie der Tradition. Aber, und das war sehr ungewöhnlich, sie gründete von Anfang an in gegenseitiger Zuneigung, die während der nun folgenden vierzehnmonatigen Verlobungszeit wuchs. An den Freund Lessing schrieb Moses gar, er habe die »Thorheit« begangen, sich zu verlieben, er sei ein »verliebter Geck«.

Ungewöhnlich war auch, daß beide in einem Briefwechsel standen, der zwar von Vogel Gugenheim kontrolliert wurde, aber ein sehr persönliches Gespräch zwischen beiden bedeutete.[17] Sie schrieben einander auf Deutsch, nicht auf Deutschjüdisch. Dies sowie der Briefwechsel an sich ist ein deutliches Zeichen für ihren Emanzipationswillen.

Leider sind nur die Briefe von Moses erhalten; Fromets Briefe hat niemand der Aufbewahrung wert gefunden. Dennoch läßt sich der Stil ihres Gesprächs recht gut rekonstruieren.

Die Briefe strömen keineswegs über von Gefühlen, halten sich fern von jeder Überschwänglichkeit. Sie beschäftigen sich vielmehr mit alltäglichen Dingen wie Haubenmoden der Damen oder Einzelheiten der Hochzeitsvorbereitungen. Sie enthalten Auseinandersetzungen über die Hochzeitsgeschenke der Brautleute füreinander, ebenso Ankündigungen von Warenlieferungen an Vogel Gugenheim. Aber die Briefe waren von Moses gedacht als Möglichkeit, einander besser kennenzulernen: »Ich möchte mit Ihnen gern nit nur mein Glück und mein Leben, sondern auch meine Empfindungen teilen.«[18]

Das ist nun in der Tat ein neuer Ton: Ehe nicht als kühles Geschäft, sondern als Verbindung liebender Menschen.

Moses nannte Fromet eine Voraussetzung ihrer Verbindung: »Wenn Sie meine Gesinnungen billigen, liebste Fromet! so bin ich stolz darauf, denn auf die Über-Einstimmung unserer Gesinnungen beruht unser Glück, und unsere Zufriedenheit.«[19]

Fromet bemühte sich, diesen Vorstellungen zu entsprechen. Sie nahm Französischstunden (die Moses bezahlte) und fragte nach Lesevorschlägen. Sie schrieb ihm ihre Meinungen über die von ihm genannten Bücher, z.B. die »Héloïse« von Rousseau. Was ihn freute: »Ich sehe, daß Ihr Geschmack täglich solider wird, und daß Ihr Herz Tugend und Unschuld über alles setzt, und die wahre Andacht kennt.«[20]

Aber sie soll es auch nicht übertreiben mit dem Lesen: »Sie brauchen Ihrem Körper nit zu schaden, um Ihre Seele zu verbessern. Lernen Sie, was Ihnen gefällt, aber mit Gemächlichkeit, und um es kurz zu machen, ohne in den Sommer-Tagen jemahls bei Licht zu lesen.«[21]

Als er ihr seine bisher erschienenen Werke schickte, die sie mit dem gemeinsamen Bekannten Moses Wessely zusammen studieren sollte, erließ er genaue Regeln: »In meinen Schriften soll nicht eher gelesen werden, bis die Feyertage vorbey sind.«[22] Als er dann durch den gemeinsamen Bekannten Salman Emmerich hörte, wie fleißig sie die Bücher studierte, war er beunruhigt: »Dieses kann ich durchaus nit billigen. Was wollen Sie damit ausnehmen? Gelehrt werden? Dafür behüte Sie Gott! Eine mäßige Lectüre kleidet dem Frauenzimmer, aber keine Gelehrsamkeit.«[23]

Hier werden die Grenzen sichtbar. Ein neues Frauenbild? Sicherlich ein differenziertes. Aber mitnichten eines, das herkömmliches weibliches Rollenverhalten verwirft. Etwas Bildung soll schon sein, aber bitte in dem durch den

Mann gesteckten Rahmen! Und auch nicht übertreiben: »Ein Mädchen, das sich die Augen rot gelesen, verdient ausgelacht zu werden.«[24]

Grundsätzlich war der Platz der zukünftigen Frau Mendelssohn in der »Wirtschaft«, das hieß in der Führung des Familienhaushalts. Diese klare Zuweisung begann bereits mit der Erörterung über die Einrichtung des gemeinsamen Haushalts. Moses mietete das Haus Spandauer Straße 68, zentral mitten in Berlin gelegen.

Vor Mendelssohn hatten dort Ramler, Lessing und sein Vetter Mylius gewohnt, schließlich Nicolai. Beste aufklärerische Tradition, könnte man sagen.

Das Haus hatte aber nicht nur diese Tradition. Die Spandauer Straße gehörte zu den von JüdInnen bevorzugten Wohnstraßen seit der Neuansiedlung der JüdInnen unter dem Großen Kurfürsten. Zudem war sie eine der vornehmsten im damaligen Berlin.

Über die Einrichtung sollte Fromet entscheiden: »Doch das muß ich Ihnen im voraus sagen, ich bekümmere mich nur um das Allernothwendigste. Mit dem übrigen aber werde ich warten, bis ich Ihren Geschmack zu Rate ziehen kann.«[25]

Das klingt ja sehr rücksichtsvoll, ist aber nicht nur so zu verstehen. Denn: »Sie glauben wohl, meine Wirtschaft wird so ordentlich seyn, daß mir sogleich werden Menage [Haushalt] machen können. Nein mein Kind! Du wirst noch Deine Arbeit finden. Ich kann mich unmöglich um dergleichen Dinge bekümmern.«[26]

Fromets Geschmack und ihre Geschicklichkeit prägen also die Einrichtung des Hauses. Ein Besucher und Hausgast beschreibt es später als Haus, das erkennbar vornehmen Leuten gehöre; es habe »schöne Zimmer« und »geschmackvolles Ameublement«.[27]

Moses gab eine klare Aufgabenteilung vor, ganz im Sinne

der Zeit. Beide würden sie hart arbeiten müssen, um die zukünftige Familie durchzubringen, Moses im Kontor, Fromet in ihrer Wirtschaft. Philosophie und Literatur würden für beide immer »Hobby« bleiben. Aber es war ihr gemeinsames Interesse. Fromets Lesehunger hatte schon gezeigt, daß sie sich ebenso wie Moses an der geistigen Welt beteiligen wollte, die außerhalb der traditionellen jüdischen Gelehrsamkeit lag. Diese war für Frauen nicht erreichbar gewesen, war seit vielen Jahrhunderten ausschließlich den jüdischen Männern vorbehalten. An der Gemeinschaft der aufgeklärten Köpfe, an dem entstehenden deutschen Bildungsbürgertum konnten auch Frauen, jüdische wie christliche, teilhaben. So sah es jedenfalls aus. Zumindest waren die Chancen auf Teilhabe etwas größer als in der bisherigen Gesellschaft.

Vorher mußten aber noch zwei Voraussetzungen erfüllt sein: die Zustimmung Abraham Gugenheims zur Verlobung seiner Tochter und die Erlangung eines Niederlassungsrechts für Moses und Fromet in Berlin.

Beides machte Probleme.

Fromets Vater war zwar mit der Verlobung einverstanden, die ihn keine Mitgift kostete. Aber er bestand auf einem traditionellen Ehevertrag, der seiner Tochter die üblichen Brautgeschenke sowie eine Witwenversorgung sicherte. Darüber hinaus sollte Moses gar den Empfang einer fiktiven Mitgift von zweitausendfünfhundert Gulden in dem Vertrag bestätigen.

Moses war durchaus bereit, diese Bestätigung, die den wirtschaftlichen Ruf der Gugenheims, ihren »Kredit«, sicherte, zu leisten, obwohl er deswegen in eine höhere Steuereinschätzung geriet. Gegen die förmliche Absicherung einer Witwenversorgung aber empörte er sich ebenso wie gegen die Festlegung von Brautgeschenken. Er fand überhaupt einen Vertrag unwürdig: »Mein ganz Vermögen ist ja so gut ihr als mein, bin ich denn der Mann, der eine Person lieben, und mit ihr ein geteiltes Interesse haben kann. Ich selbst, und was ich vermag, und vermögen werde, bleibt ihr Eigentum.«[28]

Fromet geriet in Unruhe, als beide Männer sich so heftig und prinzipiell auseinandersetzten. Jeder wollte sein Gesicht wahren. Moses: »Er [Abraham] ist ein Mann der auf kowand [Ehre] hält, und wenn er seine Tochter für mich bestimmt, so mag er auch meinen kowand nit so sehr hinten zu sezen belieben.«[29]

Fromet stand zwischen den Parteien. Die Tradition verlangte kindlichen Gehorsam und Ehrfurcht vor dem Vater; was beides, in diesem Fall, die geplante Heirat zu Fall bringen konnte. Ihretwegen gab Moses schließlich nach. Er schrieb ihr, sie selbst solle sein Vorgehen bestimmen; er werde sich ihrem Urteil unterwerfen und »alles eingehen«, was Abraham verlange.

So geschah es denn auch. Moses erklärte sich mit einem Vertrag einverstanden und versicherte Fromet, er liebe sie nach wie vor und betrachte auch ihren Vater weiter mit Ehrfurcht. Er verspreche, sie künftig nicht mehr unruhig zu machen.

Am 16. Juni 1761 schickte er einen Ring an Fromet. Die Verlobung wurde nun offiziell bekanntgegeben, und auch Brautgeschenke kamen aus Berlin nach Hamburg. Kleider, Perlen, Medaillons, Hauben.

Fromet revanchierte sich mit traditionell festgelegten Geschenken. Sie nähte einen wollenen Gebetsmantel für ihren Bräutigam, mußte auf seinen Einspruch hin aber von der Anfertigung eines damastenen Gebetsmantels absehen. Moses meinte, er werde nach der Hochzeit weiterhin einen wollenen Gebetsmantel tragen, und in dem Bethaus, in das er gehe, sei ein damastener ganz ungewöhnlich:

»Das Geld wäre also unnüz ausgeben, und ich schwöhre Ihnen zu, daß ich keinen damasten Tallis [Gebetsmantel] annehme.«[30]

Moses machte schon an diesen »Kleinigkeiten« deutlich, daß er, zumindest soweit es Äußerlichkeiten betraf, mehr als ein Fragezeichen hinter die gedankenlose Befolgung der deutschjüdischen Bräuche setzte.

Das Niederlassungsrecht für die zukünftige Familie Mendelssohn war keine leichte Sache angesichts der rechtlichen Situation von JüdInnen in Preußens Hauptstadt, zumal Preußen gerade in einen Krieg verwickelt war, an dem sich halb Europa beteiligte und in dem es um seine staatliche Existenz ging. Da hatte die königliche Verwaltung andere Aufgaben als das Niederlassungsrecht für einen der ungeliebten Juden!

Moses gehörte seit seinem Eintritt in die Firma Bernhard als Angestellter zu der Klasse der Geduldeten, hätte Berlin aber sofort verlassen müssen, falls er diese Stellung verlor. Er durfte auch nicht heiraten und sich niederlassen, ohne in eine andere Klasse eingestuft zu werden. Dafür wiederum besaß er keine Voraussetzungen. Preußens König Friedrich II., judenfeindlich wie sein Vater, hatte 1750 verfügt: »Es sollen keine Juden Privilegien kriegen, es sei, dass sie neue Fabriquen anlegen, sonsten bleibet immer dieselbige Zahl Familien.«[31]

Moses kämpfte nun um eine Ausnahmegenehmigung, unterstützt von seinem Prinzipal Bernhard und den Bekannten und Mitgliedern der jüdischen Gemeinde. Die war inzwischen nicht mehr, wie noch in den vierziger Jahren, ein Hort engstirniger Rabbiner, die jede Berührung mit der geistigen Welt der Aufklärung fürchtete, sondern ein Sammelbecken für emanzipationswillige »moderne« Juden. Nach wie vor gab es Richtungs- und Machtkämpfe, aber alle Mitglieder hatten ein grundlegendes Interesse daran, daß ein geistig so hervorragendes Mitglied wie Moses in Berlin blieb.

Er war nicht reich und gehörte nicht zu den patrizischen Kreisen der jüdischen Oberschicht. Ja, er verachtete sie. An Fromet schrieb er: »Sie denken zu edel, als daß Sie sich von einem reichen Berliner einen richtigen Begriff sollte machen können.«[32]

Und als seine zukünftige Schwiegermutter ihn aufforderte, sich an den windigen Münzunternehmen zu beteiligen, die einigen jüdischen »Entrepreneuren« zu dieser Zeit ein Vermögen eintrugen, antwortete er sehr entschieden: »Soll ich von der Freundschaft der k'zinim [Reichen] Vorteil ziehen? Wer den Schritt tuhn will, muß kriechend seyn, und wenn ich das wäre, so wäre ich unwürdig.«[33]

Sein Ethos in Geschäften war sehr klar ausgeprägt und hatte auch Auswirkungen auf sein privates Leben: »Bei mir ist es eine ausgemachte Sache, unsere k'zinim sind zu keiner Freundschaft aufgelegt. Man muß auch auf keinem andern Fuß mit ihnen leben, als mit guten Bekannten, aber zur Freundschaft gehört ein Mittelstand.«[34]

Trotz dieser sehr entschiedenen Distanz setzten sich die k'zinim für Moses ein und verhalfen ihm durch ihre engen Beziehungen zur preußischen Ministerialbürokratie zu Wohnung und Ausnahmegenehmigung. Sie kämpften gerade in diesen Jahren in Preußen um ihre geistige, gesellschaftliche und politische Emanzipation, die allein ihnen die materiellen Erfolge und ihre dauerhafte Existenz sichern konnte. Moses war in der beneidenswerten Situation, aufgrund seiner intellektuellen Leistungen ein unverzichtbarer Mitstreiter in diesem Kampf zu sein. Seine Bildung, sein enormes Ansehen in der aufgeklärten Welt glichen den Mangel an Vermögen aus.

Er selbst fühlte seine Abhängigkeit dennoch schmerzlich: »Zum Exempel, Monsieur Bernhard läßt meine Eckstub ausmahlen, und will es mit der zweyten ebenso machen, ich aber lasse ihm seinen Willen, in Ansehung der Eckstub, mit der andern [der für Fromet] aber muß man warten.«[35]

Auch die Hochzeitsvorbereitungen liefen nicht ausschließlich nach den Wünschen der Verlobten. Hier hatte Rösele Bernhard, die Frau von Mendelssohns Prinzipal, ständig ihre Hände im Spiel. Während der Verlobungszeit gab sie immer wieder drängende Ratschläge, auch zu der Art und den Kosten der Geschenke für Fromet. Moses gab ihr widerwillig nach.

Als am 25. März 1762 endlich das Niederlassungsrecht erteilt worden war, drängte Moses auf einen baldigen Hochzeitstermin: »Mir soll alles angenehm seyn, was Sie in der Sache werden beschließen. Doch wenn es möglich ist, beschleunigen Sie den glücklichen Tag, der uns auf ewig verbinden soll. Ich fange ihn schon an mit Ungeduld zu erwarten.«[36]

Schließlich wurde als Datum ein Tag Mitte Juni 1762 festgelegt, als Ort Berlin. Moses erteilte den Schwiegereltern gute Ratschläge, wie sie ihre Reise gestalten könnten, wo sie übernachten und wie lange sie in Berlin bleiben sollten – Kosten und Unbequemlichkeiten mußten möglichst gering gehalten werden. Da griff wieder Rösele Bernhard ein, über seinen Kopf hinweg. Sie verschob einfach den Hochzeitstermin: »[. . .] welches mich nit wenig verdrießt. Sie hat den Eigensinn, daß sie durchaus eine ansehnliche chaßuno [Hochzeitsfeier] geben will, und dieses soll bei jeziger Jahres-Zeit nit angehen. Dergleichen Dinge hat sie mir schon seit vier Wochen täglich vorgeschwatzt, und ich habe nit schreiben wollen, endlich hat sie selbst geschrieben, oder schreiben lassen, ohne mir davon zu sagen. Ich weis nit, was Sie darauf beschließen werden, meine liebe Fromet! Indeßen ist es mir höchst unangenehm, meine Dessins so derangirt zu sehen, So geht es, wenn man von anderen Leuten dependiren muß.«[37]

Fromet entschied gegen Rösele Bernhard und deren Pläne, und so wurde die Hochzeit für den 22. Juni 1762 geplant.

Neben den Verhandlungen um den Ehevertrag und dem Kampf um das Niederlassungsrecht hatte es noch eine weitere Schwierigkeit gegeben, die inzwischen aber auch weitgehend ausgeräumt war.

Seit 1756 stand Preußen im Krieg, und der spielte sich nicht fern der preußischen Grenzen ab, sondern auch auf preußischem Territorium. Im Herbst 1761 war Fromet zutiefst beunruhigt über Gerüchte, die Russen könnten in Berlin einmarschieren. Diese Furcht war durchaus berechtigt, aber Moses beeilte sich, ihr zu versichern, daß man selbst in Berlin diese Befürchtung nicht hege.

Die Gefahr blieb aber bis zur Thronbesteigung des neuen russischen Zaren Peter immer gegenwärtig. Erst danach, im Januar 1762, schrieb Moses erleichtert: »Man verspricht sich kaan [hier] sehr viel Gutes von der Veränderung in Rußland.«[38]

Nachdem es bald darauf tatsächlich zu einem preußisch-russischen Separatfrieden gekommen war, gestand Moses: »Wer hätte dieses denken sollen? Menschlicher Weise zu urteilen, befürchtete ich die größten Unruhen von der Welt, und machte mir ein Gewissen draus, Sie aus Ihrem friedlichen Hamburg in eine von Feinden umgebene Stadt zu führen, aber nun mehr hat ha-Schem jißborach boruch hu [Gott, er sei gesegnet] mich auch von diesem Skrupel befreyt.«[39]

Aber die wirtschaftlichen Auswirkungen des Krieges würden den jungen Haushalt voll treffen. Moses bereitete Fromet offen darauf vor: »[...] die Teuerung nimmt täglich überhand, und der Mangel an Lebensmittel fängt sich bereits an zu zeigen.«[40] Auch die Geschäfte, die er für seinen Prinzipal Bernhard führte, litten erheblich unter den Kriegswirren. Und Moses wußte nur zu gut, wo die Gründe lagen: »Das machen die fatale leichte Gelder.«[41]

Friedrich II. hatte, wie Herrschende dies zu allen Zeiten getan haben und immer noch tun, seinen Krieg durch Inflation bezahlt, durch Münzverschlechterung. Diese wurde von jüdischen Münzentrepreneuren in Friedrichs Auftrag besorgt. So hatte schon Esther Liebmann ein Vermögen verdient, und nach ihr hatten dies andere getan. Sie machten die Juden verhaßt, denen man die Schuld an der Verschlechterung gab, und verstärkten wie eh und je die Vorurteile gegen die »raffgierigen« Juden.

Moses, der sich dem Anraten seiner Schwiegereltern widersetzt hatte, einer Einladung von jüdischen Kaufleuten in Berlin zu folgen und bei diesem Unternehmen mitzumachen, bezog klar Stellung: »Unser Trost aber, meine Liebe! ist, daß wir auf keinerley Weise dazu [zu dem aus der Inflation erwachsenden Elend] beygetragen, welchen Vorwurf sich viele zu machen haben.«[42]

Die Hochzeit von Fromet und Moses fand streng nach den Regeln der Gemeinde statt. Über seine Rolle dabei urteilte Moses recht ironisch in einem Brief an den Freund Nicolai: »Und nunmehr gute Nacht Litteratur! ich ziehe aus dem Reiche der schönen Wissenschaften auf eine Zeitlang ab, und muss einige Wochen mit einer ganz musenlosen Beschäftigung hinbringen. Erst eine Disputation[43] ausarbeiten, und sodann Hochzeit machen. Lachen Sie nun nicht über diese seltsame Einrichtung. Ich finde sie sehr weise. [. . .] Wäre es nicht besser, wenn niemand im ganzen Lande Hochzeit machen könnte, bevor er eine gelehrte Frage beantwortet?«[44]

Und zwei Wochen nach der Hochzeit schrieb Moses an

den Freund Abbt: »Seit einigen Wochen habe ich keinen Freund gesprochen, an keinen Freund geschrieben, nicht gedacht, nicht gelesen, nicht geschrieben, nur getändelt, geschmauset, heilige Gebräuche beobachtet, mich bald hier bald da zur Schau ausstellen lassen, und unter tausend andern vielbedeutenden Kleinigkeiten meine Zeit hinbringen müssen [. . .]. Ein blauäugiges Mädchen, das ich nunmehr meine Frau nenne, hat das eiskalte Herz Ihres Freundes in Empfindungen zerlassen [. . .].«[45]

Mit diesen sehr vagen Andeutungen über den Verlauf der Hochzeit muß man sich begnügen. Mehr ist nicht zu finden.

Über Fromets Gefühle anläßlich ihrer Heirat, über ihre Rolle dabei ist gar nichts bekannt.

Wie hat sie den Abschied von den Eltern erlebt, die Übersiedlung nach Berlin?

Ihre Ehe mit Moses Mendelssohn kann gewiß im landläufigen Sinn als glücklich, zumindest als zufriedenstellend bezeichnet werden. Sie wurde von ihrem Mann geliebt, wie er in mehreren Briefen an seine Freunde bezeugte.

Sie selbst hat nur wenig geschrieben, bezeichnet sich einmal in einem Brief an eine Freundin als »faule Schreiberin«. Immerhin sind einige wenige Briefe erhalten geblieben, die sie während ihrer Ehe an Moses geschrieben hat. Sie erlauben einen kleinen Einblick in ihre Gefühle.

So schrieb sie an ihn, der sich, ungefähr zehn Jahre nach der Eheschließung, zur Kur in Bad Pyrmont aufhielt: »[. . .] wie Du siehst fehlt es mir nit an Gesellschaft aber ich versicher Dir wann Du nit da bist, is mir das all's leer! Wenn es Dir nur die Hälfte so schwer ankommen möchte, von mir zu sein, als es mir is von Dir zu sein so werden mir gewiß keine Stunde in unseren Leben uns verlassen. Ich wünsche mir die Tage ordentlich wek, wann ich aufwache, wollte ich daß es Nacht wär, und wann es Nacht is wünsche ich mir den Tag wieder. Die Zeit die vergnügt verbracht habe währender Deine Abreise, war wann ich Brief von Dir hatte [. . .].«[46]

Selbst wenn man die herrschende Konvention bedenkt, die liebevolle Äußerungen gegenüber Familienmitgliedern erforderte, zumal zu einer Zeit, in der Briefe halböffentliche Texte waren, durchaus für Augen und Ohren des Familien-, Freundes- und Bekanntenkreises bestimmt, dann ist der Ton erstaunlich zärtlich. Auch sehr persönlich; drückt er doch mit all seinen sprachlichen Eigenheiten sehr genau die Stimmung der Schreiberin aus. Fromet schreibt kein glattes Deutsch, aber ihr Brief zeigt, daß die Familie im sprachlichen Umgang inzwischen Deutsch sprach und daß Deutschjüdisch nur noch als sprachliche Struktur durchscheint.

Einige Jahre später ein ähnlicher Ton: »Ja, lieber Mausche, nur Visite angenommen Visite gegeben, in der Komödie gewesen. Und bei allen dem lange Weile, die ich doch gar nit empfinde wenn Du bei mir bist, Du mags mir es glauben daß es die drei Tage die erste vergnügte Stunde is, die ich mich hier mit Dir unterhalte.«[47]

Unglücklich in dieser Ehe war sie offenbar nicht, auch nicht ergebene, unterwürfige Frau eines überlegenen Mannes.

Sie zeigte sich eifersüchtig, als ihr Mann mit zwei jüdischen Damen als Reisegesellschaft nach Pyrmont fuhr, und er neckte sie ein wenig damit, wenn er schrieb, er wundere sich gar nicht über ihre Eifersucht.

Äußeres Zeichen dieser Ehe sind in zwanzig Jahren zehn Kinder, von denen vier die Kleinkinderzeit nicht überlebten. Als Nathan, das letzte Kind, 1782 geboren wurde, war Fromet fünfundvierzig Jahre alt.

Keine Geburtenkontrolle offenbar.

Wie Fromet zu dem Kindersegen gestanden hat, sagt sie in den überlieferten Äußerungen nicht. Wie Moses Geburtenkontrolle beurteilte, sagte er dagegen sehr deutlich. Er sah in der Zeugung von Kindern die natürliche Folge von Liebeslust; es sei eine grobe Sünde, diesem Endzweck der Natur zuwiderzuhandeln. Aber er betont auch die Verpflichtung, zur »Glückseligkeit« des erzeugten Wesens so viel als möglich beizutragen, »[...] das heißt: für dessen Erhaltung, Erziehung und Fortkommen unter den Menschen zu sorgen.«[48]

Deutlich dann aber: »Ferner liegt dem Manne die natürliche Pflicht ob, die Frau in währender Schwangerschaft zu beschützen, ihr auch alle mögliche Versicherung zu geben, daß er die Sorge für die Pflege des Kindes mit ihr theilen wolle.«[49]

Klare Worte, eine deutliche Rollenzuteilung. Die Frau als Mutter, der Mann als Beschützer.

Fromet ist nicht, wie Glückel oder Esther, auch Geschäftsfrau oder sonstwie beruflich tätig. Auch hier unterscheidet sich die Entwicklung in der jüdischen Gemeinde nicht von der ihrer christlichen Umgebung. Zunehmend ziehen sich die Frauen, soweit das ökonomisch möglich ist, aus den außerhäuslichen Tätigkeiten zurück und überlassen den Männern das »Geldverdienen«. Ob das völlig freiwillig geschieht, sei dahingestellt. Im Falle Fromets ist es jedenfalls klar in der Abfolge der Generationen zu beobachten. Ihre Stiefmutter Vogel hatte noch aktiv Handel getrieben. In der Verlobungszeit schickte Moses immer wieder Warenlieferungen aus der Firma seines Prinzipals an seine zukünftige Schwiegermutter, und der Handel mit Spitzen und Pelzwerk nimmt im Briefwechsel mit Vogel einen gewichtigen Platz ein. Von Fromet ist dabei nie die Rede; sie wird niemals in diese Transaktionen verwickelt; erhält auch keinerlei Einblick in die Geschäfte der beiden. Die Geschäfte sind nicht Fromets Sache. Geschäftliche Partnerschaft, wie sie bei Glückel und Esther so großartig funktioniert hatte, wird in der Generation Fromets und Moses' gar nicht mehr in Erwägung gezogen.

Die unter dieser Prämisse begonnene Ehe findet zumindest Moses ganz großartig. Dem Freunde Henning schrieb er anläßlich dessen Verheiratung: »Am Ende ist diese doch die wahre Bestimmung des Menschen und die bewährte Glückseligkeit des Weisen.«[50] Des Weisen wohlgemerkt, nicht der Weisen!

Die Kinder. In zeitgemäßer Beschränkung sind sie und ihr »Fortkommen« Teil der Erfolgsbilanz des Ehepaares Mendelssohn.

Als erstes Kind wurde im Mai 1763 Sara geboren, benannt nach Moses' Mutter. Doch schon elf Monate später starb sie und hinterließ einen erschütterten Vater. In einem Brief an den Freund Abbt berichtete er von der Entwicklung seines Kindes: »Von einem Thierchen, das weint und schläft, ist sie der Keim eines vernünftigen Geschöpfs geworden. Wie die Spitzen des jungen Grases im Frühlinge durch den harten Erdboden dringen; so sahe man bey ihr die ersten Leidenschaften anbrechen. Sie zeigte Mitleiden, Haß, Liebe, Bewunderung, verstand die Sprache des redenden Menschen, und war bemühet ihre Gedanken anderen zu erkennen zu geben. Ist von allem diesem keine Spur mehr in der ganzen Natur anzutreffen?«[51]

Fromet war zu dieser Zeit schon mit ihrer zweiten Tochter schwanger, die am 24. Oktober 1764 geboren und Brendel genannt wurde. Sie nannte sich selbst später Dorothea, und als Dorothea Veit-Schlegel ging sie in die deutsche Kulturgeschichte ein.

Zu Fromet hatte Brendel zeitlebens ein sehr gespanntes Verhältnis. Jahrzehnte später noch erinnerte sie sich an Fromet als an eine »etwas heftige, etwas ungeduldige Mutter.«[52]

Heftig, ungeduldig, auch energisch – Fromet blieb gar nichts anderes übrig, wollte sie ihre vielen Pflichten erfüllen.

Schon bald, 1766, wurde das nächste Kind geboren, der Sohn Hayyim. Er starb schon sechs Wochen nach seiner Geburt, und auch Fromet erkrankte lebensgefährlich. Moses an Abbt: »Ich habe einen alten Vater, ich habe ein zartes Kind von einigen Monaten verloren; ich bin in Gefahr gewesen, meine Frau zu verlieren, die ich mehr liebe als Vater und Kind.«[53]

Geburt und Tod lagen nahe beieinander in diesen Jahren. Nicht nur Hayyim und der alte Mendel in Dessau starben. Wenige Monate später starb auch Abraham Gugenheim in Hamburg, schließlich im November Moses' Freund Abbt in Bückeburg.

Wie wurde Fromet mit diesen Todesfällen fertig? Wie so vieles ist auch das nicht überliefert.

Im veröffentlichten Briefwechsel Moses Mendelssohns ist von ihr nur sehr selten die Rede. Der Philosoph führte in seinem Briefwechsel mit den Freunden philosophische Gespräche: Privat-Familiäres gehörte da nicht hinein. Meinte er wohl.

1767 wurde das nächste Kind geboren, die Tochter Reikel (Rebekka), gefolgt 1769 von Mendel Abraham. Er wurde nach den beiden Großvätern benannt, starb aber schon 1775.

1770 wurde Fromet von Joseph entbunden, ihrem dritten Sohn, und dem ersten, der das Erwachsenenalter erreichte.

Zwischen Josephs Geburt und der Geburt des nächsten Kindes, Sorel (Henriette, auch Jente genannt), lagen fünf Jahre. Es scheint, als praktizierten Fromet und Moses nun doch Geburtenkontrolle.

Das war tatsächlich der Fall, wurde allerdings durch eine schwere Nervenerkrankung, an der Moses jahrelang litt, erzwungen. Sein Arzt verbot ihm jegliche Erregung geistiger und körperlicher Art.

1776 wurde Abraham geboren, der Vater der beiden Wunderkinder Fanny und Felix Mendelssohn, der gern von sich sagte, er sei der Sohn eines bedeutenden Vaters und der Vater eines bedeutenden Sohnes.

Die nächstgeborene Tochter, Sisa, starb noch im Jahr ihrer Geburt, 1778.

Als letztes Kind wurde schließlich Nathan geboren, 1782.

Heftig und ungeduldig hat Brendel ihre Mutter genannt. Sie hätte noch »streng« hinzufügen können. In guter jüdischer Tradition, aber sicher auch in Erinnerung an ihre eigenen Bildungsbemühungen war Fromet von Anfang an sehr auf die Bildung ihrer Kinder bedacht. Schlampigkeiten, beispielsweise beim Schreiben, ließ sie nicht zu.

An Moses in Pyrmont schreibt sie 1774: »Brendel und Reikel haben heute wieder ein Brief an Dir geschrieben. Aber sie haben nit gut geschrieben, zu Strafe schike ich ihm nit mit.«[54]

In der Bildungsfrage war sie mit ihrem Mann sehr einig. Auch Moses ermahnte die Kinder immer in seinen Briefen, fleißig zu sein und daran zu denken, welche Zeugnisse ihnen die Mutter und die Großmutter ausstellen würden, sobald er von seinen Reisen zurückkehrte.

Fleißig sein und lernen, Maß halten, vernünftig und diszipliniert den Tag einteilen – das sind Tugenden, die beide Eltern von Kindheit an geübt hatten, die sie ihren Kindern vermitteln wollten als eine Voraussetzung für den späteren Lebensweg.

In der Mendelssohn-Familie herrschte, wie die Briefe zeigen, ein liebevoller Grundton, der die Atmosphäre der Brautbriefe fortsetzte.

Moses versicherte Fromet: »Ich grüße meine vielgeliebte Kinder, Du kannst nit glauben wie mir wird, wenn ich an sie denke.«[55]

Und Fromet erzählte Moses: »Da steht unser Brendel leb und quält mich ich solle ihr auch lassen da-runter schreiben, sie will an ihr Papa [. . .] schreiben.«[56]

Und: »Deine lieben Kinder wünschen mit Sehnsucht Dich wiederzusehen [. . .].«[57]

Als Moses von seiner zweiten Pyrmonter Kur zurückkehrte, bat Fromet ihn, er solle ihr schreiben, wo und wann sie ihm mit ihrer Mutter und ihren Kindern entgegenkommen könne.

Der Familienvater wurde also sehnsüchtig erwartet und außerhalb des Hauses von der gesamten Familie abgeholt. Sicher keine Selbstverständlichkeit, sondern Zeichen eines liebevollen Familienlebens.

Mit dem Älterwerden der Kinder wurde die Frage ihrer Schulbildung dringend.

Daran konnte Fromet nur noch wenig direkten Anteil haben.

Sie selbst sprach, wie ihre Briefe zeigen, kein »reines« Deutsch; ihre Kenntnisse in anderen Fächern waren fragmentarisch.

Im Vergleich zu vielen anderen JüdInnen war sie zweifellos gebildet. Sie verfügte auch durchaus über Witz. Ihrem Mann schrieb sie einmal, als der sich über die Kürze ihrer Briefe beschwert hatte: »Du beklagst Dich über mein lakonisch Schreiben, wenn die Lacedaemonier so lakonisch gewesen wären, hätte der Krieg mit die Griechen noch keinen Ende.«[58]

Und eine Besucherin des Hauses berichtet: »Diesmal sahen wir auch Mendelssohns Frau, die mir sehr gut gefällt und ein Weib von vielem wissenschaftlichen Verstande zu sein scheint. Sie nimmt den innigsten Anteil an dem, was ihr Mann spricht.«[59]

Da hatte die Besucherin ziemlich genau Fromets Rolle im geistigen Gefüge des Mendelssohn-Haushalts umrissen: Sie hatte geistige Fähigkeiten, wohl auch Kenntnisse, und nahm Anteil. Mehr nicht.

Für die weitere Ausbildung und Schulung der Kinder sorgten Hauslehrer, aber auch der Vater selbst.

Morgens, vor seinen beruflichen Verpflichtungen, unterrichtete er einen kleinen Kreis von Kindern, zu denen neben Brendel, Reikel und Joseph auch noch Kinder von Freunden und Bekannten gehörten, in Religion und Philosophie. Später ließ er diese Lektionen unter dem Titel »Morgenstunden« auch als Buch erscheinen.

Selbst wenn sie gewollt hätte – Fromet hätte sich der Ausbildung der Kinder gar nicht so widmen können, wie es notwendig gewesen wäre.

Wie denn auch? Fromet war Hausfrau, und das war im Mendelssohn-Haushalt eine wahrhaft anstrengende Tätigkeit. Gar nicht zu schaffen von einer Frau allein.

Zwar gab es zwei DienstbotInnen. Auch die Töchter halfen mit (die Söhne natürlich nicht!), als sie älter wurden. Aber die Arbeitsbelastung blieb trotzdem groß.

Da war ja nicht nur die wachsende Kinderzahl.

Ständig hatte das Ehepaar Hausgäste, von Anfang an. Schon vor der Hochzeit, Fromet konnte sich ihren häuslichen Arbeitsplatz noch gar nicht vorstellen, fragte Moses seine Braut, ob sein Freund, der spätere Arzt Marcus Elieser Bloch, künftig am Essen bei ihnen teilnehmen könne.

Verwandte kamen immer wieder zu langen Aufenthalten.

Fromets Stiefmutter lebte spätestens seit den siebziger Jahren bei den Mendelssohns, möglicherweise als Hilfe für Fromet gedacht.

Auch die Schüler Mendelssohns gehörten teilweise zum Haushalt, so wie er einst zum Haushalt der Familie Bernhard, und unterrichteten ihrerseits die Mendelssohn-Kinder.

Sie alle mußten versorgt werden. Hinzu kamen Krankheiten innerhalb der Familie.

Im Juni 1773 erkrankten die Kinder an den Blattern, und zwar so schwer, daß der ebenfalls kranke Vater seine geplante Kur in Pyrmont verschieben mußte.

Er selbst brauchte seit seiner Erkrankung 1771 ständige Fürsorge und Pflege.

Den Sommer 1772, eine Badekur in Pyrmont konnte er sich aus finanziellen Gründen nicht leisten, verbrachte er im Landhaus eines Bekannten am Rande des Tiergartens. Damals noch sehr ländlich außerhalb der Stadt gelegen. Er ging tagsüber seiner Arbeit in der Stadt nach und kehrte abends in das Landhaus zurück, wo es auch einen Brunnen gab, dessen Wasser eine heilkräftige Wirkung zugeschrieben wurde. Fromet lebte bei ihm; den Haushalt in der Stadt hatte sie anderen überlassen, um ihren Mann versorgen zu können.

Sie war überaus besorgt um Moses, und das sicher nicht nur aus Liebe zu ihm.

Es klingt zynisch, beleuchtet aber Fromets Situation sehr klar: Von Moses' Arbeitsfähigkeit hing die finanzielle und rechtliche Situation der gesamten Familie ab.

Mendelssohn war inzwischen ein bekannter Philosoph, eine europäische Geistesgröße, dessen Bekanntschaft von allen GelehrtInnen und LiteratInnen gesucht wurde, die nach Berlin kamen.

Aber noch immer war er für den Staat, in dem er lebte, ein Jude, noch dazu ein nichtpreußischer, und sonst gar nichts.

Dank der Bemühungen des Marquis d'Argens, des – französischen – Direktors der Klasse für Literatur an der

Akademie in Berlin, hatte er 1763 den Status als Schutzjude erhalten, aber nur für seine Person. Seine Familie konnte im Falle seines Todes nach wie vor ausgewiesen werden.

Preußens aufgeklärtester Kopf, sein großer König Friedrich, hatte kein Gespür für wirkliche geistige Größe, soweit sie deutsch schrieb und dachte. So wie er Lessing nicht einschätzen konnte, so konnte er auch mit Mendelssohn nichts anfangen.

Fromets Befürchtungen bewahrheiteten sich nicht; äußerste Schonung und zwei Kuren in Pyrmont zeigten schließlich Erfolge. Moses gewann bis Mitte der siebziger Jahre seine Gesundheit soweit zurück, daß er seinem Beruf und seinen Studien wieder nachgehen konnte.

Über Fromets eigene Gesundheit erfährt man nur wenig aus den Quellen.

Moses berichtet einmal von einer lebensgefährlichen Erkrankung, 1766. Worin sie bestand, sagt er nicht.

Fromet selbst macht gelegentlich Bemerkungen über schlechtes Wetter, das sie nicht aushalten könne. Auch hier fehlen aber genauere Angaben.

Gemeinsam mit Moses trank sie während ihres Aufenthaltes im Landhaus im Tiergarten aus dem Brunnen dort. Ob aus gesundheitlichen oder gesellschaftlichen Gründen, ist nicht festzustellen.

Als Moses ihr von seiner Kur in Pyrmont aber das dortige Wasser schickte, schrieb sie zurück: »Den Pyrmonter Brunnen habe ich noch nit an-gefangen zu brauchen, ich befinde mich [. . .] gut, und habe wenig Zeit [. . .].«[60]

Daß sie die vielen Geburten durchstand, spricht eher für eine robuste Gesundheit. Dabei forderten nicht nur Kinder»segen«, großer Haushalt und Krankheiten ihre Kraft. Fromet leistete darüber hinaus noch mehr.

Sie hielt ihrem Mann den Rücken frei für seine schriftstellerischen Tätigkeiten. Schließlich war er seit der Veröffentlichung des »Phaidon« 1767 so berühmt, daß sein Briefwechsel mit der gelehrten Welt viel Zeit und Kraft kostete.

Seine Frau zeigte allerdings nicht sehr viel Respekt vor den Äußerlichkeiten der Schriftstellertätigkeit. Als Moses in den Jahren seiner Krankheit sein Studierzimmer nicht nutzen konnte, es nicht einmal betreten durfte, um sich nicht aufzuregen, stellte Fromet in den Regalen dort Konfitürengläser ab. Ganz pragmatisch.

Waren die Mendelssohns glücklich oder auch nur zufrieden mit ihrem Leben in Berlin?

Moses sicher nicht. In einem Brief klagte er 1766: »Ich habe wenig Bekanntschaften, und lebe in dem großen und volkreichen Berlin so einsam und außer aller Gesellschaft, als wenn ich auf dem Lande wohnte.«[61]

In diesem Jahr entwickelte er darum den Plan einer radikalen Veränderung all seiner Lebensumstände.

Seinem Freund Abbt teilte er mit: »Ich kann mir etwa auf 3 oder vierthalb hundert Thaler von meinem Vermögen Rechnung machen.«[62] Von diesem Geld, Zinsen also, konnte er in Berlin mit seiner Familie nicht leben, wohl aber in einer kleineren Stadt. Doch da gab es einige Bedingungen, die ein solcher Ort erfüllen müßte: »1) Es müßten bereits einige, aber nicht viele jüdische Familien allda wohnen. 2) Ich müßte mit wenig Unkosten herschaftlichen Schutz [Niederlassungsprivileg und Geleitbrief] bekommen können. 3) Der Ort müßte nicht ganz leer von Litteratur seyn, wenigstens die Bequemlichkeit haben, dass man von den Neuigkeiten in der gelehrten Welt Nachricht bekommen könte.«[63]

Offensichtlich hoffte Mendelssohn, daß sein Freund, der als Professor in Rinteln, später als Konsistorialrat in Bückeburg in engen Beziehungen zum schaumburg-lippischen

Hof stand, ihm durch seinen Einfluß genau diese Möglichkeit eröffnen könnte.

Abbt versuchte dies, und mit Erfolg. Doch nur wenige Wochen später starb er, und sein Landesherr, Graf Wilhelm von Schaumburg-Lippe, der gern bereit gewesen war, Mendelssohn und seine Familie als SchutzjüdInnen in seinem Land aufzunehmen, erfuhr von Moses: »Im vorigen Jahre war ich der Hoffnung sehr nahe, in kurzem unter Ew. Durchlaucht gnädigem Schutz, neben meinem Freunde, Dero R.R. Abbt, in otio litterario leben zu können. Allein seit der Zeit haben sich meine besonderen Umstände dermaßen geändert, daß ich mich aufs Neue mit dem Kaufmanne, dessen Geschäfte ich versehe, habe verbinden müssen [. . .].«[64]

Es ist nicht zu ermitteln, worin die geänderten Umstände bestanden. Vielleicht ist der Brief auch lediglich ein Akt der Höflichkeit; Mendelssohn hatte möglicherweise nach dem Tode Abbts kein Interesse mehr an einem Umzug in eine ihm völlig fremde Umgebung.

Wieweit Fromet an diesen Planungen beteiligt war, läßt sich ebenfalls nicht ermitteln.

Einen so einschneidenden Plan haben aber sicher beide Ehepartner getragen. Man muß nur berücksichtigen, wie sehr jede Kleinigkeit des Haushalts in der Verlobungszeit von beiden erörtert worden war, wie selbstverständlich Moses etwa in der Frage des Ehevertrags oder des Hochzeitstermins Fromets Entscheidungen akzeptiert hatte.

Nach dem Scheitern des Umzugsplans ist dann nie mehr die Rede von einem Wohnortwechsel. Die Mendelssohns blieben in Berlin.

Wenn schon kein Wohnortwechsel, dann aber vielleicht der Versuch, das eigene soziale Umfeld zu verändern? Jedenfalls ist es sicher kein Zufall, daß Moses nun einen Gedanken weiterentwickelte, den er ein Jahr früher in einem Brief an einen anderen Freund geäußert hatte: »[...] man müßte auch Privat-Gesellschaften, Zusammenkünfte und Conferenzen haben, in welchen mehr Vertraulichkeit und bürgerliche Freundschaft herrschen könnte. Unser größter Mangel ist vielleicht der Mangel an Geselligkeit.«[65]

Diese Aussage entsprang nicht nur einer augenblicklichen Verstimmung. Eine Freundin des Hauses, die später so berühmte Salondame Henriette Herz, bestätigt sie, wenn sie in ihren Erinnerungen schreibt, in Berlin habe es so gar keine Geselligkeit gegeben.[66]

Männer mit wissenschaftlichen Interessen trafen sich zwar gelegentlich in Kaffeehäusern, um über gelehrte Gegenstände zu reden. Manche waren auch Mitglieder in allerlei aufklärerischen »Gesellschaften« oder Leseclubs. Aber das alles war doch selten, und Frauen waren ohnehin nicht zugelassen.

Friedrich Nicolai lud gelegentlich, aber nicht regelmäßig wissenschaftlich Interessierte zu sich ein.

Im ganzen aufgeklärten Berlin gab es kein christliches Haus, das geistige Geselligkeit bot. »Geistige Beschränktheit und Unbildung« (Henriette Herz) charakterisierten die Mittel- und Oberschicht.

Die hohen Zivil- und Militärbeamten waren am königlichen Hofe orientiert, der zwar Hoffeste feierte, aber dabei und auch sonst tödliche Langeweile produzierte. Friedrich II. machte sich nichts aus Frauen und lud lieber einen Kreis von wenigen Vertrauten ein, statt auf Hoffesten glanzvoll zu repräsentieren.

Die Junkerfamilien um Berlin herum waren in der Regel viel zu ungebildet (und oft auch zu arm), um ihre Schlösser und Herrenhäuser zu Zentren geistiger Geselligkeit zu gestalten.

Soweit Adelige gebildet waren, hatten sie ein Universitätsstudium und danach eine höhere Beamtenlaufbahn im Sinn, die sie wiederum auf den königlichen Hof blicken ließ.

Die beiden Brüder von Humboldt, Wilhelm und Alexander, sind dafür ein schönes Beispiel. Ihre Mutter verkaufte Ländereien, um ihnen ein Jurastudium zu finanzieren, Voraussetzung für eine erfolgreiche Beamtenlaufbahn. Aber in ihrem Haus fehlte die anregende Atmosphäre, gab es keine Bildung um ihrer selbst willen, als Bestandteil der Persönlichkeit. So haben beide Söhne den Familiensitz Tegel sehr öde gefunden. Wilhelm bezeichnet das Schloß in einem Briefkopf einmal als »Schloß Langeweile«.

Für die Frauen, die ja in der Regel ihren hausfraulichen Pflichten innerhalb des Hauses nachgingen, galten die Begrenzungen noch stärker. Sie hatten überhaupt keine Möglichkeit, an der geistigen Entwicklung teilzunehmen.

Als Kinder waren sie ausgeschlossen von öffentlichen Schulen, wo »man« außerhalb des Familienkreises etwa Bekanntschaften machen und Freundschaften schließen konnte. Auch sonst gab es keine öffentlichen Orte, die sie besuchen konnten, ohne in den Geruch der Leichtfertigkeit zu geraten.

Zu der Zeit, als Moses seine Idee von Geselligkeit entwikkelte, gab es also auch außerhalb seines Kreises das Bedürfnis danach.

Bücher und Artikel schreiben, Zeitschriften herausgeben – das alles konnte Moses Mendelssohn als einzelner. Was er dagegen nun vorhatte, konnte er nicht allein leisten. Dazu brauchte er die aktive Unterstützung und Mitarbeit seiner Frau: Die Mendelssohns »machten ein Haus«.

Ein Haus machen hieß, daß Freunde und Bekannte abends ohne Einladung kommen und auf Empfang rechnen konnten. Selbstverständlich konnten sie ihrerseits Freunde mitbringen.

Zusammenkünfte ohne vorrangiges soziales Interesse waren das. Da wurden weder Geschäfte angebahnt noch Beziehungen geknüpft, die dem beruflichen oder sozialen Aufstieg dienten. Zumindest war das nicht das Ziel der Teilnehmer, wenngleich sich die eine oder andere nützliche Verbindung ergeben haben mochte. Da wurde auch nicht getanzt oder gespielt, gewettet oder gelärmt.

Gemeinsames Interesse war vielmehr der Diskurs über alle möglichen Fragen des gelehrten und literarischen Lebens. Immer stand im Mittelpunkt der Gespräche ein intellektuelles Problem, ein neues Buch, eine interessante Theateraufführung. Philosophische oder wissenschaftliche Briefe, Artikel und Bücher wurden hier angeregt, konzipiert und beeinflußt. Kurz: das geistige und gelehrte Berlin erhielt einen Treffpunkt, einen Ort des intellektuellen Gedankenaustauschs.

Moses und Fromet unternahmen aus eigener Kraft und auf eigene Kosten, was in dem »großen und volkreichen Berlin« bislang niemand unternommen hatte: Sie etablierten eine bürgerliche Öffentlichkeit.

Charakteristisch war von allem Anfang an die Vermischung der Stände und Berufe: »Selten berührte ein fremder Gelehrter Berlin, ohne sich bei ihm [Mendelssohn] einführen zu lassen. Seine und der Seinigen Freunde kamen uneingeladen, daher auch die geistreichen Freundinnen der Töchter des Hauses. Fehlten alte orthodoxe Juden ebenfalls nicht, gegen welche Mendelssohn sich stets als ein freundlich gesinnter Glaubensgenosse erwies, so waren es doch die intelligentesten der Stadt.« (Henriette Herz)

Allen gemeinsam war ihre »Aufgeklärtheit«, ihr Interesse an Philosophie, Literatur und Wissenschaft. Hier leuchtet auf, ansatzweise und modellhaft, was Aufklärung als ihr eigentliches Ziel ansah: die Republik des Geistes, in der alle gleich waren.

Paradoxerweise konnte sie wohl nur entstehen in einer Gesellschaft, in der das geltende Recht alle Berufe, Stände und Konfessionen noch so scharf trennte, daß im Alltagsleben von Vermischung oder Gleichheit kaum eine Spur zu finden war. Ja, das gerade in der Entstehung begriffene »Allgemeine Preußische Landrecht«, das nach jahrzehntelangen Vorarbeiten in den neunziger Jahren in Kraft trat, schrieb die Abgrenzung der Stände voneinander noch einmal ausdrücklich fest.

In der abendlichen Geselligkeit des Mendelssohn-Hauses konnten die so scharf Getrennten nur deswegen auf gleichem Fuß miteinander verkehren, weil niemand auch nur auf die Idee kam, der geistigen Gemeinschaft könne eine soziale und politische folgen.

Das galt natürlich auch für die »bürgerliche Verbesserung der Juden«, ein Thema, das nun gelegentlich aufkam. Bei Mendelssohn verkehrten JüdInnen und ChristInnen. Da lag der Gedanke an die Gleichstellung der JüdInnen mit den ChristInnen doch nahe. Und in der Tat ist die Schrift des Aufklärers Christian Wilhelm Dohm »Über die Verbesserung des Lebens der Juden« auf Veranlassung Mendelssohns entstanden. (Sie wurde übrigens vom Grafen Mirabeau ins Französische übersetzt und bildete eine der Grundlagen der französischen Judenemanzipation nach der Französischen Revolution.)

Aber der Schwerpunkt der Gespräche an den geselligen Abenden lag nicht so sehr auf politisch-gesellschaftlichen Themen. Moses selbst war an historischen und politischen Themen nicht interessiert. Er meinte zu Anfang seines literarischen Lebens gar, als Jude könne er kein Interesse an Geschichte haben, da er kein Vaterland habe. Am Ende seines Lebens interessierte er sich dann zwar auch für die Geschichte der bürgerlichen Gesellschaft, aber er sah, daß die Zeit für die Emanzipation der JüdInnen als gleichberechtigten UntertanInnen noch nicht reif war; schon gar nicht für die Entwicklung aller UntertanInnen zu BürgerInnen, wie sie dann mit der Revolution in Frankreich in Gang kam.

So weit dachte man in Preußen nicht, da blieb man bescheiden bei abendlichen Gesprächen über unverfänglichere Themen.

Die Interessen des Gastgebers bestimmten, wenn auch nicht immer sichtbar, die Themenliste. Er selbst war stets der Mittelpunkt des Abends. Je nach der Zusammensetzung der Gesprächsrunde fand er die Gesprächsgegenstände, brachte den Gedankengang weiter und formulierte die Ergebnisse. Er dominierte, ohne erdrückend zu wirken.

Aber auch Fromet gewann an diesen Abenden Konturen. Keineswegs war sie nur stumme Gastgeberin, beschränkt etwa auf das Herumreichen von Erfrischungen. Vielmehr hatte sie ihren festen Platz im Geflecht der Beziehungen um das Mendelssohn-Haus herum. Sie konnte keine philosophischen Gespräche initiieren oder vorwärtstreiben, aber sie war durchaus ein gesellschaftlicher Mittelpunkt. Der auch wirkte, wenn Moses gar nicht in Berlin war.

Auch in seiner Abwesenheit erhielt und empfing sie Besuche, machte selbst »Visite«. An ihren auf Geschäftsreise befindlichen Mann schrieb sie: »Den Abend, wie Du uns verlassen hast, da war mir nun all's nit recht, ich zankte mit ein jeden, in Haus rum, bis endlich Mayer Warburg [Mendelssohns Jugendfreund] zu laufen kam, und Abschied von Dir nehmen wollte, wie ich ihm sagte, daß Du schon fort bist, da hätst Du die Miene von dicken Mayer sehn sollen. Er stand wie eine Säule vor mir, und tat so ängstlich, daß ich darüber lachen muste. Endlich durch vieles Bitten, daß er sich doch finden sollte, bat ich ihn bei mir zu Tische. Nach dem endlich daß er ein par Stücke Fisch und etwas Lachs zu sich genommen hat, ließ das Er-Staunen nach, und er wünscht Dir, wie alle andre Menschen, eine glückliche Reise. Nach Tisch spielt uns Brendel noch eine Stunde auf den Klavier was vor, auch [...] R. Selig kam auch den Abend noch [...].«[67]

Daß eine jüdische Frau in Abwesenheit ihres Mannes Besuch empfing und unterhielt, männlichen Besuch, war noch nicht selbstverständlich und entspricht auch keineswegs dem Bild, das bisher in der Mendelssohn-Literatur von Fromet gezeichnet wird.

Wie selbstbewußt Fromet ihre gesellschaftliche Rolle wahrnahm, zeigt der zweite Teil dieses Briefs: »Donnerstag beim Aufstehen, waren schon viele gute Freunde bei mir die sich erkundigt haben, wie ich die Nacht geschlafen habe. Nach Mittag kam Herr Lessing [Karl Gotthelf Lessing, der Bruder des Dichters] und holte mich, mit Brendel und Reikel, zum Café bei seiner Frau ab, Professor Engel [Freund Mendelssohns] war auch da. Wir tranken also da Café, und rudelten dabei auf die deutsche und französische Truppe. Ein jeder behauptete, daß es ihm recht wäre von solche elende Aktörs sich amusieren zu lassen. Was meinst Du wol, lieber Mausche, was wir nach dem Café taten? Wir Frauen-Zimmer gingen nach die französische Komödie die Manns-Leute nach der deutsche. Und das schönste is wir amusieren uns beider Seiten. Ich werde mir sogar Mühe geben öfter mit die Kinder hin zu gehn [...].«[68]

Nicht nur am Theater hatte Fromet Interesse. Wie in ihrer Verlobungszeit informierte sie sich weiterhin über Neuerscheinungen auf dem Buchmarkt. Moses bedankt sich einmal bei einem Freund für eine Buchzusendung: »Allein es [das Buch] verlies kaum die Hände des Buchbinders; so bemächtigten sich desselben meine Frau, mein Schwiegersohn, meine Tochter, mein Sohn, die alle zwar gute, aufklärungswürdige Menschen sind, an deren Vergnügen ich auch herzlichen Antheil nehme. Indessen gehet das Werk noch immer in meinem Hause von Hand zu Hand, und ich habe bisher nur einzelne Blicke hinein werfen können.«[69]

Nein, ganz ohne Geist und Witz ist Fromet gewiß nicht gewesen. Aber sie war als Gastgeberin nicht nur intellektuell gefordert. Als Hausfrau mußte sie außerdem für die Beköstigung ihrer Gäste sorgen.

Das bedeutete nicht nur Mehrarbeit, sondern auch Mehrkosten. Henriette Herz, die den Haushalt Fromets sehr gut kannte, betont, daß Mendelssohns Einkünfte »als Disponent in einer Seidenwarenhandlung im Verein mit dem Ertrage seiner schriftstellerischen Arbeit immer noch wenig bedeutend waren.«[70]

In den siebziger Jahren verschlangen die Arztkosten mehr, als Moses verdiente. Er konnte sie nicht zahlen und drängte seinen Freund und Verleger Nicolai in einem längeren Briefwechsel, die ausstehenden Honorare zu zahlen. Schließlich mußte er sogar um ein kleines Darlehen bitten.

Nicht immer war die Lage so kritisch, aber Fromet mußte streng wirtschaften, um durchzukommen.

Die Gastlichkeit des Hauses sollte nicht leiden. Wieder Henriette Herz: »Und Mendelssohn [!] übte diese ausgedehnte Gastfreundschaft, ungeachtet die Familie sich ihrethalben große Beschränkungen auferlegen mußte, wobei dennoch die materiellen Genüsse, welche sein Haus den Gästen bot, die Grenzen strengster Mäßigkeit nicht überschreiten durften. Ich wußte, als genaue Freundin der Töchter, daß die würdige Hausfrau die Rosinen und Mandeln, damals ein Naschwerk de rigueur, in einem bestimmten Verhältnis je nach der Zahl der Gäste in die Präsentierteller hineinzählte, bevor sie in das Gesellschaftszimmer gebracht wurden.«[71]

Die deutsche Kultur des bürgerlichen Zeitalters ist nicht in Opulenz entstanden, sondern in Bescheidenheit und »strengster Mäßigkeit«!

Doch diese Atmosphäre war anziehend. Zum Mendelssohn-Kreis gehörten auch einige Adelssprößlinge, die der geistigen Öde der spätfriderizianischen Zeit auf ihren Familiengütern gern entflohen und für kurze Zeit in der ihnen zunächst fremden Welt der aufgeklärten Geselligkeit auftauchten.

Gelegentlich ist vermutet worden, daß Wilhelm und Alexander von Humboldt schon am Unterricht teilgenommen hätten, den Moses in den Morgenstunden seinen Kindern und einigen Interessierten gab. Dafür gibt es keinen Beleg; eine Verbindung der Humboldts ist erst später mit dem Salon der Henriette Herz nachzuweisen. Aber zumindest Alexander von Humboldt verband eine lebenslange Freundschaft mit der Mendelssohn-Familie, besonders mit dem ältesten Sohn Joseph. Er setzte sich noch Jahrzehnte nach dem Tod des »Dynastiegründers« für die Belange von dessen Nachkommen in der preußischen Bürokratie ein. So ist zu vermuten, daß er schon recht früh mit dem Mendelssohn-Kreis in Kontakt kam.

Gemeinsam mit ihrem Mann empfing Fromet als Gastgeberin die aufgeklärte Welt. Gemeinsam mit ihm blieb sie aber auch fest im Judentum verankert.

Sie hielt sich streng an die Vorschrift, derzufolge Jüdinnen ihr Haar vollständig unter einer Kopfbedeckung zu verbergen hatten; eine Haube in der Regel oder eine Kopfbinde.

Ebenso sorgfältig beachtete sie die Ritualgesetze. Selbstverständlich wurde der Sabbat geheiligt, auch wenn nichtjüdische Gäste anwesend waren. Ein Besucher erzählt, daß bei einer solchen Gelegenheit, während einer abendlichen Geselligkeit, Moses und Fromet plötzlich vermißt wurden. Schließlich habe man sie gesehen: Sie standen im Nebenzimmer vor den Sabbatkerzen, über die Fromet den Segen sprach, Moses neben ihr.[72]

Moses, der zu Anfang seines Berliner Aufenthalts bewußt die Philosophie der Aufklärung studiert und in seinen Veröffentlichungen selbst weiterentwickelt hatte, wandte sich in späteren Jahren wieder verstärkt dem geistigen Erbe des Judentums zu und versuchte, durch Übersetzungen der jüdischen Texte ins Deutsche eine Verbindung zwischen den beiden Kulturen herzustellen, einen fruchtbaren Dialog. Dabei zog er sich durchaus nicht nur Bewunderer zu, sondern auch die erbitterte Gegnerschaft der Orthodoxen. Er setzte sich allerdings auch den Bekehrungsversuchen einiger eifriger Christen aus.

Beides versetzte ihn in Aufregung und Unruhe, konnte aber seine Haltung nicht erschüttern: Wie Lessings Nathan, für den er Modell stand, blieb er standhaft beim Glauben seiner Väter, dem »Gesetz«, wie er sagte. Öffnung zur nichtjüdischen Welt hieß für die Mendelssohn-Familie nicht Aufgabe ihrer jüdischen Identität. Im vollen Bewußtsein der Unterschiede das Gemeinsame aufspüren, vertiefen und entwickeln – so könnte unausgesprochen das Programm lauten, das das Leben im Hause Fromets und Moses' bestimmte.

Traditionell jüdisch war auch das Verhalten der beiden, als es um die Zukunft der Kinder ging.

Im Falle der Söhne beklagte Moses bitter, die geltenden Gesetze zwängen jüdische Männer, entweder Ärzte oder Kaufleute zu werden. Joseph, der älteste Sohn, liebte die Naturwissenschaften, konnte dieser Neigung aber nicht nachgehen, weil Universitäten, mit Ausnahme des Medizinstudiums, jüdischen Männern immer noch verschlossen waren. Joseph wurde also, wie sein Vater und viele andere Männer der jüdischen Gemeinde, Kaufmann. Übrigens ein sehr erfolgreicher.

Über die Zukunft der Töchter führte Moses keine Klage.

Er dachte wahrscheinlich über Alternativen gar nicht nach. Wozu auch? Es gab keine!

Zwar hatten die Töchter der Mendelssohn-Familie eine bessere Bildung genossen als jüdische oder christliche Mädchen der Mittel- und Oberschicht damals. Ob sie immer so regelmäßig an den Privatstunden teilgenommen hatten, die Moses und diverse Hauslehrer im Mendelssohn-Haus gegeben hatten, ist nicht nachzuweisen. Einer dieser Privatlehrer, Herz Homberg, blieb auch nach seinem Weggang aus Berlin mit Moses in Briefkontakt. Ihm teilte der Vater gelegentlich die Lernfortschritte seines ehemaligen Schülers Joseph mit. Von den Töchtern ist interessanterweise nur im Zusammenhang mit Heiraten die Rede, niemals mit Lernen.

Das Talmudstudium, das so zentral für jüdische Jungen war und die Grundlage für jede weitere Ausbildung legte, wurde Mädchen nicht zuteil. Damit wurde aber auch die Bindung an die Inhalte ihrer Religion völlig vernachlässigt. Henriette Herz: »[. . .] die Mädgen wurden gar nicht eigentlich im Glauben ihrer Eltern unterrichtet, wurden aber angehalten die Formen desselben zu beobachten, d. h. sie mussten alle die unzähligen Gebräuche beobachten welche er, oder vielmehr die Rabienen vorschrieben. Das Mädgen musste in hebräischer Sprache beten ohne dass es verstand was es betete [. . .].«[73]

Henriette Herz spricht hier von Mädchen allgemein, doch ein wenig trifft ihre Darstellung sicher auch auf die Mendelssohn-Töchter zu.

Mit einer guten Ausbildung den Lebensunterhalt bestreiten – ein solcher Gedanke lag Moses und Fromet, was ihre Töchter anging, sicher ganz fern. Die Mädchen wurden möglichst früh verheiratet, einzige Möglichkeit, ihren weiteren Lebensweg sozial abzusichern. Daß Brendel später dank ihrer literarischen Bildung fähig sein sollte, zeitweise das Lebensnotwendige für sich und ihren Mann zu verdienen, konnten die Eltern nicht voraussehen. Es wäre wohl auch über ihre Phantasie hinausgegangen.

Moses sorgte traditionell vor. Schon 1776, Brendel war gerade zwölf Jahre alt, gründete er mit einigen anderen jüdischen Familienvätern eine »Heiratsgesellschaft« mit dem Ziel, »sich einander die Last und schweren Ausgaben bei der Ausstattung und Verheiratung ihrer Töchter zu erleichtern [. . .].«[74] Es handelte sich um eine Art Spar- und Kreditverein auf Gegenseitigkeit.

Brendel wurde, als sie achtzehn war, mit Simon Veit verheiratet, einem Berliner Kaufmann und Bankier, zehn Jahre älter als sie selbst. Simon hatte schon an den »Morgenstunden« teilgenommen, gehörte also zum Freundeskreis des Hauses.

Moses hielt die Ehe für einen Erfolg: »Sie lebt mit ihrem unvergleichlichen Veit in einer glücklichen Ehe, glücklicher als wenn der Sohn des reichsten Mannes sich großmüthig entschlossen, sich zu ihr herabzulassen.«[75]

Brendel dagegen bezeichnete ihre Ehe später als »Sklaverey«. Ihren Vater ließ sie das freilich nicht merken. Sie versuchte, nach dem Muster des Elternhauses, gesellige Abende zu veranstalten, auf denen der Vater ebenso der Mittelpunkt war wie in seinem eigenen Haus.

Über Fromets Verhältnis zu ihrer ältesten Tochter gibt es, wie schon gesagt, keine Aussagen. Hat sie die Unzufriedenheit ihrer Tochter nicht bemerkt? Sah sie nicht, daß Brendel, intelligent, gebildet, in gelehrten Kreisen aufgewachsen, mehr wollte als eine Zukunft im häuslichen Kreis, in der sie bestenfalls Gastgeberin für Intellektuelle war?

Brendel war, wie ihre Freundin Henriette, nicht mehr fest im jüdischen Milieu verankert. Bezeichnenderweise nannte sie sich bald Dorothea. Keine gefühlsmäßigen Bindungen hielten sie mehr in einer Gemeinde, die das Hineinwachsen der jungen Generation in die entstehende bildungsbürgerliche Gesellschaft durch Festhalten an strengen Gesetzen, wie dem Verbot von häuslichen Theaterspielen, verhindern wollte.

Brendel wird letztlich die Ungleichzeitigkeit ihrer Existenz zwischen traditionellem jüdischen Leben und aufgeklärtem Freundeskreis nicht mehr aushalten. 1799 ließ sie sich scheiden.

Die Eltern verheirateten auch Reikel, die zweite Tochter, in traditioneller Weise. Ihr Ehemann wurde Mendel Meyer aus Strelitz, der Sohn von Moses' Geschäftspartner und Freund Nathan Meyer. Wie bei Brendel war der Vater überzeugt, daß auch in dieser Ehe Neigung, wenn nicht sogar Liebe eine Rolle spielten. Auch hier irrte er, auch diese Ehe wurde geschieden.

Die jüngste Tochter, Jente, heiratete gar nicht, sondern machte sich als Erzieherin, später als Lehrerin in Wien und Paris selbständig.

Fromets eigene glückliche Ehe, ihr Leben zwischen den unterschiedlichen Polen einer traditionell jüdischen Frau und einer aufgeklärten Berliner Gastgeberin, war schon für ihre Töchter kein nachlebbares Vorbild mehr.

Alle Töchter erwähnen ihre Mutter in ihren Briefen nur höchst selten. Alle drei scheinen ein Non-Verhältnis zu ihr gehabt zu haben. Sie respektierten sie, hielten sich aber möglichst fern von ihr.

In den ersten fünfzehn Jahren ihrer Ehe scheint sich Fromets Wirkungskreis weitgehend auf Berlin beschränkt zu haben. Moses verreiste hin und wieder, aus geschäftlichen und gesundheitlichen Gründen; von Fromet gibt es keine solchen Nachrichten. Vermutlich ließ das sehr knappe Familienbudget reine Vergnügungsreisen auch nicht zu. Bedenkt man, was die Reisen hundert Jahre früher, zur Zeit

Glückels, gekostet hatten, so wird verständlich, daß Fromet und Moses das Reisen nur sehr selten genießen konnten.

Gegen Ende der siebziger Jahre erscheinen in Mendelssohns Briefen dann doch einige Hinweise auf Reisen mit Fromet.

Im August 1776 besuchten Fromet und Moses den Oberförster Jung in Baruth, an der sächsisch-preußischen Grenze. Jung war ein Verehrer des berühmten Aufklärungsphilosophen, und es war ihm eine Ehre, Moses und seine Frau mehrere Tage zu bewirten. Von Baruth aus ging es weiter nach Dresden, in Begleitung des Berliner Kaufmanns und Mendelssohn-Schülers David Friedländer.

In Dresden wurde den Reisenden wieder einmal ihr minderer Status als JüdInnen bewußt. Wie für Vieh mußten sie am Stadttor Leibzoll zahlen – ein Verfahren, das die christlichen Dresdner Bekannten des Ehepaares äußerst peinlich berührte. Man erreichte, daß Moses den Leibzoll zurückerhielt; er stiftete ihn der Stadtarmenkasse.

Im folgenden Jahr begleitete Fromet ihren Mann für einige Wochen nach Hannover, von wo aus die beiden im Dezember Moses' Freund Gotthold Ephraim Lessing und seine Frau in Wolfenbüttel besuchten. Es sollte das letzte Zusammentreffen der beiden Freunde werden, die die literarische Aufklärung verkörperten.

In den folgenden Jahren sind mindestens zweimal »Lustreisen« (Mendelssohn) von Fromet und Moses zu den Strelitzer Freunden und Geschäftspartnern nachweisbar.

Es scheint, als ob die Familienpflichten Fromet nicht mehr ganz so eng an den Berliner Haushalt banden. Seit einigen Jahren konnte sie sich ja auch auf die Mithilfe ihrer Stiefmutter stützen.

Vergleicht man jedoch Fromets »Aktionsradius« mit dem Glückels oder Esthers, so wird deutlich, wie eingeschränkt sie durch ihre Nur-Hausfrauen-Tätigkeit war. Weltläufig im Sinne von eigener Kenntnis der Welt, zumindest einiger ihrer Teile, war sie nicht. Das gab das Mendelssohnsche Budget, aber auch der Lebensentwurf des Ehepaares nicht her.

Als Moses Mendelssohn am 4. Januar 1786 nach kurzer Krankheit starb, endete das öffentliche Leben der Fromet Mendelssohn.

Die Trauerfeier für den Verstorbenen machte noch einmal deutlich, wie hoch er in der jüdischen Gemeinde geachtet war. Während der Trauerzug den Toten zum Friedhof an der Großen Hamburger Straße begleitete, blieben alle jüdischen Geschäfte Berlins aus Respekt für ihn geschlossen.

Seine Witwe zog sich gemäß der jüdischen Sitte während der Trauerzeit völlig zurück; auch die Kinder trauerten um den Vater. Brendel bezeugt, sie sei beim Tode ihres Vaters »eine kurze Zeit betäubt, und Sinnlos« gewesen.[76]

Rechtlich ließ Moses seine Familie in einer ungeklärten Situation zurück. Er selbst hatte sich fortwährend bemüht, für sich und seine Familie einen gesicherten Rechtsstatus zu erlangen. Im April 1763, kein ganzes Jahr nach seiner Eheschließung, hatte er folgendes Gesuch an den König, diesen aufgeklärten Kopf, gerichtet: »Ich habe von meiner Kindheit an beständig in Ew. Majestät Staaten gelebt, und wünsche, mich auf immer in denselben niederlassen zu können. Da ich aber ein Ausländer bin, und das nach dem Reglement erforderliche Vermögen nicht besitze, so erkühne ich mich alleruntertänigst, zu bitten: Ew. Königl. Majestät wollen allergnädigst geruhen, mir mit meinen Nachkommen Dero allerhöchsten Schutz nebst den Freyheiten, die Dero Unterthanen zu genießen haben, angedeihen zu lassen, in Betrachtung, daß ich den Abgang an Vermögen, durch meine Bemühungen in den Wissenschaften ersetze, die sich Ew. Maj. Protektion vorzüglicher Weise zu erfreuen haben.«[77] Der König reagierte erst nach einer Intervention seines Akademiemitglieds d'Argens, und auch nur mit der Verleihung des außerordentlichen Privilegs für Moses allein.

Im Jahre 1779 versuchte der es erneut: »Der Berlinische gelehrte Schutzjude Mendelssohn, welcher das Beste der hiesigen Bernhardschen seidenen Warenmanufakturen sich angelegen sein lassen, bittet alleruntertänigst, das ihm verliehene Schutzprivilegium auf seine Nachkommen beiderlei Geschlechts gratis allergnädigst extendieren zu lassen.«

Wieder winkte der König ab: »Vor seine Person wohl gratis, aber nicht vor seine Kinder.«[78]

Von Fromet war erst gar nicht die Rede.

Dieser aufgeklärte König, der auch schon mal die Aufnahme Mendelssohns in die Königliche Akademie hintertrieben hatte, vermutlich aus Ressentiment gegenüber dem Juden, möglicherweise auch aus gekränkter Eitelkeit wegen einer negativen Rezension seiner Gedichte durch den Philosophen, dieser König also war bis an sein Lebensende nicht zu bewegen, die geistige Größe Mendelssohns anzuerkennen und ihm und seiner Familie zur dauerhaften Ansiedlung in seinem Staat zu verhelfen.

Aber acht Monate nach Moses starb auch Friedrich II., und sein Nachfolger lockerte noch im gleichen Jahr die restriktive Politik seines Vorgängers gegenüber der jüdischen Gemeinde ganz beträchtlich.

Sofort wurde der diskriminierende Leibzoll aufgehoben; die jüdische Gemeinde mußte nun auch nicht mehr kollektiv für jedes Vergehen eines jüdischen Menschen im ganzen Land, besonders bei Diebstählen und Bankrotten, haften. Besonders die lächerliche, aber höchst ärgerliche Porzellanabgabe entfiel, derzufolge jeder jüdische Familienvater bei einer Änderung des Familienstandes, z. B. Hochzeit eines Kindes, für eine bestimmte Summe minderwertiges Porzellan aus der königlichen Porzellanmanufaktur abzunehmen und auf eigene Rechnung zu verkaufen hatte.

Damit kam der König alten Forderungen der jüdischen Gemeinden, aber auch seiner eigenen Behörden nach, die schon lange aus wirtschaftlichen Gründen für eine Liberalisierung der Judengesetze gekämpft hatten.

Der staatliche Zugriff auf das Gemeindeleben milderte sich, so daß die Berliner Gemeindemitglieder ihr Ziel von einer rechtlichen Gleichstellung von Juden und Christen näherrücken sahen.

Auch innerhalb der Gemeinde hatte sich das Klima, nicht zuletzt dank des Auftretens von Moses Mendelssohn, sehr gewandelt. Bezeichnend für die Atmosphäre in den vierziger Jahren ist folgende Anekdote: »Ich kam im Jahre 1746 als armer vierzehnjähriger Knabe nach Berlin und fand Moses Mendelssohn in der jüdischen Lehranstalt. Dieser gewann mich lieb, unterrichtete mich im Lesen und Schreiben und teilte oft mit mir sein kümmerliches Brot. Aus Dankbarkeit zeigte ich mich ihm durch kleine Dienstleistungen erkenntlich, und so schickte er mich unter anderem irgendwohin, um ein deutsches Buch zu holen. Mit diesem Buch in der Hand begegnete mir ein jüdischer Armenvorsteher, der mich mit den Worten anfuhr: ›Was hast du da? Wohl gar ein deutsches Buch?‹ Sogleich riß er es mir aus der Hand und schleppte mich zum Vogt, dem er den Befehl erteilte, mich aus der Stadt zu weisen. Mendelssohn, der Kenntnis von meinem Schicksal erhielt, gab sich alle Mühe, meine Rückkehr zu bewirken, allein vergeblich.«[79]

Mendelssohn verabscheute das Deutschjüdische, die Umgangssprache innerhalb der jüdischen Gemeinde, und schon sein Briefwechsel mit Fromet auf Hochdeutsch war ein bewußter Schritt gegen das »unsaubere« Deutsch gewesen. Er sah auch, daß er innerhalb der Gemeinde das Hochdeutsche nur durchsetzen konnte, wenn er die heiligen Texte in klares Hochdeutsch übersetzte. Seit Mitte der siebziger Jahre übersetzte er den Pentateuch, zunächst nur für seine eigenen Kinder. 1778 erschienen erste Übersetzungen auch in der Öffentlichkeit und bewirkten in den jüdischen Gemeinden sehr unterschiedliche Reaktionen. Während der Oberlandesrabbiner in Berlin begeistert war, lehnten die Rabbiner in Prag, Fürth und Altona, also in den bedeutendsten Judengemeinden Deutschlands, die Übersetzung ab, ja verboten sogar ihren Gemeindemitgliedern die Subskription. Doch Moses arbeitete unbeirrt an der Übersetzung weiter, zusammen mit einigen Mitarbeitern; und in den folgenden Jahren setzte sich die Übersetzung sehr schnell durch. Mit ihr entzog Mendelssohn auch dem Wirken der polnischen Lehrer, die in den deutschjüdischen Familien die Kinder auf Deutschjüdisch oder Jiddisch unterrichteten, den Boden.

Konsequent dachten Moses und seine Schüler und Anhänger dann an die Gründung einer jüdischen Schule, um auch armen Kindern, Söhnen im allgemeinen, die Gelegenheit zum Erwerb der »reinen« deutschen Sprache zu geben.

Schon 1761 hatten einige Gemeindemitglieder versucht, vom König die Erlaubnis zur Eröffnung einer jüdischen Schule zu erhalten. Vergeblich zunächst. Erst 1781 konnte mit der Unterrichtstätigkeit begonnen werden. Das Gebäude hatte der jüdische Münzunternehmer Daniel Itzig zur Verfügung gestellt, sein Schwiegersohn David Friedländer und dessen Schwager Isaak Daniel Itzig leiteten die Schule. Unterrichtet wurden Hebräisch, Deutsch, Französisch, Geographie und Buchführung, daneben aber auch der Talmud. Moses und Friedländer, sein ehemaliger Schüler, verfaßten ein kleines Lesebuch – auf Hochdeutsch. Es war das erste hochdeutsche Lehrbuch für jüdische Kinder; und es ist wohl richtig, wenn behauptet wird, daß mit diesem Buch der Eintritt der jüdischen Menschen in die europäische Kultur ermöglicht worden sei.[80]

In der hierarchischen Gemeindestruktur hatte sich noch nicht allzuviel geändert.

Henriette Herz erzählt, sie habe als Kind von acht oder neun Jahren (ca. 1773) in einer Gruppe junger Leute für eine Komödienaufführung geübt. »Endlich war alles wohl eingerichtet und einstudirt, das kleine Theater war im Hause einer reichen Israelitin errichtet und die ganze spielende Gesellschaft bestand aus Israeliten. Schon war der Tag der Aufführung genannt als zum grössten Schrecken der Gesellschaft ein Verbot von den Aelteren der Gemeinde an sie erging Comödie zu spielen. Dies Verbot nicht zu achten, oder sich dagegen aufzulehnen war in jener Zeit noch nicht thunlich. Wir waren höchst unglücklich, man lief zu und unter einander, und beschloss zu einem und dem andern angesehenen Mann und zu den Vorstehern der Gemeinde zu gehn und die Erlaubniss zu erbitten – man ging, man bat – vergebens – sie wurde uns nicht ertheilt.«[81]

Henriette Herz gelang es dann schließlich, die Ältesten zum Einlenken zu bewegen.

Auch in der Mode und der Haartracht der Frauen war die Gemeinde zu Beginn von Fromets Berliner Zeit sehr streng. Noch immer mußten jüdische Frauen ihr Haar unter einer Haube oder einer Kopfbinde verbergen. Henriette Herz beschreibt, daß sie nach ihrer Verheiratung statt ihrer Frisur »Kopfzeug, mit Perlen und Blumen geziert«, tragen mußte, was ihr nicht gut stand. Als sie am Tag nach ihrer Hochzeit ihre Mutter besuchte, schimpfte diese, weil kleine Haarsträhnen unter ihrem Kopfzeug hervorsahen. Aber nicht lange danach bahnte sich eine Änderung an: »Meine Eitelkeit bekam auch Gelegenheit, sich zu freuen, weil um diese

Zeit den jüdischen Frauen gleichsam die Erlaubnis gegeben ward, wenn auch nicht ihr eigenes, doch falsches Haar tragen zu dürfen, und da meine Eltern nichts dagegen hatten, ward eine Perücke angefertigt, die mir sehr gut stand, doch ward sie bald beiseitegelegt, und das eigene, rabenschwarze, glänzende Haar ersetzte sie.«[82]

Fromet machte von dieser Erlaubnis keinen Gebrauch. Bis an ihr Lebensende blieb sie bei dem gewohnten Kopfputz. Ihre Töchter allerdings gingen mit der Zeit und legten den gewohnten Kopfputz ab.

Lockerung der Vorschriften innerhalb der Gemeinde, Lockerung der staatlichen Gesetze und Vorschriften für JüdInnen. Mendelssohns Wirken wurde überall spürbar. Es erleichterte auch das weitere Leben seiner engsten Angehörigen.

Fromet und ihre Kinder wurden nicht ausgewiesen, wozu rechtlich im Moment von Moses' Tod noch die Möglichkeit bestand. Vielmehr erhielten sie im folgenden Jahr, worum der Familienvater sich so lange so vergeblich bemüht hatte: das Schutzprivileg; »wegen der bekannten Verdienste Ihres Mannes und Vaters«.[83]

Rechtlich abgesichert, konnte Fromet nun das Haus kaufen, in dem die Familie seit jeher gewohnt hatte.

Nach Moses' Tod werden die Nachrichten über seine Witwe spärlich. Dazu trug gewiß bei, daß Fromet gemäß der jüdischen Konvention nach außen eine Trauerzeit einhalten mußte, aber mit Sicherheit auch innerlich um den Mann trauerte, zu dem sie eine so enge Bindung gehabt hatte. Sie zog sich völlig aus der Öffentlichkeit zurück.

Ohne Moses als Mittelpunkt, bedingt auch durch die Trauerzeit, hörten die geselligen Abende im Mendelssohn-Haus auf. Die Tradition des offenen Hauses wurde aber fortgesetzt in dem nun aufblühenden Salon der Henriette Herz, mit den wissenschaftlichen Vorträgen, die deren Mann in seinem Haus hielt oder organisierte, wie auch in dem Salon von Fromets Tochter, die sich nun Dorothea nannte.

Diese Salons bestimmten in den nächsten Jahren das gesellige Leben des geistigen Berlin.

Fromet hatte daran keinen Anteil mehr. Mit Moses' Tod war ihr der Zugang zur intellektuellen Welt verschlossen worden. Ob sie die geistige Entwicklung weiter verfolgte, ist fraglich. Moses, ihr Mittler zu diesem Bereich, war nicht mehr, als Gesprächspartnerin hatte sie zu wenig zu bieten, war sie zu bescheiden, zu sehr auch ihrem Judentum verhaftet.

Auch ihr Versuch, Moses Mendelssohns gesammelte Werke herausgeben zu lassen, scheiterte mehrfach in den nächsten Jahren. Mendelssohn hatte sich in den letzten Jahren seines Lebens verstärkt mit jüdisch-religiösen Fragen und der Übersetzung der Psalmen wie des Pentateuch ins Deutsche beschäftigt.

Das interessierte die Generation der Kinder nicht, die glaubte, durch Rezeption der nichtjüdischen Kultur und Zurückdrängung ihrer jüdischen Wurzeln sich in die heraufziehende bürgerliche Gesellschaft integrieren zu können.

Moses' und Fromets Versuch, als JüdInnen Teil dieser Gesellschaft zu werden, erschien den Jüngeren nicht gangbar. Sie diskutierten zunehmend die Frage, ob durch die Taufe die Integration möglich sei. Fast alle Kinder Fromets vollzogen diesen Schritt in den folgenden Jahrzehnten, allerdings erst viele Jahre nach dem Tod des Vaters.

Die wirtschaftliche und soziale Existenz der Witwe und ihrer Kinder hatte Moses nachhaltig gesichert.

Die beiden ältesten Töchter waren gut (im Sinne der Eltern) verheiratet worden; der älteste Sohn, Joseph, erhielt unter der Anleitung des Mendelssohn-Schülers und erfolgreichen Kaufmanns David Friedländer sowie seines eigenen Schwagers Simon Veit eine solide kaufmännische Ausbildung.

Blieb die Sorge für Jente, nun elf Jahre alt, für den zehnjährigen Abraham und den vierjährigen Nathan.

Finanziell reichte die Hinterlassenschaft Mendelssohns zum Leben aus, wenn wohl auch nur dank Fromets gewohnter Sparsamkeit. Bei der Verwaltung der Hinterlassenschaft stand ihr der Schwiegersohn Simon Veit mit Rat und Tat zur Seite. Sie selbst war nicht eigenständig geschäftlich tätig.

Eine Stütze hatte sie ganz offensichtlich auch in Nathan Meyer, dem Freund und Geschäftspartner Mendelssohns in Neustrelitz. Bei der Familie Meyer hatte die Familie zu Moses' Zeiten hin und wieder Ferien verbracht, dort war seit 1785 ihre Tochter Reikel mit Nathans Sohn Mendel verheiratet.

Die Beziehung zu Neustrelitz wurde verstärkt durch die dortige jüdische Gemeinde, die der Familie Mendelssohn wohlgesonnen war, hatte Moses doch wenige Jahre zuvor in einem religiösen und politischen Streit zwischen den Mecklenburger JüdInnen und ihrem Landesherrn vermittelt.

In Berlin dagegen schien Fromet sich nicht mehr wohlzufühlen. Obwohl sie gerade erst das Familienwohnhaus in der Spandauer Straße gekauft hatte, faßte sie den Entschluß, mit den jüngeren Kindern nach Strelitz zu ziehen.

Dorothea billigte den Entschluß von ganzem Herzen: »Mama lebt in der That jetzt hier [Berlin] zu unruhig, ihr schwacher Körper würde es nicht lange so aushalten können, sie würde immer nur verdriesslicher werden; dort wird sie aber recht ruhig leben können.«[84]

Möglich, daß Fromets Gesundheit den Umzug erforderlich machte. Möglicherweise spielten auch finanzielle Gründe eine Rolle. In einer kleinen Stadt ließ sich billiger leben als im großen Berlin, besonders wenn im Ort Verwandte wohnten, mit denen man gemeinsam wirtschaften konnte. Das entlastete finanziell, aber auch arbeitsmäßig. Möglich ist jedoch auch, daß Fromet in der bisherigen Umgebung ihre zunehmende Isolierung stärker empfand.

Fromet zog also nach Strelitz, gemeinsam mit den drei jüngeren Kindern und ihrer Stiefmutter Vogel, die ja seit vielen Jahren im Mendelssohn-Haushalt lebte.

Und sie trat nun ins Großmutteralter ein.

1787 brachte Dorothea als erstes Kind ihren Sohn Moses Juda zur Welt, der jedoch wenig später starb. Ihm folgte 1790 Jonas, 1791 Abraham. Abraham starb nach wenigen Monaten.

1793 sollte ein besonders ereignisreiches Jahr werden.

Vogel Gugenheim starb und wurde in Neustrelitz begraben. Im selben Jahr wurde Rebecka (Betty) Meyer als einziges Kind von Reikel und Mendel Meyer geboren, in Berlin Dorotheas vierter Sohn Philipp. In Strelitz heiratete Fromets Ältester, Joseph, die Tochter Nathan Meyers, die siebzehnjährige Henriette (Hinni). Die Geschwister Reikel und Joseph wurden durch ihre Ehen auch Schwager und Schwägerin.

Josephs Ehe war offensichtlich ebenso arrangiert wie die Ehen seiner Schwestern, denn Hinni und Joseph waren verlobt worden, als Hinni kaum dreizehn Jahre alt, Joseph neunzehn Jahre alt war. Neigung als Verlobungsgrund kann man da wohl ausschließen, doch scheinen, ähnlich wie Fromet und Moses einst, beide PartnerInnen mit der Wahl sehr zufrieden gewesen zu sein. Anders als bei ihren Schwestern waren die Ehen aller Brüder stabil. Ob sie auch glücklich waren, ist eine andere Frage. Immerhin verließ keiner von

Fromets Söhnen die traditionelle jüdische Familienkonvention.

Auch beruflich war Joseph äußerst erfolgreich. Hinnis Mitgift von achttausend Talern ermöglichte ihm die Gründung einer kleinen Bank, die er mit zwei Angestellten im Elternhaus an der Spandauer Straße betrieb. Zwanzig Jahre später, nach mehrmaliger Firmenänderung und trotz aller, durch die napoleonischen Kriege bedingten, wirtschaftlichen Schwierigkeiten schätzte er sein Vermögen bereits auf das Dreifache. Er hatte gut daran getan, nicht als Kaufmann mit unterschiedlichen Unternehmungen sein Glück zu versuchen, sondern sich gleich als Bankier zu spezialisieren. Die Tage der Entrepreneurs waren vorbei, das Bankgeschäft war das Geschäft der Zukunft.

Hinni und Joseph wurden zwei Kinder geboren; 1794 Benjamin und 1798 Alexander.

Auch der zweitälteste Sohn, Abraham, lebte offenbar nicht mehr in Strelitz. Er war nach Berlin gegangen, wo er, wie sein Bruder, eine kaufmännische Ausbildung erhielt und im Freundes- und Bekanntenkreis seines Vaters und seiner Geschwister verkehrte. Er interessierte sich, wie alle Kinder Fromets und Moses', für kulturelle Dinge. So kannte er den Komponisten und Musikpädagogen Zelter, der im März 1795 an Fromet schrieb: »Geben Sie dem Abraham nichts mehr zu essen; er hat bey nahe den vierten Theil eines Ochsen hier aufgegessen ohne noch eine ziemliche Masse von Erbsen und Zubehöre zu rechnen. Der Mensch ist unersättlich.«[85]

In Berlin hatte Joseph 1792 zusammen mit Gleichgesinnten die »Gesellschaft der Freunde« gegründet, einen Verein, der sich karitativen Zwecken, besonders aber der Aufklärung der »jüdischen Nation« widmete. Damit trat er in die Fußstapfen des Vaters, der ja auch zeit seines Lebens eine engstirnige jüdische Orthodoxie abgelehnt hatte. Joseph setzte als einziges der Mendelssohn-Kinder ganz bewußt den Versuch der Eltern fort, als JüdInnen die Aufnahme in die bürgerliche Gesellschaft zu erreichen.

Ganz anders Dorothea, die Ende 1798 den radikalen Bruch mit ihrer bisherigen Existenz vollzog, ihren Ehemann verließ und im Januar 1799 von ihm geschieden wurde. Anlaß für diesen Schritt war der junge Literat Friedrich Schlegel, der dem Freundeskreis um Dorothea und Henriette Herz angehörte.

Fromet war über diesen Schritt ebenso empört wie ihre beiden ältesten Söhne. Sie alle stellten sich auf die Seite Simon Veits und brachen jeden Kontakt mit Dorothea ab. Bis an ihr Lebensende hat Fromet ihre älteste Tochter nicht wiedergesehen.

Dorothea geriet durch ihren Schritt nicht nur in unüberbrückbaren Gegensatz zu ihrer jüdisch-bürgerlichen Herkunft. Sie wurde auch von ihren nichtjüdischen FreundInnen teilweise gemieden. Das Paar verließ darum Berlin, lebte einige Zeit in Jena und ging dann nach Paris.

Die Unfähigkeit ihres Geliebten, für die gemeinsame Existenz zu sorgen, zwang Dorothea zu ersten schriftstellerischen Arbeiten. Obwohl sie von ihrem geschiedenen Mann eine ständige Rente erhielt, blieb die finanzielle Situation prekär. Sie wandte sich darum 1803 an ihre Familie, spielte ihr vor, sie wolle sich von Friedrich trennen und brauche dazu Geld. Man könne ihr doch schon zu Lebzeiten ihrer Mutter das Erbe auszahlen, das ihr bei deren Tod zufallen werde. Die Brüder, aber auch die Schwester Jente, stellten sich gegen diesen famosen Plan. Wieweit Fromet ihn kannte, ist unklar, weil die Verhandlungen darüber in Paris geführt wurden, wo mittlerweile Dorothea, Jente und Abraham lebten.

Dorothea konnte ihre Geschwister nicht überzeugen. So fühlte sie sich nun befreit von jeder Rücksichtnahme auf die

Gefühle (oder das Geld) ihrer Mutter. Sie ließ sich protestantisch taufen und konnte Friedrich Schlegel nun heiraten.

Nicht nur Dorothea ging ab 1799 andere als die von der Familie vorgezeichneten Wege.

Auch Jente, mittlerweile vierundzwanzig Jahre alt, verließ im selben Jahr Neustrelitz, um in Wien bei einer reichen jüdischen Familie als Hauslehrerin zu arbeiten. Sie machte durch diesen Schritt deutlich, daß sie keine Heirat in der traditionellen Art wollte. Als sich Bernhard Eskeles, der Chef eines großen Wiener Bankhauses und Abkömmling einer bekannten Rabbinerfamilie, um sie bemühte, lehnte sie den Antrag ab. Sie ging nach Paris, wo sie eine Pension für junge Mädchen eröffnete. Der Name ihres Vaters bahnte ihr den Weg zu den intellektuellen Kreisen der französischen Hauptstadt.

Nach Paris ging zur selben Zeit auch ihr Bruder Abraham, wohl mit der Absicht, sich dort auf immer niederzulassen. Die Geschwister führten einen gemeinsamen Haushalt in der Wohnung, die Abrahams Arbeitgeber, der Bankier Fould, ihnen überlassen hatte.

Hier erschien eines Tages auf ihre Einladung hin Jentes Freundin Lea Salomon, die Enkelin des reichen Entrepreneurs und einflußreichen Berliner Gemeindemitglieds Daniel Itzig.

Vielleicht hatte Jente schon bei der Einladung den Plan einer Ehe zwischen Abraham und Lea verfolgt, vielleicht ergab er sich bald nach Leas Ankunft. Wie auch immer, Lea und Abraham wurden rasch einig. Man verlobte sich.

Strittig waren zunächst der Beruf Abrahams sowie der zukünftige Wohnort des Paares. Lea viele Jahre später: »Ich heiratete meinen Mann, bevor er noch einen Pfennig besaß. Doch er verdiente ein sicheres, wenn auch sehr bescheidenes Gehalt bei Fould in Paris, und ich wußte, er würde meine Mitgift sorgsam verwalten können. Der Ehrgeiz meiner Mutter allerdings duldete nicht, daß ich nur mit einem Bankangestellten verheiratet war, und Mendelssohn mußte daher der Partner seines Bruders werden. Seither datiert, Gott sei Dank, die Wohlhabenheit beider.«[86]

Als Wohnort – Abraham will in Paris bleiben, Lea will in Berlin wohnen – wurde schließlich Hamburg gewählt. Auch Joseph, Hinni und ihre Kinder zogen dorthin.

Seit 1800 lebte auch Fromet wieder an ihrem Geburtsort, wo sie noch viele familiäre Bindungen unterhalten hatte.

In Hamburg lebte inzwischen auch Nathan Meyer, und auch Reikel, von ihrem Mann geschieden, war an die Elbe gezogen und hatte, wie Jente in Paris, eine Pension für junge Mädchen eröffnet. In Altona, der dänischen Nachbarstadt Hamburgs.

In Hamburg verbrachte Fromet die letzten Jahre ihres Lebens, umgeben von drei ihrer Kinder und deren Kindern.

Im Jahre 1805 stiftete sie der großen Synagoge in Altona einen Thora-Vorhang, bestickt in Gold und bunten Farben, der 1775 aus ihrem Brautkleid gefertigt worden und von ihr und Moses zunächst für die Berliner Synagoge gedacht gewesen war.[87]

In Hamburg erlebte sie auch noch die Geburten der beiden berühmtesten Mendelssohns der Enkelgeneration, Fanny (1805) und Felix (1809).

Sie konnte noch sehen, wie schnell das Bankhaus Abraham und Joseph Mendelssohn wuchs und seinen Eigentümern ein großbürgerliches Leben ermöglichte, zu dem ein repräsentatives Stadthaus und das Sommerhaus »Martens Mühle« gehörten.

Sie selbst mußte wie eh und je rechnen. Ein Brief, den sie 1806 an ihren jüngsten Sohn Nathan schrieb, zeigt das deutlich: »Das ich dich lieber sprechen möchte, als dir schreiben, kanst du mir glauben, mein lieber N. wen das Geld nicht in der Welt wäre, hätte man manche Freide mehr. Du mein lieber N wirst dich freien deinen Bruder wieder zu sehn. Der wird dir sagen das ich gesund bin, u. einen Tag wie den andren lebe. Von dir habe ich auch lange nichts gehört, ich hofe du bist gesund, u. lebst vergnügt. Das du volauf Arbeit hast, das hast du mir geschrieben, u. es hat mir viele Freide gemacht, aber wie man mit deine Arbeit zufrieden ist, da von hast du mir nichts gesagt. Es sind jezt feier Tage, da wirst du Zeit haben ein rechten langen Brief mir zu schreiben. Abraham bringt dir die versprochene meßer gabel und lefel mit, sie sind sehr altmodisch, ich wünsche aber das du sie nicht umtauschest, und behält sie zum Andencken, ich habe sie solang gebraucht, u. werde mich freyen, wen ich einst bei dir Eese sie da zu finden. Lebe wohl ich grüße alle meine freinde.«[88]

Im gleichen Jahr 1806 verfügte Napoleon die Kontinentalsperre, die Hamburgs Lebensader, den England-Handel, unterband. Sofort begannen lebhafte Schmuggelgeschäfte, an deren Finanzierung und Durchführung sich auch die Mendelssohn-Brüder beteiligten.

Die Folgen waren, wenigstens den Erzählungen der Familientradition nach, dramatisch. Die Behörden der französischen Besatzung kamen ihnen auf die Schliche, und die beiden Brüder mußten bei Nacht und Nebel flüchten. Angeblich mit ihren Familien und der betagten Mutter als Begleitung.

Ganz so dramatisch kann es nicht gewesen sein, denn ihr Vermögen ließen sie nicht in Hamburg zurück. Und das war mittlerweile ganz beträchtlich gewachsen.

Es ist wohl eher so, daß in Berlin, wo noch immer eine kleine Niederlassung bestand, in der Zwischenzeit gute Geschäfte zu machen waren. Preußen hatte 1806/07 einen

Krieg gegen Napoleon verloren und mußte schwere Tributzahlungen leisten. Diese wurden von Berliner Bankhäusern abgewickelt und versprachen beträchtliche Gewinne. Die Mendelssohns agierten dabei als Berliner Vertreter des mächtigen Pariser Bankhauses Rothschild. Da mochte es viel sinnvoller sein, daß die Chefs die Geschäfte gleich von Berlin aus selbst leiteten. Daß sie selbst inzwischen, ungleich Moses Mendelssohn, der noch von sich gesagt hatte, er habe kein Vaterland, deutschpatriotisch fühlten, mag hinzugekommen sein. Ihr Bruder Nathan, der sich zum Ingenieur hatte ausbilden lassen, sollte sogar einige Jahre später, wie viele jüdische Männer, an den Befreiungskriegen gegen Napoleon teilnehmen.

Die ältesten Söhne zogen mit ihren Familien wieder nach Berlin, aber Fromet blieb, anders als die Familienlegende dies darstellt, in Hamburg. Auch Reikel blieb dort zurück.

In Hamburg starb Fromet Mendelssohn am 16. März 1812, »sehr sanft und ohne Schmerz«, wie Dorothea ihrem Sohn Jonas im Juni desselben Jahres eher beiläufig mitteilte.[89]

Am 19. März 1812 wurde sie auf dem alten jüdischen Friedhof in Altona begraben.

Anmerkungen

1 Heinz Knobloch, Herr Moses in Berlin. Berlin 1979, S. 331

2 Vergl. Klaus Goch, Franziska Nietzsche. Ein biographisches Porträt. Frankfurt 1994. Auch: Jörgen Kjaer, Nietzsche. Die Zerstörung der Humanität durch »Mutterliebe«. Opladen 1990

3 Zu welch interessanten Feststellungen das führt, zeigen in jüngster Zeit: Inge Stephan, Das Schicksal der begabten Frau, Stuttgart 1989; Luise F. Pusch (Hg.), Mütter berühmter Männer. Frankfurt 1994

4 Dazu die lesenswerte Biographie: Carola Stern, »Ich möchte mir Flügel wünschen«. Das Leben der Dorothea Schlegel. Reinbek 1990

5 Herbert Kupferberg, Die Mendelssohns. Tübingen 1977, S. 11

6 Eine kurze Darstellung findet sich in der Einleitung, die Ismar Elbogen seiner Ausgabe von Moses Mendelssohns Brautbriefen vorausgeschickt hat: Moses Mendelssohn, Brautbriefe. Mit einer Einführung von Ismar Elbogen. Königstein 1985 (Nachdruck einer Ausgabe des Schocken Verlags, Berlin 1936). Leider sind nur die Briefe von Moses erhalten; Fromets Briefe waren offenbar nicht der Aufbewahrung wert. Immerhin enthält der Band, der sehr lesenswert ist, einige spätere Briefe. Er wird im folgenden zitiert als »Brautbriefe«.

7 Simon von Geldern, Heinrich Heines Großonkel, ist solch ein Reisender, der stets Bücher mit sich führte und bei Gelegenheit verkaufte. Siehe dazu S. 220-223 des vorliegenden Buches!

8 Moses an Fromet, Brautbriefe, S. 51

9 Ders., Brautbriefe, S. 50f.

10 Siehe die Ausführungen auf S. 163 des vorliegenden Buches.

11 Zum Judenreglement s. Henri Brunschwig, Gesellschaft und Romantik in Preußen im 18. Jahrhundert. Die Krise des preußischen Staates am Ende des 18. Jahrhunderts und die Entstehung der romantischen Mentalität, Frankfurt a.M.-Berlin-Wien 1975, S. 115. Ebenso: Heinz Mosche Graupe, Die Entstehung des modernen Judentums. Geistesgeschichte der deutschen Juden 1650-1942, Hamburg, 1969, S. 116. Sehr viel Material bietet auch die Abteilung III des umfangreichen Werkes von Selma Stern, Der preußische Staat und die Juden. Siehe dazu auch die Biographie Esther Liebmanns auf S. 93 ff. des vorliegenden Buches! Ebenso: Albert A. Bruer, Geschichte der Juden in Preußen (1750-1820), Frankfurt/M.-New York 1991

12 Sie wurde allerdings nicht unter seinem Namen, sondern dem des Berliner Rabbiners gedruckt.

13 Berthold Auerbach, Zur guten Stunde. Zitiert nach: Martin Cohen, Moses Mendelssohn und seine Beziehungen zu Hamburg. In: Jahrbuch für die jüdischen Gemeinden Schleswig-Holsteins und der Hansestädte, Bd. 1, (1929/30), S. 125f.

14 Brautbriefe, S. 50 / **15** Brautbriefe, S. 80f / **16** Brautbriefe, S. 133
17 Vergl. dazu die Biographie Betty Heines, S. 228 ff des vorliegenden Buches!
18 Brautbriefe, S. 65 / **19** Brautbriefe, S. 65 f / **20** Brautbriefe, S. 60 / **21** Brautbriefe, S. 32 / **22** Brautbriefe, S. 91 / **23** Brautbriefe, S. 97 / **24** Brautbriefe, S. 97 / **25** Brautbriefe, S. 126f / **26** Brautbriefe, S. 135
27 Salomon Maimon, Geschichte des eigenen Lebens (1754-1800), Berlin 1935. Zitiert nach Knobloch, S. 369
28 Brautbriefe, S. 26 / **29** Brautbriefe, S. 27 / **30** Brautbriefe, S. 98
31 Marginale Friedrichs II. vom 29. 10. 1750
32 Brautbriefe, S. 51 f / **33** Brautbriefe, S. 69 / **34** Brautbriefe, S. 69 / **35** Brautbriefe, S. 141 / **36** Brautbriefe, S. 126f / **37** Brautbriefe, S. 144 / **38** Brautbriefe, S. 110 / **39** Brautbriefe, S. 129 7 **40** Brautbriefe, S. 138 f / **41** Brautbriefe, S. 143 / **42** Brautbriefe, S. 139
43 Nach althergebrachter Sitte hielt ein jüdischer Bräutigam, der im rabbinischen Schrifttum bewandert war, vor seiner Hochzeit im Beisein der Gäste einen gelehrten Vortrag über ein talmudisches Thema.
44 Moses Mendelssohn, Gesammelte Schriften (GS). Jubiläumsausgabe. Band 11, bearbeitet von Bruno Strauß. Mit Nachträgen von Alexander Altmann. Stuttgart 1974, S. 553f.
45 Brautbriefe, S. 145 f.
46 Fromet an Moses, Brautbriefe, S. 150
47 Fromet an Moses, Brautbriefe, S. 161
48 Moses Mendelssohn, Gesammelte Schriften, Jubiläumsausgabe. Band 12, 1, bearbeitet von Alexander Altmann, Stuttgart 1976, S. 35f.
49 ders., ebd.
50 ders., 8. 5. 1781
51 ders., GS, 12, 1, S. 43
52 Dorothea an ihren Bruder Joseph, 1832. Zitiert nach: Felix Gilbert (Hg.), Bankiers, Künstler und Gelehrte. Unveröffentlichte Briefe der Familie Mendelssohn aus dem 19. Jahrhundert (Schriftenreihe wissenschaftlicher Abhandlungen des Leo-Baeck-Instituts, Bd. 31), Tübingen 1975, S. 88
53 Zitiert nach: M. Kayserling, Moses Mendelssohn. Sein Leben und seine Werke. Hildesheim 1972 (Nachdruck der Ausgabe Leipzig 1862), S. 138

54 Brautbriefe, S. 157 / 55 Brautbriefe, S. 149 / 56 Brautbriefe, S. 150 / 57 Brautbriefe, S. 150 / 58 Brautbriefe, S. 154

59 Die Schriftstellerin Sophie Becker, 1785. Zitiert nach Knobloch, S. 425

60 Brautbriefe, S. 155 / 61 Mendelssohn, GS, 12, 1, S. 127 / 62 ders., GS, 12, 1, S. 113 / 63 ebd. / 64 ders., GS, 12, 1, S. 133 / 65 ders., GS, 12, 1, S. 127

66 Henriette Herz, Berliner Salon. Erinnerungen und Porträts. Hrsg. und mit einem Nachwort von Ulrich Janetzki. Frankfurt/M.-Berlin, 1984, S. 50

67 Brautbriefe, S. 160 / 68 Brautbriefe, a. a. O. / 69 Mendelssohn, GS, 13, S. 221 / 70 Herz, Berliner Salon, S. 49 / 71 dies., S. 50 / 72 Kupferberg, S. 69

73 Henriette Herz, Jugenderinnerungen. In: Mitteilungen aus dem Litteraturarchive Berlin, 1896

74 Zitiert nach: M. Kayserling, Moses Mendelssohn. Sein Leben und seine Werke. Nebst einem Anhange ungedruckter Briefe von und an Moses Mendelssohn. Hildesheim 1972 (Reprographischer Nachdruck der Ausgabe Leipzig 1862)

75 Mendelssohn, GS, 13, S. 116

76 Dorothea an einen Freund, Brinckmann. In: Franz Deibel, Dorothea Schlegel als Schriftstellerin im Zusammenhang mit der romantischen Schule. In: Palaestra. Untersuchungen und Texte aus der deutschen und englischen Philologie. XL. Berlin 1905, S. 157

77 Mendelssohn, GS, 12, 1, S. 8

78 Zitiert nach Knobloch, S. 290f.

79 Zitiert nach Julius H. Schoeps, Moses Mendelssohn. Königstein 1979, S. 13

80 ders., S. 136

81 Herz, Mitteilungen, S. 149

82 a. a. O., S. 173

83 Sebastian Hensel, Die Familie Mendelssohn 1729-1847, Berlin/Leipzig, 10. Aufl., 1921, S. 33. Strittig ist in der Fachliteratur, ob die Familie das Schutzprivileg oder das Generalprivileg erhielt. Nur letzteres bedeutete die völlige rechtliche Gleichstellung mit christlichen UntertanInnen.

84 Dorothea an Henriette, in: J. M. Raich (Hg.), Dorothea von

Schlegel, geb. Mendelssohn und deren Söhne Johannes und Philipp Veit, Briefwechsel, 2 Bände, Mainz 1881; Bd. 1, S. 1

85 Zelter, 1795; In: Die Mendelssohns in Berlin. Eine Familie und ihre Stadt. Staatsbibliothek Preußischer Kulturbesitz, Ausstellungskatalog Nr. 20, Berlin 1983, S. 96

86 Zitiert nach Kupferberg, S. 118

87 Noch Anfang 1929 befand sich dieser Vorhang in der Altonaer Synagoge.

88 Abgedruckt in: Gilbert, Bankiers ..., S. 4

89 Dorothea an Johannes Veit, Briefwechsel, Bd. 2, S. 88

Betty Heine

1770-1859

Alles ist veränderlich,
nur Mutterliebe bleibt sich immer gleich.[1]

Wahrlich, sie lebte in unruhigen Zeiten und Verhältnissen, diese Betty Heine, geborene Peira von Geldern! Nichts war mehr gewiß in den Jahrzehnten ihres Lebens, nicht einmal der eigene Name.

Der Geburtsname Peira wurde von ihr selbst geändert, in »Betty«, und ihre sozialen Bedingungen konnte sie, in sehr bescheidenem Umfang, ebenfalls selbst ändern.

Den allermeisten Veränderungen stand sie als einflußlose Beobachterin gegenüber, jedoch in dem stetigen Bemühen, sich und ihrer Familie die Entwicklungen positiv nutzbar zu machen.

Sie erlebte, wie die ständisch-feudale Gesellschaft Altdeutschlands sich langsam transformierte in eine Gesellschaft von BürgerInnen gleichen Rechts, wenn auch längst nicht gleicher sozialer Bedingungen. Sie, die in ihrer Jugend mit Postkutschen gereist war, selten zudem und mühsam, auf schlecht ausgebauten Straßen, erlebte im Alter den Aufschwung des Eisenbahnwesens und meinte, sie müsse ihre Söhne, weitgereist alle drei, vor den Gefahren der Bahn warnen.

Sie sah, wie die Beschränkungen, die bisher das Leben der JüdInnen scharf und wirksam von dem ihrer christlichen Umgebung getrennt hatten, nach und nach wegfielen, und sie war gewillt, davon für sich und ihre Familie zu profitieren. Sie hatte denn auch die Genugtuung, die Etablierung ihrer Söhne Harry (Heinrich), Gustav und Maximilian trotz mancher Hindernisse und Rückschläge zu erleben. Für ihre Tochter gelang dieser Versuch, in einer traditionelleren Art, ebenfalls.

Sie hatte sich den Zugang ihrer vier Kinder zur deutschen Gesellschaft gewünscht, insofern wollte sie auch die Veränderung dieser Gesellschaft, als Voraussetzung.

Veränderung denn also, erlebt, erlitten und genutzt – das könnte Betty Heines Motto sein.

Geboren wurde sie am 27. November 1770 in Düsseldorf als Tochter des Arztes Gottschalk von Geldern und seiner Frau Sara.

Peira, oder Peierche, war das jüngste von fünf Kindern. In der Geschwisterschar gingen ihr voraus Josef, Simon, Brunella (Bräunelche) und Hanna. Die Familie stammte ursprünglich aus dem Städtchen Geldern im Niederrheingebiet und führte von daher auch dessen Namen, wechselweise als »von« Geldern oder, in der niederländischen Variante, »van« Geldern.[2]

Zur Zeit von Peiras Geburt war man aber schon seit Jahrzehnten in Düsseldorf ansässig, der Residenzstadt des Herzogtums Jülich-Berg. Innerhalb der jüdischen Gemeinde, die etwa sechshundert Mitglieder umfaßte, gehörten die von Gelderns zu den einflußreichsten Familien.

Ihren Einfluß verdankte die Familie Peiras Urgroßvater Josef Jakob von Geldern, meist Juspa genannt. Der war ein Altersgenosse Glückels und Esthers, geboren etwa 1650. 1712 wird er als der vermögendste Jude Düsseldorfs bezeichnet; so reich, daß er es sich leisten konnte, der Gemeinde eine Synagoge zu stiften.

Juspa hatte sein Vermögen als Hofjude des Herzogs Johann Wilhelm (Janwellem) erworben. Doch war er, wie nun einmal alle HofjüdInnen, eng an die Schicksale seines Fürsten gebunden. Als Johann Wilhelm das Kurfürstentum Pfalz erbte, ging auch Juspa in die neue Residenzstadt Mannheim. Dort erlebte er den Zusammenbruch seines Vermögens; dort starb er verarmt im Jahre 1724.

Ein unkorrektes Geschäftsgebaren hatte ihm jedoch nicht nachgewiesen werden können, im Gegenteil. Ein Prozeß, der nach dem Tode seines Fürsten gegen ihn wegen jahrzehntelang zurückliegender Proviantlieferungen geführt worden war, endete mit seiner völligen Rehabilitierung. Vergleichbar übrigens dem, was Esther Liebmann in Preußen, etwa zehn Jahre zuvor, widerfahren war.

Es war ihm in der Zeit seines Reichtums aber gelungen, familiäre, und das hieß immer auch geschäftliche, Bindungen zu anderen Hofjudenfamilien zu knüpfen. Seine Tochter Frad verheiratete er mit Jost Liebmann d. J., dem Sohn Esthers. Diese Verbindung mit der damals reichsten jüdischen Familie in Deutschland sagt einiges über den geschäftlichen Rang Juspas aus.

Frad erwies sich als ebenso rührig wie ihre Schwiegermutter. Trotz ihrer zehn Kinder reiste sie selbständig an fremde Höfe, um Geschäfte zu betreiben, nominal im Auftrag ihres Mannes.

Die Verbindung zu den Liebmanns sollte sich für die von Gelderns jedoch nicht als Gewinn, sondern als Belastung zeigen. Frads Mitgift von zwanzigtausend Reichstalern konnte wegen des geschäftlichen Zusammenbruchs Juspas nicht ausgezahlt werden, und Jost und Frad Liebmann klagten in den folgenden Jahrzehnten ständig gegen Frads Bruder. Vergeblich zunächst. Erst Ende der vierziger Jahre erhielt Frad, mittlerweile Witwe, die um Zinsen vermehrte Mitgift von etwa sechsunddreißigtausend Talern.[3]

Lazarus, Juspas Sohn und Nachfolger, hatte an seine Schwester sein inzwischen wieder angesammeltes Vermögen verloren. Neben geringen Kapitalien verblieb ihm nur eine prächtig ausgestattete Haggada, ein rituelles Buch, das den Auszug des jüdischen Volkes aus Ägypten darstellte und zu Pessach in der Familie benutzt wurde. Es war 1723 für Lazarus geschrieben worden und kam dann, als Erbstück, auf Peira, die es noch in der Kindheit ihrer eigenen Kinder am Sederabend gebrauchte.[4]

In der Gemeinde nahmen sowohl Juspa als auch Lazarus die sehr geachtete Stellung als Ober-Vorgänger, das heißt als Gemeindevorsteher, ein.

Dennoch: Die bisher dargestellte Familiengeschichte der von Gelderns zeigt, wie schnell ein Vermögen, war es auch noch so groß, wieder zerrinnen konnte; wie wenig auch verwandtschaftliche Beziehungen eine Sicherheit boten vor dem Verlust von Geld und wirtschaftlicher und gesellschaftlicher Sicherheit.

Ohnedies ging, mit dem Ausbau landesherrlicher Verwaltungen in den meisten deutschen Staaten, die Zeit der Hoffaktoren langsam zu Ende.

An ihre Stelle traten Entrepreneurs, Unternehmer, die noch an fürstliche Höfe angelehnt waren, aber zunehmend unabhängig nach Verdienst- und Anlagemöglichkeiten suchten. Es entstand, zunächst noch wenig branchenmäßig differenziert, ein selbständiges Unternehmertum, das sich auch in seiner äußeren Lebensgestaltung betont bürgerlich gab.

Lazarus' Söhne Simon und Gottschalk waren denn auch nicht mehr als Hoffaktoren tätig, sondern schlugen andere Lebenswege ein.

Simon, der ältere Sohn, hatte ganz offenbar literarische Interessen. Vergeblich blieb der Versuch des Vaters, Simon in eine kaufmännische Bahn zu lenken. Der Tod von Lazarus befreite Simon aus allen kaufmännischen Verbindungen. Fortan führte er ein unruhiges Reiseleben in ganz Europa.

Stets trug er eine kleine Bibliothek mit sich, zunächst nur für seinen eigenen Gebrauch, aber durchaus auch als »Reisekapital«. Durch den Verkauf einzelner Bücher konnte er sich immer wieder Geld verschaffen. Der Besitz von Büchern brachte ihn aber unweigerlich auch mit all den Menschen in Kontakt, die ihrerseits an Büchern und ihren Inhalten interessiert waren. Simon verschaffte sich also Eintritt in die Kreise des Lesepublikums, das allmählich in Europa, in Deutschland mit etwas Verzögerung, entstand.[5]

Den äußeren Rahmen seiner Reisen bildete ein weiträumiges Netzwerk von Kontakten.

Da waren zunächst die Angehörigen einer weitläufigen Familie, die, wie so viele Hoffaktorenfamilien, in vielen europäischen Residenzstädten lebten und/oder dort ihrerseits weitere Verwandte besaßen. Sie beherbergten ihn, willig oder unwillig, jeweils eine Zeitlang und verschafften ihm Zugang zu den ansässigen jüdischen Gemeindemitgliedern, besonders der Oberschicht.

Durch Sprach- und anderen Unterricht konnte er sich für die gewährte Gastfreundschaft revanchieren.

Verwandte und neugewonnene Bekannte versahen ihn auch mit Empfehlungsschreiben für jüdische Gemeinden in anderen Städten, in denen er dann in der gewohnten Weise ebenfalls eine Zeitlang leben konnte.

Überdies konnte er auf die Unterstützung jüdischer Gemeinden auch ohne Empfehlungsschreiben zählen, wenn er als Pilger auftrat, der eine Reise ins Land der Vorväter, besonders in das religiöse Zentrum Safed, plante und dafür Geld sammelte.

So gelangte er auf seinen Wanderungen nach Palästina, Nordafrika, Teilen des europäischen Kontinents und nach England. Dort übrigens wohnte er bei seinen Verwandten, einem Zweig der Liebmannschen Familie.

Dieses jüdische Familien- und Gemeindenetzwerk stützte ihn jahrzehntelang, wenn auch nicht gerade üppig. Zeiten der Not kannte er durchaus.

Neben dieser traditionellen jüdischen Wanderexistenz führte er aber auch ein »nichtjüdisches« Leben.

Es gelang ihm, sich Zugang zu einigen deutschen Fürstenhöfen zu verschaffen, in der Art reisender Abenteurer wie Cagliostro, indem er seine Kenntnis der jüdischen Kabbala nutzte oder gar als Geisterbeschwörer auftrat. Als Dank für derartige Dienste, zu denen auch der modern gewordene Sprachunterricht im Hebräischen gehörte, erhielt er, der sich in höfischer Umgebung »Chevalier de Geldern« nannte, 1778 vom Landgrafen von Hessen-Darmstadt einen Pavillon des landgräflichen Schlosses Buchsweiler im Elsaß als ständigen Wohnsitz zugewiesen.

Als Kenner jüdischer Texte hatte er ein gewisses Renommeee erlangt, was sich 1785 der Abbé Grégoire aus Emberménil in Lothringen zunutze machte. Der nämlich verfaßte mit Simons Hilfe seine Schrift »Essai sur la régéneration physique, morale et politique des Juifs«, die ihm den Preis der Akademie von Metz eintrug und dem Verfasser den Ruf eines Kenners jüdischer Angelegenheiten verschaffte. Die Schrift, die in Verwandtschaft mit Dohms Schrift »Über die bürgerliche Verbesserung der Juden« von 1781 zu sehen ist, bildete 1791 die Grundlage für den Beschluß der französischen Nationalversammlung, die JüdInnen zu gleichberechtigten BürgerInnen Frankreichs zu erklären, ein Beschluß, der vom Abgeordneten der Versammlung, Abbé Grégoire, beantragt worden war.

Wenige Jahre später ermöglichte genau dieser Beschluß Simons Nichte Peira von Geldern die Eheschließung mit einem Mann ihrer Wahl. Peira mag Simon kennengelernt haben, denn er tauchte gelegentlich noch zu flüchtigen Besuchen in Düsseldorf auf, wo er schließlich auch zwei Tagebücher und andere Relikte seines Reiselebens hinterließ. Sein Großneffe Harry (Heinrich) Heine, Peiras Sohn, fand all diese Sachen später auf dem Dachboden seines großväterlichen Hauses und sah in Simon den kongenialsten seiner Verwandten.

Simon selbst starb 1788 in Straßburg, kurz vor Beginn der großen Revolution in Frankreich, die nicht nur die Gesellschaft Frankreichs, sondern die des gesamten Kontinents tief und nachhaltig verändern sollte.

Simons Leben, gleichsam ein Spagat zwischen zwei Welten, der jüdischen und der christlichen, zeigt, wenn auch in anderen Formen, ebenso wie das seines Altersgenossen Moses Mendelssohn, daß die Geschlossenheit der jüdischen Welt längst aufgebrochen war und daß die wagemutigsten, initiativreichsten und klügsten Gemeindemitglieder auf unterschiedlichen Feldern nach Möglichkeiten des Zugangs zur Welt außerhalb der realen und geistigen Gettomauern suchten. Fromet Mendelssohn und ihre Töchter sind als weibliche Beispiele genau so zu nennen.[6]

Ähnliches läßt sich durchaus auch von Simons jüngerem Bruder Gottschalk sagen.

Dieser blieb seiner Heimatstadt Düsseldorf verhaftet, einem Ort von damals etwa fünfzehntausend Einwohnern. Die überwiegende Mehrheit seiner BewohnerInnen war katholisch, doch lebten auch etwa zweitausend ProtestantInnen und etwa sechshundert JüdInnen dort.

Anders als im benachbarten Köln, wo JüdInnen sich nur stundenweise am Tage aufhalten, auf keinen Fall aber wohnen durften, herrschte in Düsseldorf ein recht liberales Klima. Es gab kein Getto; JüdInnen mit Geleitbrief, also einer Art Bürgerrecht, durften Hausbesitz erwerben.

Nicht weit entfernt lag, in der preußischen Rheinprovinz, die Universität Duisburg, die seit kurzem ihre medizinische Fakultät auch für Juden geöffnet hatte.

Gottschalk nutzte das, um, wirtschaftlich und sozial, ein solideres Fundament zu legen als sein Bruder. 1752 bestand er an der Universität Duisburg sein medizinisches Staatsexamen und etablierte sich wenig später in Düsseldorf als Arzt. Zusätzlich betätigte er sich in den traditionellen jüdischen Berufen des Pfandleihers und Kreditgebers.

Die Doppelgleisigkeit – Öffnung zur nichtjüdischen Welt und Verwurzelung im jüdischen Milieu – war konstitutiv für ihn. 1754 heiratete er Sara, die Tochter des David Pinchas Bock aus Siegburg, und lebte mit ihr im Haus »Zur Arche Noä« in der Düsseldorfer Mertensgasse 1. Fünf Kinder wurden geboren: Josef, Simon, Bräunelche, Johanna und Peira.

Die Art der Eheschließung, die Benennung der Kinder folgten der traditionellen jüdischen Sitte, und auch der Lebensstil der Familie zeigte die feste Bindung an das Judentum. Gottschalk war ein Mann von ernster Art, der wenig sprach und die Künste als nutzlos und frivol ablehnte. In seinen Mußestunden las er, ganz der traditionelle Jude, in den heiligen Texten. Nach außen folgte er den Gewohnheiten seiner christlichen Umgebung und trug eine Staatsperücke und einen Galanteriedegen nach dem Vorbild eines Chevalier.

Seine Töchter erhielten die übliche Mädchenbildung: Lesen und Schreiben in hebräischen Buchstaben, etwas Englisch und Französisch. Wahrscheinlich wurden sie auch gründlich in Handarbeit und Hauswirtschaft unterwiesen – eine Selbstverständlichkeit. Der schulischen Ausbildung der Söhne wurde, wie in christlichen Familien, wesentlich mehr Sorgfalt gewidmet; beide erhielten, wie Vater und Onkel vor ihnen, eine humanistische Ausbildung im Düsseldorfer Jesuitenkolleg.

Josef studierte in Bonn, Heidelberg und Mainz und wurde im April 1792 in Duisburg zum Dr. med. promoviert. Anschließend bestand er vor dem Medizinalkollegium in München[7] seine Staatsprüfung und fiel dabei so positiv auf, daß er mit dem Titel eines kurfürstlichen Leibarztes bedacht wurde.

Simon ging auf keine Universität. Er betätigte sich als Pfandleiher und Kreditgeber, offenbar in Fortführung der väterlichen Aktivitäten. Sein Neffe Heine widmete ihm später in seinen Memoiren ein Porträt, das Simon als liebenswürdigen Sonderling und schrulligen Privatgelehrten zeigt.

Neben Gottschalks eigenen Kindern lebten seit 1779 noch die beiden Söhne eines verstorbenen Freundes im Haus und wurden mit den eigenen Kindern erzogen. Gottschalk folgte damit der jüdischen Anschauung, daß ein Wohlhabender immer die Pflicht hat, arme Freunde und Verwandte nach Kräften zu unterstützen.

Als Muster des von Geldernschen Haushaltes galt: in den Außenkontakten Öffnung zur Umgebung und Nutzung aller Möglichkeiten, über Bildung und Ausbildung in der christlichen Umwelt Fuß zu fassen, nach innen strenge Befolgung der traditionellen jüdischen Familiensitten.

Über die ersten Jahre von Peira, genannt Peiersche, schreibt später ihr Sohn, sie habe »eine gelehrte Erziehung genossen« und sei »die Studiengefährtin eines Bruders gewesen, der ein ausgezeichneter Arzt ward [. . .]«.[8]

Das klingt geradezu idyllisch, aber die Realität muß nüchterner gesehen werden: Peira war wahrscheinlich wißbegierig und lerneifrig, genoß aber keine entsprechende schulische Ausbildung und war darauf angewiesen, daß ihre älteren Brüder ihr einiges von dem weitergaben, was sie im Jesuitenkolleg lernten.

Heine weiter: »Schon als ganz junges Mädchen mußte sie ihrem Vater die lateinischen Dissertationen und sonstige gelehrte Schriften vorlesen, wobei sie oft den Alten durch ihre Fragen in Erstaunen setzte.«[9] Ein Vater-Tochter-Genrebild! Doch auch hier ist nüchterne Interpretation angebracht: Peira nutzte, weil eine systematische Schulbildung ihr nun einmal verwehrt war, jede Gelegenheit zur Weiterbildung, in diesem Fall innerhalb der Interessengebiete ihres Vaters.

Auf diese Weise muß sie sich eine lückenhafte Bildung angeeignet haben, abhängig von dem, was die Männer der Familie – oft aus schierem Eigennutz – weitergaben.

Das Fragmentarische einer solchen Bildung, ihre Abhängigkeit vom guten Willen und den Interessen der Brüder und Väter, wird von vielen Frauen dieser Zeit voller Verzweiflung beklagt. Während den Männern alle damaligen Wissensbereiche offenstanden, sobald sie lesen gelernt hatten, waren sie den Frauen in der Regel verschlossen. Nur Männern vorbehalten, unerreichbar mithin, blieben höhere Schulen, Hochschulen, Lesekabinette, Diskutierklubs; auch für jene Frauen, deren Eltern zumindest für eine Schulbildung ihrer Töchter gesorgt hatten.

Gerade von den Vätern als den Erziehungsgewaltigen ging oft Widerstand gegen zuviel Gelehrsamkeit für Mädchen aus; es hätte diese für den einzig ihnen angemessenen Beruf, den der Ehefrau, Hausfrau und Mutter, untauglich machen können.[10] Doch Peira konnte sich den väterlichen Erziehungszielen teilweise entziehen.

Ihr Sohn: »In einem Winkel lag eine alte Flöte, [...] sie spielte darauf, als sie noch ein junges Mädchen war, und eben jene Dachkammer wählte sie zu ihrem Konzertsaale, damit der alte Herr, ihr Vater, nicht von der Musik in seiner Arbeit gestört [...] würde.«[11] Peira, die rücksichtsvolle Tochter? Es war anders. Gottschalk hatte in Wirklichkeit seinen Töchtern ausdrücklich verboten, Musik auszuüben. Peira, die Musik liebte und zu gern ein Klavier gehabt hätte, beschaffte sich heimlich eine Flöte, versteckte sie in einem Schrank, zu dem nur sie den Schlüssel hatte, und übte heimlich, sobald ihr Vater das Haus verlassen hatte.[12]

Bildung – im Zeitalter der Aufklärung für Frauen kein Recht, vielmehr erschlichen, erlistet, heimlich erworben.

Peiras Mutter Sara, die vielleicht manches zugunsten der Tochter gegenüber dem Vater durchgesetzt hätte, starb am 3. Januar 1779, als ihr jüngstes Kind gerade acht Jahre alt war. Was der Verlust der Mutter für Peira bedeutete, läßt Raum für Spekulationen. Zu wenig ist über sie bekannt, als daß ihr Einfluß ermessen werden könnte. War sie, quasi als Bollwerk gegen den Vater, für ihre Töchter ein Beispiel von weiblicher Stärke und weiblichem Selbstbewußtsein? Oder eher Werkzeug des Vaters bei der Durchsetzung seiner Erziehungsziele? Die Fragen bleiben offen.

Äußerlich änderte sich im von Geldernschen Haushalt nichts, denn es waren zwei ältere Töchter da, die die Hauswirtschaft mit ihren komplizierten Speisegesetzen weiterführen konnten. Und Gottschalk heiratete noch ein zweites Mal, Veronika Lahnstein aus St. Goar.

Wie sich Peiras Verhältnis zu ihrer Stiefmutter gestaltete, läßt sich allenfalls aus Veronikas Verhalten nach Gottschalks Tod im Oktober 1795 schließen. Da zog sie sofort aus dem Haus »Zur Arche Noä« aus und ließ sich die Summe, die ihr im Heiratsvertrag zugestanden worden war, auszahlen. Peira zwar: »[...] wir sind auch gute Freunde, und sie kömmt uns auch zum öfteren besuchen.«[13] Aber als Veronika Jahre später ihr Testament machte, ernannte sie eine Nichte zu ihrer Universalerbin, die Familie ihrer Stieftochter wurde nicht bedacht.[14] All dies spricht für ein nüchternes, nichts sonderlich herzliches Verhältnis.

Herzlich dagegen war Peiras Verhältnis zum Vater, der sie »[...] immer nach eine[r] Reise mit offenen Armen und eine[r] herzliche[n] Umarmung zu empfangen pflegte [...].«[15]

Durch einen Glücksfall haben sich Briefe erhalten, die Peira als junge Frau von Mitte Zwanzig geschrieben hat, und zwar an Hendelche Israel in Wesel.

Peira nennt darin die Empfängerin »liebe Freundin«, »teure Freundin«, bleibt aber durchweg bei der Anrede »Sie«. Keine enge Freundschaft, sondern allenfalls ein freundlich-distanziertes Verhältnis stellt sich in diesen Briefen dar.

Nun war ein Briefwechsel zu der Zeit selten eine vertrauliche Korrespondenz. Briefe waren vielmehr Zeichen einer guten Erziehung und sollten Aufschluß über Bildung und Charakter der Schreiberin geben. Briefe wurden vorgelesen, abgeschrieben, herumgereicht und diskutiert. Sie waren als literarische Kunstwerke geplant und müssen darum als solche interpretiert werden. Briefe als Mittel der Selbstdarstellung zeigen nicht, wie und was die Schreiberin fühlte und dachte, sondern welches Bild sie von sich entworfen hatte.[16]

Peira stilisiert sich in ihren Briefen als Liebhaberin von Natur und Landschaft: »[. . .] wann die Wege nicht gar zu schlecht sind, so hat man wirklich die schönste Gelegenheit und Muße, die liebe Natur zu betrachten, und ich kann Ihnen wirklich nicht beschreiben, welche süßen Gefühle jede langsam meinen Augen sich entfernende Strohbaurenhütte in mir rege machte. Meine Einbildungskraft schweifte dann weit um mich her und ließ mir so die Wonne doppelt fühlen.«[17]

Ganz offenbar hat Peira Rousseau-Schwärmerei und Schäferinnenidylle des 18. Jahrhunderts aufgenommen und verwendet. Doch will sie »[. . .] nicht Gefahr laufen, [. . .] eine empfindsame Schwärmerin geheißen zu werden«.[18] Denn: »[. . .] so leicht ich auch eine kleine Schwärmerei verzeihe, so sehr hasse ich dennoch die sogenannte modische Empfindsamkeit, deren Existenz ich mehr für Empfindelei als Wirkung eines guten Herzens ansehe.«[19] Beeindruckbar, aber nüchtern – so will sie gesehen werden.

Nüchternheit und Selbstbeherrschung hatte sie, als sie das schrieb, bitter nötig, denn um sie herum gingen in diesen Jahren die allergrößten Veränderungen vor, Veränderungen, die ihr Leben nachhaltig beeinflussen sollten. 1789 begann in Frankreich die Große Revolution, zwei Jahre später hob die französische Nationalversammlung alle Sonderregelungen für JüdInnen in Frankreich auf und bestätigte ihnen ausdrücklich die vollen Menschen- und Bürgerrechte.[20] Die revolutionären Ideen strahlten nach Deutschland aus und ließen die absolutistischen Fürsten um ihre Macht fürchten.

1792 marschierten deutsche Fürstenheere in Frankreich ein, um die RevolutionärInnen und ihre Ideen zu vernichten. Rasch ausgehobene französische Revolutionsheere brachten den Vormarsch jedoch zum Halt, trieben die Fürstenheere über die Grenzen zurück und fielen nun ihrerseits in die deutschen Fürstentümer ein.

Anfang Oktober wurde Düsseldorf durch französische Truppen beschossen, ein knappes Jahr danach besetzt. Die Stadt und ihre Umgebung wurden verwüstet und waren gezeichnet durch »[. . .] verödete Häuser, aufgeworfene Batterien, gefällte Bäume der schönsten Alleen.«[21]

Düsseldorf blieb umkämpft, und Peira beneidete Hendelche im sicheren Wesel, die in Ruhe ins Theater gehen konnte: »Bei Ihnen lassen sich Kriegssöhne in Thaliens Tempel als Priester einweihen, und hier – steht Janus Tempel offen.«[22]

Voll teilte Peira die nationale Grundströmung, die das gebildete Bürgertum als Reaktion auf den französischen Vormarsch erfaßt hatte; sie denkt an Zeiten, »[. . .] wo Deutschland noch Deutschland war, und wo alles deutsch sprach [. . .]«.[23] Hier sprach keine im geistigen Getto verharrende Jüdin mehr den weithin belächelten deutschjüdischen Dialekt, sondern eine gebildete Deutsche.[24]

Eine Generation nach Moses' und Fromets Briefwechsel war es offenbar schon »normal«, daß zwei Jüdinnen einander auf Deutsch schrieben und sich, zumindest was Peiras Anteil betrifft, um eine literarische Ausdrucksweise bemühten.

Dennoch – die Kriegswirren wogen leicht neben den persönlichen Schlägen, die Peira nun trafen.

Zwar kehrte Anfang 1795 ihr Bruder Josef als frischgebackener Arzt in die Heimatstadt zurück und gab in der Zeitung bekannt, er sei für Patienten »[...] bis zum Bezug seiner Mietwohnung im ›Brüsseler Hof‹ zu erfragen [...].«[25]

Aber nach der Besetzung der Stadt durch die Franzosen brach im September die Rote Ruhr aus, an deren Folgen Gottschalk von Geldern am 12. Oktober starb. Peira war verzweifelt, und obwohl ein Aufenthalt in Wesel bei Hendelche sie vorübergehend ablenkte, verfiel sie nach der Rückkehr wieder in eine »traurige Gemütsverfassung«, die sie »[...] öfters tagelang unfähig macht, auch nur eine Zeile zu schreiben [...]«.[26]

Doch es kam noch schlimmer: »Kaum hatte ich angefangen, mich von einem Schlag zu erholen, folgt einen zweiten, der mich vollends zu Boden stürzt.«[27] Ihr Bruder Josef starb ein halbes Jahr nach dem Vater, im April 1796.

Peira hatte ihn aufopfernd gepflegt: »[...] die ängstliche Unruhe und das immerwährende Nachtwachen hatte[n] meine sonst unerschütterliche Gesundheit so zerrüttet, daß, wenn mich nicht das strenge und scharfe Verbot der Ärzte, die liebevolle Sorgfalt meiner Geschwister und die dringende Bitte meiner Freunde vom Krankenbette entfernt hätte, so wäre ich sicher auch eine Beute des Todes geworden.«[28] Sie phantasierte den Tod als »einzigen Ruhepunkt« für ihren müden Geist. »Vergebens sucht die Vernunft das vom tobenden Schmerze zerrissene Herz zu beruhigen [. . .].«[29] Weder Nähen, Stricken noch häusliche Geschäfte konnten sie zerstreuen, auch nicht deutsche, französische oder englische Lektüre, die sie nun »fad«, »traurig« und »vollends unausstehlich« fand. Nicht einmal die geliebte Musik bot ihr Zuflucht. »Mitten in eine[m] Adagio stockte ich und fand zum erste[n] Mal, daß, wenn die Welt sagt, man spielt mit wahrer Empfindung, es eben so viel sagen will, als man kopiert gleich dem Schauspieler auf'm Theater die Natur und ihre Empfindungen. Will ich dann es mit einem Allegro versuchen, so präludiere und phantasiere ich dann vollends solch Zeug untereinander, daß man ehnder glauben soll, ich wollte ein Donnerwetter nachahmen als ein Adagio blasen.«[30]

Peira war zweifellos in eine tiefe Lebenskrise geraten. »Umsonst war der laute Zuruf der Welt, daß unsere Vermögensumstände uns den Beistand unseres Bruders nicht notwendig machte[n]. O, du kalte Welt, die du deine Gefühle bloß nach der Goldwaage abwägst und deinen Verlust gleich Summen zu berechnen weißt!«[31]

Der Verlust des geliebten Menschen schmerzte tief. Mit ihm war aber auch die Unsicherheit ihrer sozialen Existenz deutlich geworden. Als Mann in der Familie, als Familienvorstand blieb nun noch Simon. Und der verfügte nicht über Josefs zielstrebige Intelligenz; er hatte keinen geachteten akademischen Beruf, sondern verdiente vielmehr nach jüdischer Tradition Geld durch Pfandleihe und Kleinkredit.

Der Aufstieg der Familie in die bürgerliche deutsche Gesellschaft, den der »Hofmedikus« Josef von Geldern zu garantieren schien, war mit seinem Tod abgeschnitten.

An eine eigene wirtschaftliche Existenz, wie sie in den Biographien Glückels und Esthers geschildert worden ist, scheint Peira nicht gedacht zu haben. Sie hat möglicherweise geringe Geldmengen »auf der Gasse« verliehen und sich ein geringes eigenes Einkommen verschafft. Aber dafür gibt es keinen Beleg; und Jahrzehnte später stellte sie einmal ausdrücklich fest, sie verstehe nichts von Geschäften.

Kriegswirren, Verlust der familiären und sozialen Geborgenheit. Peira stand vor der Frage, wie sie in Zukunft ihr Leben gestalten sollte.

Der »weibliche Normalfall«, die Ehe als finanzielle und soziale Versorgungsmöglichkeit, war bislang noch nicht eingetreten. Eigentlich erstaunlich, denn jüdische Mädchen wurden, wie die bisherigen Biographien dieses Buches gezeigt haben, in der Regel sehr früh verheiratet. Als klassische Beispiele seien noch einmal Glückel, ihre Schwestern und ihre Töchter genannt, die allesamt sehr jung verheiratet worden waren. In der Generation Fromets hatte sich das Heiratsalter zwar erhöht. Sie selbst war schon über zwanzig, als sie heiratete. Auch ihre Töchter waren zwar früh verlobt worden, heirateten aber erst mit achtzehn oder neunzehn Jahren.

Nicht geändert hatte sich das Bestreben der Eltern, ihre Kinder sicher zu verheiraten. Auch für die allermeisten Frauen war zweifellos noch immer die Ehe das einzige – und darum erstrebenswerte – »Karriereziel«. Sie selbst mußten an einer Eheschließung interessiert sein, denn erst als Hausfrauen und Mütter gewannen sie innerhalb der sozialen Gemeinschaft eine eigenständige Rolle. Nicht anders als im christlichen Bereich übrigens.

Fromets Tochter Henriette zeigte allerdings schon deutliche Anzeichen, diesen Weg nicht zu gehen, sondern sich aus eigener Kraft, wenngleich noch immer im klassischen weiblichen Bereich der Erziehung und Pflege, eine Existenzgrundlage zu schaffen.

Von Peira wird, wenn in der umfangreichen Literatur über ihren berühmten Sohn Heinrich Heine die Mutter und ihre Jugendschicksale überhaupt erwähnt werden, angenommen, sie habe mehrere Bewerber abgewiesen und recht früh die Absicht geäußert, unverheiratet zu bleiben.[32]

Möglich, daß sie es vorgezogen hätte, ihren Brüdern den Haushalt zu führen, statt einen ungeliebten Mann zu heiraten. Sie wäre dann einer »Mode« gefolgt, die im Rahmen des vorliegenden Buches erstmals im Umkreis Fromets zu beobachten war: die Liebes- oder Neigungsehe.

Finanziell war eine Ehe für Peira nicht notwendig. Es war aus dem väterlichen Erbe genügend Geld vorhanden, um ein gesichertes Leben damit bestreiten zu können.

Aber der unerwartete Tod des geachteten älteren Bruders erschütterte diesen Lebensplan, wenn er denn bestanden hätte. So unerwartet wie Josef konnte schließlich auch der zweite Bruder, Simon, sterben und Peira und Hanna schutzlos zurücklassen. Bräunelchens Ehemann konnte oder wollte die Rolle eines Bruders nicht ausfüllen.

Peira scheint aber schon vor Josefs Tod eine Ehe nicht kategorisch abgelehnt zu haben. Im Briefwechsel mit Hendelche gibt es nämlich mehrfach Hinweise auf deren Bruder, der im elterlichen Hause in Wesel lebte und von Peira in ihren ersten Briefen an die Freundin immer ausdrücklich gegrüßt wurde. Er seinerseits schickte ihr in einem Brief Hendelches Anfang Januar 1796 einen Komödienzettel (eine Art kurzgefaßtes Theaterprogramm), für den Peira sich gebührend bedankte.

Im Februar ließ er anfragen, ob er Peira schreiben dürfe.[33] Sie antwortete mit großer Geste: »Sie konnten noch [. . .] fragen lasen, ob Sie so frei sein dürften, an mir zu schreiben? Nur der Schwache muß sich auf das große, aber dennoch schwankende Rohr der Etikette stützen. Obgleich ich mit einem alltäglichen Gesicht und Figur auch einen alltäglichen Geist verbinde, so fühle ich dennoch die Kraft, mich über die Chimären Vorurteil, Konvenienz und Etikette hinauszuschwingen [. . .]. Ich hoffe, Sie werden diese Art zu denken billigen; sollte es nicht so sein, so bitte ich um eine freundschaftliche Zurechtweisung.«[34]

Eine bemerkenswert klare Aussage, über sich selbst und ihre innere Haltung. Ein Briefwechsel mit einem Mann, zu dem sie keinerlei familiäre Beziehung hatte!

Das erinnert an Fromet und Moses, die ja auch, sich über die noch geltenden Konventionen hinwegsetzend, einen intensiven Briefwechsel geführt hatten, solange sie verlobt waren.

Peira aber ging über dieses Beispiel hinaus, denn nur weil die beiden Genannten verlobt waren, hatten sie Briefe wechseln dürfen; immer jedoch unter den wachsamen Augen der Stiefmutter Vogel Gugenheim (übrigens einer Verwandten der von Geldern).

Wenn Peira nun also auf einen Briefwechsel einging, zeigte sie sich kühner als Fromet. Sie wollte damit etwas tun, was zur gleichen Zeit auch Rahel Lewin begann und zu einer wahren Kunstform entwickeln sollte: den Briefwechsel unter FreundInnen, die Pflege von Freundschaft ohne vordergründige Gedanken an eine Ehe.

Freundschaft unter Gleichgesinnten, verbunden mit einem Briefwechsel, war es auch, was den Kreis um Henriette Herz und Fromets Tochter Dorothea konstituierte; was in diesen Jahren, in jüdisch-christlichen Zusammenhängen, wahrhaft kultiviert wurde. Was sich dann in der Literatur niederschlug als Briefroman oder in Form von Briefsammlungen.

Wohl eher als Floskel gemeint, hatte Peira in ihrer zustimmenden Antwort um »Zurechtweisung« gebeten.

Die muß erfolgt sein, denn der Briefwechsel mit Hendelche stockte und wurde erst drei Monate später fortgesetzt; von da an gab es keine besonderen Grüße, eingelegten Zettel und direkten Anreden mehr, sondern nur noch Grüße an die »verehrungswürdigen Eltern und Geschwister«.

Just zu dieser Zeit tauchte aber auch der Mann in Düsseldorf auf, den Peira dann heiratete – Samson Heine.

Samson entstammte einer weitverzweigten norddeutschen Familie[35], die ebenfalls schon früh einen Familiennamen führte und in den traditionellen jüdischen Erwerbszweigen tätig war: Pfand- und Kreditwesen, Handel mit Luxusgütern und Armeebedarf. Als zweiter von sechs Söhnen wurde Samson am 19. August 1764 geboren. Wie seine Brüder Isaak, Salomon, Meyer, Samuel und Henry folgte er nach dem Tode seines Vaters 1780 der Mutter nach Hamburg und betätigte sich in den folgenden Jahren als Händler für Armeebedarf. Sein geschäftlicher Schwerpunkt lag auf dem Tuchhandel. Während er zu Isaak, Meyer und Samuel nur losen Kontakt hielt, blieb die Verbindung zu Salomon und Henry sehr eng. Beide etablierten sich erfolgreich als Bankiers, wobei besonders Salomon, gestützt auf die Familienbeziehungen seiner Mutter, eine erstaunliche Karriere gelang.

Salomon ist das Urbild des jüdischen Bankiers – ungewöhnlich begabt für alle Arten von Geldoperationen, peinlich genau in der Erledigung aller Geschäfte, mit dem Pfennig rechnend. Über die kleinste Verschwendung verfiel er in Wutausbrüche, die seine Umgebung in Angst und Schrekken versetzten. Er hatte früh die Mittel, Verwandte und Bekannte großzügig zu unterstützen, setzte diese Unterstützung aber auch als Machtmittel ein, mit dem er Wohlverhalten erzwang. Mit dem Tode des Vaters war er der Familienpatriarch geworden; die Rolle füllte er mit Überzeugung aus.

Samson war, auch äußerlich, ein ganz entgegengesetzter Typ, eine Rokoko-Figur mit Körperformen, »[. . .] die nicht straff und drall, sondern vielmehr weich und zärtlich geründet waren. Den Konturen seiner Züge fehlte das Markierte, und sie verschwammen ins Unbestimmte.«[36] Samson zeigte »eine grenzenlose Vorliebe für das [...] Soldatenspiel, die Lust an jenem lustigen, müßigen Leben, wo Goldflitter und Scharlachlappen die innere Leere verhüllen und die berauschte Eitelkeit sich als Mut gebärden kann.«[37] Und »er war genußsüchtig, frohsinnig, rosenlaunig. In seinem Gemüte war beständig Kirmes [...].«[38]

Samon war über dreißig, als er im Sommer 1796 nach Düsseldorf kam, möglicherweise schon in der Absicht, Peira kennenzulernen.[39] Zwei sehr entgegengesetzte Charaktere trafen aufeinander, in einer teilweise zerstörten, durch Kriegswirren aufgewühlten Stadt, die jeden Moment mit der Wiederaufnahme der Kampfhandlungen rechnete. Peira, nach den familiären Schicksalsschlägen im Zustand seelischer und körperlicher Erschöpfung, sah einer ungewissen Zukunft entgegen.[40]

Eine Verständigung zwischen den beiden erfolgte wohl sehr schnell, denn im Juli setzte Samson bereits einige Zeilen unter einen Brief Peiras an Hendelche; und Anfang September, als er aus Düsseldorf wieder abreiste, sprach Peira von ihm als »mein Heine«.

Innerhalb kürzester Zeit hatte Peira sich verlobt, über ihre Motive gegenüber Hendelche aber keine Andeutungen gemacht.

Hoffte sie auf einen gesicherten Sozialstatus als Ehefrau? Hoffte Samson auf eine geschäftliche und soziale Etablierung mit Hilfe von Peiras Vermögen und der Stellung der Familie von Geldern in Düsseldorf? Beides mag eine Rolle gespielt haben, aber sicher gefiel Peira auch der lebenslustige, weitgereiste Mann, der geradezu das Gegenbild zu ihrem Vater und dem Bruder Josef gewesen sein muß. Samson verkörperte all das, was sie aus ihrer trüben Stimmung herausreißen konnte. Und die nüchterne, aber lebensoffene Peira mag Samson als ideale Ergänzung zu seiner Sorglosigkeit erschienen sein.

Daß Peira die treibende Kraft in dieser Verbindung war, zeigt die Geschichte der Eheschließung.

Samson war jüdischen Glaubens wie Peira, also sollten sich von dieser Seite keine Hindernisse ergeben. Aber noch galt in Düsseldorf die jülisch-bergische Gesetzgebung, derzufolge die Vorsteher der jüdischen Gemeinde über die Niederlassung (Stättigkeit) eines Juden entschieden; und sie durften nur dann zustimmen, wenn die zulässige Höchstzahl von jüdischen Familien noch nicht erreicht war.

Hier zeigen sich gegenüber der Situation in Berlin kleine Varianten. In Düsseldorf waren die Gemeindevorsteher in Fragen der Niederlassung etwas autonomer gegenüber der Obrigkeit, hatten dadurch aber auch gegenüber einzelnen Gemeindemitgliedern mehr Machtbefugnisse.

Alle jüdischen Einwohner Jülich-Bergs, dessen Residenzstadt Düsseldorf war, bildeten die »Judenschaft«, an deren Spitze ein »Obervorgänger« gewählt wurde. Dieser stellte, im Auftrag des Landesherrn, Schutz- und Geleitbriefe aus, schätzte das Steueraufkommen der Gemeindemitglieder und wählte mit anderen hervorgehobenen Gemeindevertretern den Oberrabbiner. Dieser war nicht nur das Oberhaupt im religiösen Bereich, sondern auch Richter für alle Fragen, die zwischen Gemeindemitgliedern strittig waren. Obervorgänger und Oberrabbiner regierten mithin die Judenschaft in finanziellen, rechtlichen und religiösen Angelegenheiten. Darin wurden sie vom Landesherrn gestützt, dem an Ruhe in der jüdischen Gemeinde gelegen war.

Die Vorsteher lehnten Samsons Gesuch ab, weil es entweder gerade keine Vakanz gab oder sie nicht wollten, daß ein Zugereister Peira und ihr Vermögen heiratete und ein Düsseldorfer Gemeindemitglied um seine Chancen brachte. Daß Peira nicht unbedingt heiraten wollte, nur um verheiratet zu sein, konnten sie nicht wissen, hätten es aber vermutlich auch nicht geglaubt. Neigungsehe! Das war in ihren Vorstellungen zwar eine Mode, die die jungen Leute ergriffen hatte, aber doch wohl nicht ernstlich eine Rolle spielen konnte, wenn es um die wichtigen Dinge des Lebens ging.

Da es noch keine Zivilehe gab, waren Peira und Samson aber darauf angewiesen, vom Rabbiner getraut zu werden. Eine schwierige Situation; und offenbar war kein Familienmitglied bereit, hilfreich zu intervenieren.

Hier nun zeigten sich Peiras Energie und Zielstrebigkeit. Sie machte sich zunutze, was sie noch wenige Monate zuvor bitter beklagt hatte: das französische Besatzungsregiment.

JüdInnen besaßen in Frankreich nun das volle Bürgerrecht, und inzwischen war dort auch die Zivilehe eingeführt worden.

Peira trug ihren Fall dem französischen Kommandanten in Düsseldorf vor, und der zeigte sich einsichtig. Er erließ einen Befehl, das Niederlassungsrecht (was die Heiratserlaubnis einschloß) für sie und Samson zu erteilen.

Ein Rabbiner versuchte daraufhin, vom Kommandanten die Rücknahme des Befehls zu erreichen. Peira: »Allein gegen sein Vermuten erging ein zweiter Befehl, mir sogleich mein Kijumin [Niederlassungsrecht] auszufertigen.«[41]

Der Rabbiner weigerte sich, dem Befehl zu folgen, so daß ein weiterer ergehen mußte. Peira an Hendelche: »Ja, Rabbi Salomon wollte auch haben, daß die Gültigkeit dieses Versicherungsscheins erst nach der Heirat anfangen sollte, aus der Ursache, weil ich als Kalle [Braut] sterben könnte und mein Bräutigam alsdann als ein ganz Fremder, wenn der Schein vor der Hochzeit schon gültig wäre, das Kijumin hätte. Allein dieses ist ihm auch abgeschlagen worden, denn in dem Befehl steht ausdrücklich, daß man mir den Versicherungsschein ohne Vorbehalt vor der Verehlichung ausfertigen muß. Ich habe also völlig über meine Feinde gesiegt [. . .].«[42]

In der Heine-Literatur ist gelegentlich die Meinung vertreten worden, Peira habe anfangs keineswegs über ihre »Feinde« gesiegt, darum unverheiratet mit Samson zusammengelebt und die Rabbiner durch die Geburt eines Kindes zur nachträglichen Legalisierung der Verbindung gezwungen.[43]

Psychologisch ist die These einer »wilden Ehe« jedoch kaum haltbar. Zwar war Peira energisch und zielstrebig, und in dem Briefeinschub an Hendelches Bruder bezeichnet sie sich als unkonventionell, aber eine freie Verbindung hätte denn doch einen völligen Bruch mit der strengen jüdischen Tradition bedeutet, in der sie aufgewachsen war. Sie hätte zudem beide Partner innerhalb der jüdischen Gemeinde isoliert. Nun läßt sich aber nachweisen, daß Samson in Düsseldorf Mitglied der frommen jüdischen »Gesellschaft zur Ausübung menschenfreundlicher Handlungen und zum Rezitieren der Psalmen« gewesen und sogar zu einem ihrer Vorsteher gewählt worden ist[44] – beides undenkbar, wenn er massiv gegen das Sittengesetz verstoßen hätte.[45]

In Grenzen unkonventionell war Peira durchaus. Sie wählte ihren Ehemann selbst aus und setzte seine Niederlassung gegen die Widerstände der Gemeinde durch, doch sie brach nicht mit den moralischen Gesetzen ihrer Zeit.

Wohl aber brach sie mit dem Judentum, denn mit der Eheschließung wechselte sie außer dem Nach- auch den Vornamen: aus Peira wurde Betty. Ihr Sohn erwähnt Jahrzehnte später beiläufig, sie habe eine »Abneigung gegen die Juden«.[46]

Innerhalb der Familie von Geldern wurden nach Bettys Verlobung die finanziellen und räumlichen Verhältnisse geordnet. Simon, Hanna und Betty hoben den gemeinsamen Haushalt auf und teilten das Vermögen; mit der verheirateten Schwester Bräunelche kam es zu Vereinbarungen über die Hinterlassenschaft von Vater und Bruder.[47]

Ab Januar 1797 betrieb Samson ein Geschäft im Haus Bolkerstraße 53, das Verwandten Bettys gehörte. Am 1. Februar fand die Hochzeit statt, und Betty zog in die Bolkerstraße.[48]

Dort, im Zentrum Düsseldorfs, lebten Betty und Samson Heine ungefähr zwanzig Jahre lang.

Samson, der bisher wohl eher als herumreisender Armeelieferant gelebt hatte, war seßhaft geworden, und Betty begann ihr Leben als Hausfrau und, sehr bald, als Mutter.

Insgesamt brachte Betty vier Kinder zur Welt: Harry 1797, Charlotte 1800, Gustav 1805 und Maximilian 1806. Ihnen bereitete sie, wie Heines »Buch Le Grand«, seine »Memoiren« sowie mehrere Gedichte bezeugen, eine glückliche Kindheit. Alle Kinder stillte sie selbst[49] – Grundlage eines lebenslangen engen Verhältnisses zu ihnen. Sie war durchaus fähig, ihre Kinder zu prügeln, aber sie bot ihnen auch Schutz: Ein Nachbarskind, das einmal Harry durch einen Steinwurf am Kopf verletzte, verfolgte sie mit dem Ruf: »Wo ist der böse Junge, der meinem Harry ein Loch in den Kopf geworfen hat? Ich will's ihm eintränken!«[50]

»Mein« Harry! Auch in der Kindererziehung erwies sie sich als energisch und besitzergreifend. In der Familie herrschte in den Düsseldorfer Jahren ein munterer Ton, eine heitere Stimmung, die Heine unnachahmlich in seinen Erinnerungstexten beschreibt. Auch noch in den letzten Familienbriefen, Jahrzehnte später, war dieser Ton zu spüren.

In allen Außenkontakten der Familie hielt Betty sehr auf gutes Benehmen, auf die richtigen Manieren. Sehr früh nahmen die Kinder deshalb an Gesellschaften im Elternhaus teil, wo sie »trainieren« konnten. Sie stellte feste Regeln auf, die die Kinder lernten und an die sie sich, wie eine amüsante Anekdote zeigt, auch immer sehr gut erinnerten. Eine dieser Regeln lautete nämlich, daß bei Einladungen in fremden Häusern immer ein Rest auf dem Teller bleiben solle, der »Respekt«. Als Max sich einmal nicht daran hielt, rief Harry entsetzt aus: »Mama, denke dir, Max hat den ›Respekt‹ aufgegessen.«[51]

Körperliche Nähe, Schutz, Regeln für gutes Benehmen als Schlüssel zu gesellschaftlichem Erfolg, aber auch sehr viel Freiheiten. Die Kinder wurden nicht eingeengt. Max viele Jahrzehnte später: »Der selige Vater nahm mich als Knabe auf die Kaffeehäuser, lehrte mich das Kartenspiel, und ich bin weder ein Säufer noch Spieler geworden. – Die ernste geistvolle Mutter zürnte nicht, wenn ich Schauspiele, Bälle, Konzerte und mitunter auch andere stillere Vergnügungen besuchte [. . .].«[52]

Heine erzählt, wie er allein oder mit Freunden durch Düsseldorf streifte, wie er Freundschaft mit dem gesellschaftlich verfemten roten Sefchen, der Scharfrichterstochter, schloß. Betty mochte manches mißbilligen, aber sie ließ die Kinder gewähren.

Sie, die doch eigentlich unverheiratet bleiben wollte, füllte nun die traditionelle Frauenrolle aus: als Ehefrau, Hausfrau und Mutter regierte sie liebevoll und energisch das Haus und die Kinder. Sie bestimmte den Tagesablauf der Familie, sie legte die Erziehung der Kinder fest. Heine: »Sie spielte die Hauptrolle in meiner Entwicklungsgeschichte, sie machte die Programme aller meiner Studien, und schon vor meiner Geburt begannen ihre Erziehungspläne . . .«[53]

Bettys Ziele waren klar: Die Kinder sollten weiterführen, was schon mit Gottschalk von Geldern begonnen hatte – Auszug aus dem Getto des jüdischen Lebens und die Assimilierung in der deutschen Gesellschaft. »Entreebillets« dorthin waren ausreichende finanzielle Mittel, Kultur und Bildung.

Finanziell gesehen waren die Verhältnisse der Familie zunächst gut, denn das mit Mitteln aus Bettys Erbteil eröffnete Geschäft florierte. Samson erwies sich als erfolgreicher Geschäftsmann, dessen Handelskontakte bis nach England reichten. Dorthin reiste er bei Gelegenheit selbst, um Waren, besonders den von ihm eifrig propagierten Velveteen (eine Samtimitation) einzukaufen. Sein ältester Sohn Harry erhielt seinen Namen nach einem englischen Geschäftspartner des Vaters. Samson verkaufte seine Waren direkt auf dem Markt und in seinem Haus, aber auch an jüdische Händler, die sie dann in den Städten und Dörfern am Niederrhein weiterverkauften. Das Warenangebot war reichhaltig und »nach dem neuesten Geschmack«.[54] Die Geschäfte gingen so gut, daß Samson 1809 das Wohnhaus Bolkerstraße 42 kaufen konnte, ein Haus mit Palais-Charakter, das von Betty gastfreundlich und repräsentativ geführt wurde.

Auf diesem Haus ruhte das Recht, bei – christlichen – Prozessionen einen Altar zu schmücken, was die jüdische Familie Heine regelmäßig mit Eifer und Freude tat. Selbst hielten Betty und Samson an hergebrachten jüdischen Bräuchen fest, aber mehr im Sinne von Familienfesten, so wie heute viele Menschen Weihnachten feiern, obwohl die wenigsten praktizierende ChristInnen sind. Samson erklärte seinem ältesten Sohn das Festhalten an der jüdischen Tradition eher pragmatisch: »[. . .] die Juden würden keine Velveteens mehr bei mir kaufen und sind ehrliche Leute, zahlen prompt und haben auch recht, an der Religion zu halten [. . .].«[54a]

Kulturell integrierte Betty ihre Familie bewußt in das Leben der Stadt. Sie besuchte die Oper, protegierte eine Opernsängerin (die Heine zu seinem ersten Gedicht inspirierte), veranstaltete Arienabende zugunsten der Armen und besuchte auch dann Konzerte, wenn die Preise für Eintrittskarten, etwa bei Gastspielen berühmter Musikerinnen, das Familienbudget eigentlich überstiegen.[55]

All diese Bemühungen festigten den sozialen Status der Familie. Samson war spätestens seit 1803 ehrenamtlicher Armenpfleger seines Wohnbezirks und bekleidete damit ein Amt, das sonst durchweg von Ärzten, Anwälten und höheren Beamten besetzt wurde.[56] Und nach der Einverleibung Düsseldorfs in französisches Staatsgebiet wurde er Offizier der Bürgergarden und konnte »die schöne dunkelblaue, mit himmelblauen Sammetaufschlägen versehene Uniform tragen und an der Spitze seiner Kolonnen an unserem Hause vorbeidefilieren [. . .]. Vor meiner Mutter, welche errötend am Fenster stand, salutierte er dann mit allerliebster Kourtoisie [. . .].«[57]

Ausreichende finanzielle Mittel ermöglichten der Heine-Familie die Teilnahme an den gesellschaftlichen und kulturellen Aktivitäten ihrer christlichen Umgebung.

Mit der Bildung dagegen haperte es bei den Eltern. Betty selbst, gehandicapt als Frau und Jüdin, hatte Schulbildung nur mühsam und fragmentarisch erwerben können. Samson war ihr in dieser Hinsicht noch unterlegen. Die Kinder jedoch sollten unter diesen Mängeln nicht mehr leiden. Und so brachte Betty schon sehr früh den Kindern das – deutsche – Alphabet bei, wobei sie die Buchstaben mit Kreide auf eine dunkelgrüne Tür malte.

Die Tochter Charlotte stieß, wie ihre Mutter, schnell an die Grenzen der damaligen Mädchenbildung, erhielt aber, anders als Betty, Gelegenheit zum Musikunterricht.

Die Söhne konnten und sollten die bestmögliche Ausbildung bekommen. Nach der Vorbereitungsschule wurden alle drei nacheinander auf das Lyzeum im ehemaligen Franziskanerkloster geschickt, Vorbedingung für eine erfolgreiche akademische Karriere. Leiter der Schule war Rektor Schalmeyer, der Familie von Geldern freundschaftlich verbunden, seit Bettys Vater ihn erfolgreich ärztlich behandelt hatte. Die drei Söhne Heine waren in Düsseldorf die einzigen Juden, die zu dieser Zeit eine höhere Schule besuchten[58], deutliches Zeichen für Bettys Assimilierungswillen.

Die jüdische Herkunft, noch in Bettys Jugend lebensbestimmend, sollte für die Chancen ihrer Kinder nur eine unter mehreren Bestimmungsgrößen sein. Ungefähr fünfzig Jahre nach der Promotion ihres Vaters als ein erster Schritt aus dem Getto heraus, ungefähr zehn Jahre nach dem Kampf um ihre Eheschließung, der zu ihrem inneren Bruch mit dem Judentum geführt hatte, waren die Söhne auf dem besten Weg, den »Makel« der jüdischen Herkunft abzustreifen und gleichberechtigte Mitglieder einer bürgerlichen deutschen Gesellschaft zu werden.

Politische und private Ereignisse beendeten vorerst diese Entwicklung und ließen langfristig völlig neue Verhältnisse entstehen.

1806 führte Napoleon in den von ihm abhängigen Staaten die Kontinentalsperre ein und schnitt Europa vom englischen Markt ab; wirtschaftliche Turbulenzen waren die Folge. Die napoleonischen Feldzüge wurden durch Kontributionen der eroberten Länder finanziert, und die napoleonischen Heere wurden mit Rekruten aufgefüllt, die zwangsweise dort ausgehoben wurden. Nationaler Widerstand gegen diese Praxis der französischen Besatzer flammte immer wieder auf und äußerte sich in Unruhen und Aufständen. Die deutschen JüdInnen hatten am meisten von der französischen Gesetzgebung profitiert; ein entstehendes deutsches Nationalgefühl traf mit seiner antifranzösischen Tendenz auch die »Nutznießer« der französischen Besatzungspolitik. Antijüdische Stimmen wurden laut, auch und gerade unter den Intellektuellen. Nach dem Zusammenbruch der französischen Herrschaft kam es zu judenfeindlichen Ausschreitungen in mehreren deutschen Städten, im August 1819 auch in Düsseldorf. Solche Unruhen und Ausschreitungen entstanden nicht urplötzlich; gewöhnlich waren sie vorbereitet durch eine mehr oder weniger öffentliche Diskussion, durch eine nur schwer lokalisierbare Stimmung. Hier kündigte sich der nicht mehr religiös, sondern nun nationalistisch und rassistisch begründete Antisemitismus an, der die gewohnte Judenfeindschaft ablöste.

Gerade noch schien sich alles so positiv für Bettys Assimilierungswünsche zu entwickeln: die gesellschaftliche Integration gelungen, die Bindung an das Judentum nur noch eine Privatsache ohne rechtliche Relevanz.

Die Definition des Judentums nicht mehr als nationale Zugehörigkeit, sondern als private Gesetzesbefolgung wie bei den Christen auch, wie Moses Mendelssohn das theoretisch und praktisch versucht hatte, schien die Möglichkeit zu bieten, alle JüdInnen als StaatsbürgerInnen integrieren zu können. Religion hinfort also Privatsache, völlig unabhängig von staatsbürgerlichen Rechten und Pflichten.

JüdInnen gaben in diesen Jahrzehnten ihre Vorstellung vom Judentum als einer nationalen Zugehörigkeit auf, um der deutschen Nation als gleichberechtigte StaatsbürgerInnen angehören zu können.

Genau in diesem Augenblick mutierte der Antijudaismus in den Antisemitismus, wurden JüdInnen nicht mehr wegen ihres »Irrglaubens« ausgegrenzt, sondern wegen ihrer Zugehörigkeit zu einer »fremden« Nation.

Wenn, in einem Gewirr von Dutzenden deutschen Einzelstaaten, blutmäßige Zugehörigkeit, das heißt Abstammung, das Deutschsein konstituierte, dann ließen sich die JüdInnen, die jahrhundertelang als Folge von Abgrenzung und Ausgrenzung nur Binnenheiraten praktiziert hatten, natürlich vortrefflich erneut ausgrenzen: diesmal nicht ihres Glaubens, sondern ihrer Abstammung wegen.

Und dann war die Familie Heine betroffen.

Eine direkte Folge von Kontinentalsperre und Kontributionen war ein allgemeiner Geldmangel, der zum Rückgang der Handelsgeschäfte und zu einem ruinösen Konkurrenzkampf besonders im Textilhandel führte.[59] Samson Heines Geschäfte erlitten schwere Einbußen, was sich nach Napoleons Niederlage und der politischen Neuordnung Europas noch verstärkte. 1817 fielen die Endpreise für Baumwollwaren so sehr, daß Samson beim Endverkauf nicht einmal mehr den Einkaufspreis erlöste. Bald stand er vor dem Bankrott, den er zunächst aufhielt, indem er Wechsel auf seine Brüder Henry und Salomon ausstellte. Die beiden hatten nun die Möglichkeit, die Wechsel einzulösen und ihren Bruder vor dem Bankrott zu bewahren.

Beide, besonders aber Salomon, hatten sehr früh erkannt, daß reine Bankgeschäfte, Spezialisierung also, viel gewinnbringender waren als das bisher bei jüdischen Unternehmern gewohnte »Mischwarenangebot« von Waren, Pfandleihe und Krediten.

Bankgründungen wie die ihren, zunächst noch mit Kompagnons, sollten sich als zukunftsträchtig erweisen. Sie gingen also den gleichen Weg wie beispielsweise die Brüder Mendelssohn.

Wenn Samson nun Wechsel auf Salomons und Henrys Namen ausstellte, bat er damit um Kredit, wenngleich in einer recht zwingenden Form.

Parallel zur Verschlechterung der gesellschaftlichen und wirtschaftlichen Situation war jedoch Samsons Gesundheit verfallen. Seit 1814 litt er unter epileptischen Anfällen, die ihn zeitweise handlungsunfähig machten. Es war absehbar, daß er ohne Unterstützung eines Partners seine Geschäfte nicht aufrechterhalten konnte.

Im Sommer 1814 kam sein Bruder Salomon mit seinen Kindern zu Besuch nach Düsseldorf, und da trafen zwei Welten aufeinander: Die Hamburger Heines lebten in ständig wachsendem Reichtum, während die Düsseldorfer Heines ihren vergleichsweise bescheidenen Wohlstand gefährdet sahen und auf die Hilfe von Verwandten hofften.

Große Versprechungen wird Salomon nicht abgegeben haben, die finanzielle Situation in Düsseldorf verbesserte sich nicht. Es scheint aber ein Ergebnis des Besuchs gewesen zu sein, daß der älteste Sohn, Harry, das Gymnasium verließ und für ein Jahr eine Handelsschule besuchte – Vorbereitung für eine Zukunft als Kaufmann.

Die akademischen Träume der Mutter mußten Träume bleiben.

Im September 1815 wurde Harry bei einem Geschäftsfreund Samsons in Frankfurt in die kaufmännische Lehre gegeben, brach diese jedoch bereits im November ab und kehrte nach Düsseldorf zurück. Im folgenden Jahr arbeitete er eine Weile in Salomons Hamburger Bankhaus, dann wurde ihm in Hamburg ein Geschäft eingerichtet, juristisch eine Filiale der Düsseldorfer Firma, die unter Salomons Aufsicht stand. Aber Harry Heine war kein Geschäftsmann, der seinem Vater helfend an die Seite treten konnte, und die finanzielle Situation Samsons hatte sich mittlerweile so verschärft, daß Henry und Salomon wegen der von ihrem Bruder ausgestellten Wechsel um ihren eigenen guten Ruf als solide Geschäftsleute fürchteten.

Salomon, der am 1. Januar 1819 ein eigenes Bankhaus unter seinem Namen begründet hatte, griff nun entschlossen ein. Er holte Samson im März 1819 nach Hamburg und beantragte in Düsseldorf seine Entmündigung mit der Begründung, die epileptischen Anfälle hätten bei Samson zu Verstandesschwäche geführt, weshalb er einen Kurator brauche.

Damit setzte er die Düsseldorfer Familie unter Druck. Betty war an den Geschäften Samsons nicht beteiligt gewesen, und ihr Bruder Simon, der ein Rückhalt hätte sein können, war ein liebenswürdiger Kauz, aber kein zupackender Geschäftsmann.

Und so ist vielleicht die Übereinkunft zu erklären, die nun offenbar geschlossen wurde: Samson, der mitnichten verstandesschwach war, aber unter den häufigen epileptischen Anfällen litt, zog sich aus dem Geschäftsleben zurück und überließ Henry und Salomon die Konkursabwicklung. Salomon garantierte ihm und seiner Familie dafür den ständigen Lebensunterhalt sowie die Ausbildung der Söhne, möglicherweise auch eine Mitgift für die Tochter Charlotte.[60]

Innerhalb weniger Monate wurde die Düsseldorfer Familienexistenz aufgelöst. Samson lebte seit März unter Aufsicht Salomons in Hamburg. Harry begann auf Beschluß der Familie im September 1819 ein Jurastudium. Betty verkaufte ihren Schmuck, um ihm einen guten Start zu ermöglichen. Sie selbst zog im Frühjahr 1820 mit Charlotte und Max zu Samson nach Hamburg, während Gustav, der im Düsseldorfer Gymnasium gescheitert war, eine landwirtschaftliche Lehre begann. Max, offenbar ein guter Schüler, besuchte ab Sommer 1820 das Johanneum in Hamburg. Im August 1820 wurde schließlich das Düsseldorfer Haus verkauft; die Düsseldorfer Zeit der Familie Heine war zu Ende.[61]

In den folgenden Jahren hatte die Familie keinen festen Lebensmittelpunkt. Man wohnte zeitweise in Hamburg, ging aber zu langen Kuraufenthalten nach Bad Oldesloe, damit Samson von den Salzbädern Gebrauch machen konnte. Max lebte dort inzwischen in Pension und besuchte das Gymnasium.[62]

Betty war nun fünfzig Jahre alt. Das eigene Haus, die selbständige Existenz, der soziale Status in der Heimatstadt waren verloren, der Ehemann sehr krank, die Kinder allesamt unversorgt. Sie selbst befand sich in einem Alter, das die meisten Frauen als schwierig empfinden – die Wechseljahre künden die dritte, die letzte Lebensphase an. Nach den Maßstäben ihrer Zeit war sie eine alte Frau, die eigentlich einen ruhigen Lebensabend verdient hätte. Was mag sie in dieser Zeit bewegt haben?

Leider hat eine sehr wirkungsvolle Familienzensur dafür gesorgt, daß alle Zeugnisse Bettys und ihrer Familie, die den dramatischen Umschwung der Verhältnisse und Salomons Rolle dabei erhellen könnten, vernichtet worden sind. Aber die Stimmung muß gedrückt gewesen sein; nach einer Äußerung Harrys war sein Vater gemütskrank, litt seine Mutter an Migräne.[63]

Und die Stimmung wurde noch düsterer. Die Hoffnung, die Familie könnte sich auf Dauer in Oldesloe ansiedeln, zerschlug sich. Noch herrschte keine Freizügigkeit zwischen deutschen Territorien, noch gab es kein allgemeines deutsches Staatsbürgerrecht. Statt dessen ein Heimat- und Wohnrecht in Städten und Gemeinden, das erworben werden mußte. Und Bürgermeister und Rat von Oldesloe waren auf Bitten Salomons und Henrys zwar bereit, Samson Heine und seiner Familie das Wohnrecht in ihrer Stadt zu gewähren[64], aber nur, wenn die Brüder ein Wohnhaus kauften und als erste Hypothek die Verpflichtung eintragen ließen, Samson und seine Familie daraus im Fall der Verarmung zu versorgen. Dazu waren die Brüder nicht bereit.

Schließlich fand sich aber in Lüneburg, im Königreich Hannover, das auch über Salzbäder verfügte, eine Unterbringungsmöglichkeit.

Auch dort gestaltete sich die Ansiedlung der Familie Heine nicht einfach, denn Lüneburg nahm damals keine Fremden auf, wenn sie nicht die Bürgschaft eines vermögenden Lüneburger Bürgers für ihren Unterhalt vorweisen oder eine Kaution stellen konnten. Vier Monate lang verhandelte Salomon schriftlich und persönlich mit Bürgermeister und Magistrat von Lüneburg über Samsons Niederlassung. Er stellte keine Kaution, versicherte aber, er zahle seinem Bruder eine jährliche Rente von zweitausend Mark bis an sein Lebensende. Der Lüneburger Schutzjude Wolff Abraham Ahrons erklärte sich in Salomons Anwesenheit vor dem Bürgermeister zur Bürgschaft bereit, versuchte diese aber, kaum war Salomon wieder in Hamburg, mit Bedingungen zu versehen, die ihn entlasteten. Als der Magistrat verlangte, Ahrons solle bedingungslos bürgen, andernfalls müsse Heine eine andere Bürgschaft beibringen, erklärte er sich zur bedingungslosen Bürgschaft bereit. Es scheint, als sei Ahrons von Salomon geschäftlich abhängig gewesen, was dieser sich zunutze machte, um seinem Bruder die Bürgschaft zu verschaffen.

Diese Bürgschaft war ja tatsächlich eine reine Formsache, solange Salomon die genannte Rente pünktlich zahlte.

Die Bürgschaft wurde nur dann akut, wenn die Rentenzahlungen ausblieben und die Familie anders versorgt werden mußte. Das aber konnte, wie viele wirtschaftliche Umschwünge bewiesen hatten, durchaus einmal eintreten.

Der Bürge nahm also doch ein gewisses Risiko auf sich. Verständlich, daß er sich davon möglichst befreien wollte.

Daß er es nicht konnte, zeigt wiederum, wie einflußreich Salomon bereits war und wie ungeniert er sich dieses Einflusses auch bediente.

Der ganze Vorgang macht aber auch deutlich, wie groß die Angst der Städte war, möglicherweise arme Leute aufzunehmen, die dann der städtischen Armenfürsorge zur Last fallen konnten.

Im Juli 1822 erteilte der Magistrat jedenfalls Samson Heine das Wohnrecht in Lüneburg, allerdings mit der Auflage, daß solches »stets nur als temporell angesehen und außerdem sofort wieder zurückgenommen werden könne, sobald derselbe über kurz oder lang wider Erwarten den von ihm eingegangenen Verpflichtungen in einem oder dem anderen Fall nicht Genüge leisten sollte«.[65]

Salomon mietete nun für die erschreckend hohe Summe von sechshundert Mark das zweite Stockwerk des Hauses Ochsenmarkt Nr. 1. Das Haus, eines der schönsten in Lüneburg, war ein altes Patrizierhaus im Renaissancestil, das der Heine-Familie einen respektablen Rahmen bot. Zeitüblich waren die hygienischen Verhältnisse bescheiden; der Abort lag im Hof. Das führte zu Ärgernissen, als Harry während seiner Besuche bei den Eltern gewöhnlich in Unterhosen dorthin lief, ohne sich um den Eindruck zu kümmern, den das bei den anderen Mietern des Hauses hinterließ.[66]

Die Wohnung selbst war glänzend möbliert. Es scheint, als habe der geschäftliche Zusammenbruch den Hausrat der Familie nicht berührt. Aber Samson und Betty nutzten den repräsentativen Rahmen nicht für gesellschaftliche Aktivitäten wie in Düsseldorf. Sie konnten ihn nicht nutzen, weil sich ihre gesellschaftliche Situation völlig verändert hatte. In Lüneburg waren sie geduldete Mitbewohner, abhängig von den finanziellen Zuwendungen des reichen Bruders und Schwagers, dessen Reichtum allein ihnen den Zuzug verschafft hatte. Verloren sie diese Zuwendungen, mußten sie die Stadt verlassen. Da sie keine Geschäfte treiben durften, fehlten ihnen die diesbezüglichen Anknüpfungsmöglichkeiten als Grundlage für soziale Kontakte. Lüneburg war zudem eine Kleinstadt, die von den politischen und sozialen Veränderungen der vergangenen Jahrzehnte ganz unberührt geblieben war. Adel und Beamte, einige reiche Kaufleute und Spediteure bildeten die »gute Gesellschaft«, in die ein zugezogener Rentier keinen Zutritt hatte. Schon gar nicht ein Jude. Harry im Mai 1823: »Bei meinem Eintritt in Lüneburg merkte ich, daß hier großes Rischeß [Judenhaß] herrscht [. . .].«[67] Und nach einmonatigem Aufenthalt: »[. . .] christliche Mittelklasse unerquicklich, mit einem ungewöhnlichen Rischeß, die höhere Klasse ebenso in höherem Grade. Unser kleiner Hund wird auf der Straße von den anderen Hunden auf eigene Weise berochen und maltraitiert, und die Christenhunden haben offenbar Rischeß gegen den Judenhund.«[68]

Betty und Samson blieb lediglich der Umgang mit den GlaubensgenossInnen, doch den Kindern gelang es, Kontakte zu MitbürgerInnen zu knüpfen.

Max, der nun in Lüneburg das Gymnasium besuchte, gewann Schulfreunde. Auch Charlotte fand Bekannte, mit denen sie musizieren konnte. Sie hatte eine schöne, ausgebildete Stimme und konnte auf geselligen Veranstaltungen singen – gleichsam eine Eintrittskarte in bürgerliche Kreise. Und Harry gelang es, als er 1823 zu einem mehrmonatigen Aufenthalt nach Lüneburg kam, über seinen Studienfreund Rudolf Christiani, den Sohn des Lüneburger Superintendenten, Zugang zum »Klub von 1785« zu finden, wo die gehobene Lüneburger (Männer-)Gesellschaft verkehrte. Für die Hausfrau Betty waren diese Türen verschlossen, und öffentliche kulturelle Veranstaltungen, an denen sie hätte teilnehmen können, gab es offenbar nicht. Harry: »Bildung ist hier gar keine. Ich glaube, auf dem Rathause steht ein Kulturableiter.«[69]

Zurückgeworfen in das schon überwunden geglaubte Getto des Judentums, konzentrierte die Familie sich nach innen. »Das Familienleben muß auffallend eng und herzlich gewesen sein. So berichten beispielsweise Mitschüler Max Heines, daß Max nie mit ihnen fortgegangen sei, ohne vorher von Mutter und Schwester mit Küssen einen bewegenden Abschied genommen zu haben.«[70] Der Kontakt zu Harry und Gustav, die nicht mehr ständig im Elternhaus lebten, wurde durch Briefe aufrechterhalten. Samson holte die Post täglich selbst ab, und Harry schrieb häufig, um den Eltern Freude zu bereiten.

Charlotte und Max verließen in den folgenden Jahren ebenfalls das Lüneburger Elternhaus.

Im Juni 1823 heiratete Charlotte den Hamburger Kaufmann Moritz Embden, einen Bruder von Henry Heines Frau Henriette. Charlotte und Moritz hatten einander vor der Eheschließung nicht sehr gut gekannt; die Ehe scheint eine Vernunftehe gewesen zu sein, arrangiert von der Familie und bezahlt von Salomon Heine. Salomon richtete auch die Hochzeitsfeier auf dem »Zollenspieker« am Ostufer der Elbe kurz vor Harburg aus. Es wurde ein regelrechtes Familientreffen der Familien Samson, Salomon und Henry Heine, »ein schöner Tag der Festlichkeit und Eintracht. Das Essen war gut, die Betten waren schlecht, und mein Onkel Salomo war sehr vergnügt.«[71]

Salomons Laune – seit dem Zusammenbruch Samsons war sie ein wichtiges Thema in den Familienbriefen. Von ihm hingen alle ab, ihm unterwarfen sie sich in Fragen der Lebensgestaltung, ihn suchten sie zu beeinflussen. Die räumliche Entfernung zwischen Lüneburg und Hamburg war vielleicht ganz günstig; in der Gestaltung des täglichen Lebens war die Familie Samsons der Kontrolle Salomons zumindest entzogen.

Betty kümmerte sich fortan von Lüneburg aus um alle Einzelheiten in Charlottes Hamburger Hausstand. Sie gab Ratschläge bei der Behandlung des Dienstmädchens und kritisierte die »gewürzten und fetten Speisen«[72] in der Embdenschen Küche. Schon im September wartete sie ungeduldig darauf zu hören, daß Charlotte schwanger sei. Harry, der seine Schwester auf einer Reise besucht hatte, wurde von der Mutter bis ins kleinste ausgefragt nach Charlottes Wohlergehen, vor allem nach dem Verhalten des Ehemanns seiner Frau gegenüber. Harry an Moritz: »Ich konnte mit Freude erzählen, daß Sie, lieber Embden, meine Schwester herzlich lieben, beständig Sorge für sie tragen, ihre Schwächen ertragen, ihre Caprizchen männlich ertragen, die eigenen Caprizen gern ablegen und sich immer als braver Ehemann zeigen.«[73]

Betty war zurecht besorgt, denn im Familienbriefwechsel der nächsten Jahrzehnte klang immer wieder an, daß Moritz ein schwieriger Charakter war.

Harry, der ein sehr enges Verhältnis zu Charlotte hatte, verstand sich mit seinem Schwager nie sehr gut. Er verdächtigte ihn, bei Salomon gegen ihn zu intrigieren; zeitweise war jeder Kontakt zwischen den Schwägern unterbrochen. Später kam es zu einer oberflächlichen Versöhnung, aber das Verhältnis blieb distanziert. Harry verdächtigte Moritz auch, seinen, Harrys, Briefwechsel mit Charlotte zu sabotieren: »[. . .] obgleich ich sehr vorsichtig schreibe, so ist es doch immer besser, ich schreibe an Lottchen unter Deiner [Bettys] Adresse als unter die ihres Mannes.«[74] Noch Jahrzehnte später, kurz vor seinem Tode, als Gustav einen Besuch bei ihm plante, bat er den Bruder, über Hamburg zu fahren und Charlotte mitzubringen, denn »[. . .] ohne Deinen Machtspruch und Deinen positiven Willen läßt man sie dort nicht herkommen.«[75] Charlotte, die Harry von allen ihren Brüdern am meisten liebte, hat sicher diese lebenslange Bevormundung seitens ihres Mannes nicht sehr angenehm gefunden, fügte sich ihr aber. Eine schwierige Ehe mithin, und Anlaß zur Sorge für die Mutter. Aber – Charlotte war untergebracht, und das mußte Betty erleichtern, die nach Samsons Zusammenbruch ihre Tochter aus eigener Kraft nicht hätte versorgen können.

1825 verließ Max nach Beendigung seiner Schulzeit Lüneburg, um Medizin zu studieren, damit die Tradition des Großvaters und des Onkels fortsetzend. Auch dieses Studium finanzierte Salomon Heine. Da die Wohnung am Ochsenmarkt zu groß und zu teuer geworden war, zogen Betty und Samson in eine billigere im Haus Markt Nr. 2, ebenfalls aber in guter Wohnlage.

Lüneburg blieb zunächst noch der Schwerpunkt der Familie. Die Kinder kamen immer wieder zu Besuch dorthin, die Eltern ihrerseits besuchten ihre Kinder. Samson reiste, auf Stellensuche für Gustav, nach Mecklenburg, anschließend nach Hamburg. Bei seiner Rückkehr konnte er Betty und Harry voller Freude erzählen, wie sehr Moritz seine Frau liebe. Charlotte, die von Bruder Harry einige Bemerkungen über »Pfuscherei« ertragen mußte, weil eine Schwangerschaft auf sich warten ließ, bekam im August 1824 ihr erstes Kind, Maria. Betty als besorgte Großmutter war in dieser Zeit in Hamburg, um der Tochter beizustehen, und nahm anschließend Charlotte und Maria für einige Zeit mit nach Lüneburg.

Charakteristisch für diese Jahre scheint, daß die Kinder zwar sämtlich das Elternhaus verlassen hatten, auf ihrem weiteren Weg von den Eltern aber mit einiger Sorge betrachtet wurden.

Die Zeiten waren für Kinder aus jüdischen Familien nicht günstig.

Zwar hatten Harry und Max studiert und damit die Eintrittskarte in die bürgerliche Gesellschaft erlangt, aber der »nicht abzuwaschende Jude« (Heine) stand einer vollständigen Integration im Wege.

Die größten Sorgen bereitete vermutlich Gustav, der nach dem Scheitern in der Schule keine akademische Laufbahn einschlagen konnte. Er beendete seine Landwirtschaftslehre, fand dann aber keine Anstellung. Harry erklärte einem Bekannten: »Teils läge die Schuld, sagt er [Gustav], in dem Umstande, daß er beschnitten sei, teils in dem Umstande, daß jetzt alle Landwirte en embarras sind und ihre Leute abschaffen; am meisten sei ihm aber der Jude im Wege, wenn er eine Stelle nachsucht.«[76] Vergeblich bemühte Harry sich, dem Bruder durch Bittbriefe an Berliner Bekannte zu einer Stelle zu verhelfen. Schließlich fand Gustav vorübergehend ein Unterkommen in Holstein. Doch schon 1825 war er wieder in Hamburg, trieb sich in Kaffeehäusern und Bordellen herum – die auch seinem Bruder Harry keineswegs unbekannt waren – und fiel durch großsprecherisches Gehabe auf. 1827 eröffnete er, mit Unterstützung Salomons, einen Kolonialwarenhandel, erwies sich aber, wie Harry zehn Jahre zuvor, als schlechter Kaufmann. 1828 war er auf dem Tiefpunkt angelangt. Betty und Samson verließen Lüneburg und zogen zu ihm nach Hamburg auf den Zeughausmarkt 10, wo er sein Geschäft betrieb. Doch der Zusammenbruch war nicht aufzuhalten, 1829 mußte Gustav sein Geschäft aufgeben.

Auch der älteste Sohn, Harry, bereitete Sorgen. Als Kaufmann war er gescheitert; nun ließ auch der Abschluß seines lustlos betriebenen Jurastudiums auf sich warten. Eine Anstellung als preußischer Beamter war zweifelhaft, seit die preußische Regierung die fortschrittliche Gesetzgebung von 1812, die Juden zu gleichberechtigten Bürgern gemacht hatte, zurückgenommen hatte.

Zudem hatte Harry auch noch angefangen, Gedichte, Dramen und Zeitungsartikel zu veröffentlichen, mit einer politischen Tendenz, die der herrschenden restaurativen Stimmung nach 1815 direkt entgegenstand. Die gesamte Familie zeigte wenig Begeisterung für Harrys Werke: »Was die Aufnahme derselben betrifft, so hat meine Mutter die Tragödien und Lieder zwar gelesen, aber nicht sonderlich goutiert, meine Schwester toleriert sie bloß, meine Brüder verstehn sie nicht, und mein Vater hat sie gar nicht gelesen.«[77]

Harry schloß 1825 sein Studium mit dem Dr. jur. ab und ließ sich taufen. Er erhielt den Taufnamen Heinrich, wurde in der Familie aber weiter Harry genannt und bestand bei seinen Veröffentlichungen darauf, daß nur der Anfangsbuchstabe »H« die Stelle seines Vornamens vertrat.

Die Frage der Taufe wurde in vielen jüdischen Familien mittlerweile heftig diskutiert, in nicht wenigen bereits durch Übertritt der gesamten Familie zu einer christlichen Konfession, vorzugsweise zur protestantischen, entschieden. Auch die Generation der Mendelssohn-Kinder und Enkel setzte sich damit auseinander: mit dem Ergebnis, daß, bis auf zwei Kinder, alle Mendelssohn-Nachkommen ChristInnen wurden.

Für Betty stellte sich die Frage nicht. So wie sie nie zum Judentum als solchem Stellung nahm, so sagte sie auch nichts zum Christentum. Sie äußerte sich auch nicht zu Harrys Schritt.

Ob Harry Heine ein überzeugter Christ geworden war, läßt sich mit Recht bezweifeln. Besonders gegen Ende seines Lebens kehrte er, zumindest was die Themenwahl anging, verstärkt zu seinen jüdischen Ursprüngen zurück.

Daß er nicht katholisch, sondern evangelisch wurde, hat aber nicht nur damit zu tun, daß der Protestantismus die preußische Mehrheitskonfession war. Immerhin hätte ihm als gebürtigem Rheinländer der Katholizismus ja nicht ferngelegen; und seine »Wallfahrt nach Kevelaer« zeigt, daß ihm katholische Glaubensinhalte keineswegs fremd waren. Den Protestantismus als gesellschaftliches Milieu hatte er dagegen erst in Hamburg kennengelernt.

Nein, seine Entscheidung für den Protestantismus wurde sicher auch durch die Figur Luthers beeinflußt, in dem er einen frühen deutschen Revolutionär erblickte, eine Art frühen Gesinnungsgenossen seiner eigenen Ideen; weniger durch das Beispiel der seit Glückels Zeiten engstirnigen und judenfeindlichen Hamburger Pastorenschaft.

Aber selbst die Taufe wurde kein »Entreebillet« in den Staatsdienst. Jahrelang lebte er mehr schlecht als recht von Zuwendungen des reichen Onkels und Einkünften aus dichterischer und journalistischer Tätigkeit. Seine nonchalante Art, mit Geld umzugehen, mißfiel Betty zutiefst. Sie selbst war »[. . .] sparsam, aber nur in bezug auf ihre eigene Person«[78], eine »gute Rechnerin«[79]. Sie regelte in dieser Zeit die Geldangelegenheiten der Familie, war also Salomon gegenüber moralisch verantwortlich. Vielleicht reagierte sie darum so vorwurfsvoll, als Harry im Jahr 1827 einen Kreditbrief von Salomon erbat, als er zu einer – vom reichen Onkel ohnedies finanzierten – Reise nach England aufbrach. Er wolle, so sagte er, mit dem Kreditbrief nur Eindruck hinterlassen, ihn aber nicht wirklich einlösen. Sie fühlte sich wie Salomon getäuscht, als Harry den Brief entgegen seinem Versprechen doch einlöste und das Geld für sich verwendete.

Einigermaßen glatt verlief immerhin der Weg des Jüngsten, Max. Das Medizinstudium schloß er 1829 nach relativ kurzer Zeit erfolgreich ab. Er war immer der angepaßteste der Söhne gewesen, ein Musterschüler und guter Student, zudem auf bestem Fuß mit dem mächtigen Onkel Salomon. Er verfolgte, jedoch eher als Liebhaberei, auch literarische Interessen, die ihn, enger als Gustav, an Harry banden. Die beiden unternahmen denn auch einmal eine Bildungsreise nach Italien, von der sie früher als geplant zurückkehren mußten.

Dieses Jahr 1829 stellte in mehrfacher Hinsicht letztmals Weichen für Bettys Leben. Im Herbst dieses Jahres erkrankte Samson schwer; am 2. Dezember starb er an den Folgen eines Schlaganfalls. Sein Tod traf die Familie schwer[80], er war aber gleichsam auch Anstoß zur Neuordnung der familiären Konstellation.

Betty zog zur Jahreswende aus dem gemeinsam mit Gustav bewohnten Haus aus und gründete ihren eigenen Haushalt, finanziell abgesichert durch die Rente Salomons.

Gustav, der sein Geschäft liquidiert hatte, verließ Deutschland und ging nach Österreich, um dort bald als Offizier in der Armee unterzukommen. Über seine weitere Karriere ist wenig bekannt; erst Mitte der vierziger Jahre läßt sich seine Spur im Familienbriefwechsel wiederfinden. In Wien heiratete er in dieser Zeit Emma Kaan d'Albest, Tochter eines Wiener Industriellen. Der Ehe entstammen vier Kinder. Mit Geld aus der Mitgift seiner Frau gründete er dann das »Wiener Fremdenblatt«, das er zu einer erfolgreichen Zeitung machte und bis zu seinem Tod 1886 leitete. Er starb als reicher Mann. Sein Bruder Harry beklagte leicht amüsiert Gustavs politische Haltung, die stets auf der jeweils offiziellen Regierungslinie lag.

Im gleichen Jahr 1829 verließ auch Max Deutschland; er trat als Militärarzt in die russische Armee ein. Nach mehreren Feldzügen in der europäischen Türkei und in Polen, über die er Bücher schrieb, ließ er sich als Arzt in St. Petersburg nieder und kam nur noch selten zu Besuchen nach Deutschland. Als Arzt und Gelegenheitsschriftsteller erreichte er in seiner Wahlheimat eine angesehene Position. Spät erst heiratete er, die Witwe eines zaristischen Hofarztes. Seine politische Einstellung war so reaktionär wie die seines Landesherrn, des Zaren.

Auch Harry gab in diesen Jahren seine halbherzigen Versuche, eine Anstellung zu finden, schließlich auf und verließ als letzter der Brüder Deutschland; 1831 siedelte er endgültig nach Paris über und kam nur noch zweimal zu Besuch nach Hamburg. Seine literarische Arbeit, aber auch seine geistige Unabhängigkeit waren ihm wichtiger als eine sichere Beamtenexistenz, die zu viel Anpassung vorausgesetzt hätte.

Durch seine Arbeit und die Kontakte mit der literarischen Szene, besonders dem Rahel-Kreis, dem er während seiner Berliner Studiensemester nahegekommen war, hatte er sich mittlerweile auch im deutschen Literaturbetrieb etabliert. So ließ er sich denn auf eine Existenz als Literat ein; und das gelang ihm im wesentlichen auch, in literarischer und wirtschaftlicher Hinsicht. Er wurde einer der Großen der deutschen Literatur (den Großen in Weimar, Johann Wolfgang von Goethe, hatte er noch persönlich kennengelernt), in Deutschland heftig diskutiert, in Paris von allen wichtigen deutschen Reisenden aufgesucht.

Von Bettys Kindern blieb nur Charlotte in Hamburg, der Mutter nahe bis an deren Ende.

Was Harry über Bettys Verhalten ihm gegenüber sagt, gilt sicher auch für die Brüder: »Über meine wirkliche Denkungsart hat sie sich nie eine Herrschaft angemaßt und war für mich immer die Schonung und Liebe selbst.«[81]

Räumlich war die Familie nun weit zerstreut, doch Betty blieb ihr Mittelpunkt. Sie unterhielt einen lebhaften Briefwechsel mit den Söhnen, sie alle deponierten bei der Mutter wichtige Habseligkeiten.

Untereinander waren die Beziehungen der Kinder teilweise sehr gespannt; besonders Gustav wurde von seinen Geschwistern verachtet. Der Gebrauch von Spitznamen untereinander – »Ös« für Charlotte, »Ölhändler« für Gustav, »Hühnergeschisse« für Max – ist Kennzeichen eines heiteren Familientons, aber sicher auch Ausdruck latenter Feindseligkeiten. Zwar versicherten Bettys Kinder einander im Briefwechsel regelmäßig ihre Liebe, äußerten sich übereinander aber oft spöttisch und teilweise verletzend. Zu einem großen Familienkrach kam es beim gleichzeitigen Besuch Gustavs und Maximilians im Sommer 1852 in Hamburg. Die beiden zankten sich wiederholt und gebrauchten Kraftausdrücke, wobei Max »[. . .] vor dem Tumult, beim Tumult und nach dem Tumult stets die größte Rolle« spielte und »[. . .] die Hauptursache von allem Zank [. . .]« war.[82] Charlotte an Harry: »Ich muß unwillkürlich lachen, wenn ich daran denke, wie Gustav sich mit ihm gezankt hat, Max ihm seine Titel vorerzählte und Gustav ihm antwortete: ›Ach was, ich hab die Mittel und scheiß dir auf die Tittel.‹«[83]

Aufstiegswille, Rivalität untereinander – es ist wohl ein guter Entschluß der Brüder gewesen, in geographisch und sozial weit voneinander entfernten Bereichen ihr Leben zu gestalten.

Zugleich war die Zerstreuung aber auch Zeichen der besonderen Situation von JüdInnen, die Heimat war eben für sie immer noch nicht selbstverständlich Heimat, die angestrebte Assimilierung blieb für sie noch unerreichbar. Für Harry, den klügsten und weitsichtigsten der Brüder, wurde es seit seiner Übersiedlung nach Paris zunehmend fragwürdig, ob Assimilierung je erreichbar sein würde. Fragwürdig auch, ob sie erstrebenswert sei. Betty, die ihre Söhne (nicht die Tochter!) so energisch auf den Weg der Assimilierung geschickt hatte, äußerte sich zu diesem Thema niemals schriftlich. Sie hielt gleichwohl an der Richtigkeit des Weges fest. Alles, was an die jüdische Herkunft erinnern konnte, wurde von ihr verdrängt. Sie reagierte ärgerlich, wenn Kinder oder Enkelkinder in ihren Gesprächen oder Briefen deutschjüdische Ausdrücke verwendeten. Sie, die so mühsam ihre Sprache »verdeutscht« hatte und bis an ihr Lebensende mit der Grammatik kämpfte, konnte nicht verstehen, daß die nächste und übernächste Generation mit diesen Dingen spielte.

Der Mutter gegenüber blieben alle Kinder respektvoll. Was sie kränken oder bekümmern könnte – Streit der Kinder untereinander, der Tod eines neugeborenen Enkelkinds – wurde ihr möglichst verheimlicht. Dies galt besonders für die furchtbare Krankheit, die Harry seit Mitte der vierziger Jahre quälte und die ihn in den letzten Jahren seines Lebens zu einem bewegungsunfähigen Krüppel machte. Nie erfuhr Betty die volle Wahrheit über die Schwere der Krankheit. Harry schrieb bis zum Schluß heitere Briefe, möglichst eigenhändig, und in den Erstausgaben seiner Werke, die sein Verleger Campe Betty stets überreichen mußte, waren weitgehend alle Hinweise auf die Krankheit getilgt. Campe fand es zwar »[...] Unrecht, eine Mutter zu belügen, die klug genug ist, die Lüge oder die Wahrheit zu sichten [...]«[84], aber er beteiligte sich an dieser Familienpolitik, und offensichtlich war sie erfolgreich. »Daß übrigens ein Sohn so krank und elend werden kann, wie ich bin, das glaubt ohnehin keine Mutter.«[85]

Über die Art und Ursache von Heines Krankheit besteht im übrigen bis heute keine Klarheit. Ob es Paralyse war oder eine damals nicht erkenn- und behandelbare Stoffwechselkrankheit, läßt sich wohl nicht mehr endgültig klären.

Harrys Ton seiner Mutter gegenüber war liebevoll und schwärmerisch, manchmal nicht ohne Ironie. Er nannte sie »alte süße Katze« und versicherte ihr, er wolle sich totschießen, wenn sie stürbe. Oder, ernster: »[. . .] und wenn Dir die Dinge auch manchmal nicht zu Wunsche gehen, so tröste Dich mit dem Gedanken, daß wenige Frauen von ihren Kindern geliebt und verehrt worden sind, wie du es bist, und wie du es wahrlich zu sein verdienst [. . .]. Man sollte den Boden küssen, den Dein Fuß betreten hat.«[86]

Die »liebe, brave, rechtschaffene und treue Mutter«[87] wurde aber nicht nur verehrt, sondern auch eingespannt: Betty bewahrte Harrys Briefwechsel und seine Manuskripte auf, sie unterstützte ihn in Fällen äußerster Geldknappheit gelegentlich, und sie verhandelte in seinem Namen mit seinem Verleger. Campe ärgerte sich darüber, daß Heine ihm die Last aufbürdete, »[. . .] mit einer Frau zu verhandeln, die allerdings Bücher sehr treffend beurtheilen kann, der aber das schachernde Bücherwesen völlig fremd ist [. . .].«[88]

Bettys Haltung ihrem Sohn gegenüber änderte sich nicht, auch als er schon ein weltberühmter Dichter war. »Deine Gedichte habe ich mit vielem Vergnügen gelesen, das ›Testament‹ hätte ich weggewünschen, denn einestheils hat es mich traurig gestimmt, weil ich daraus Deine vielen Leiden ersehen habe, andertheils ist es bißchen viel boshaft [. . .].«[89] Sie lobte Petrarca, der so gut über die Liebe geschrieben habe, und ärgerte sich über eine nichtautorisierte deutsche Übersetzung von Heines »Les dieux en exil«, erschienen im Feuilleton einer Hamburger Zeitung, aber »[. . .] so miserabel, daß ich die Fortsetzung gar nicht lesen mochte [. . .].«[90] Die literarisch Interessierte fragte: »Hast Du schon die ›Geschichte der Deutschen Höfe‹ von Vehse gelesen? Die sind interessant ..., vieles, was mir dunkel war, ist mir hell geworden.«[91]

Vom Ruhm ihrer Söhne profitierte sie durchaus, und zwar mit Freude. Sie war die Anlaufstelle für alle, die in Kontakt zu Heinrich Heine kommen wollten. Sie ließ sich von seinem Verleger möglichst viele Bücher gratis zustellen (und Campe ging darauf ein, um seinen Autor bei Laune zu halten). Sie erhielt und las regelmäßig Gustavs »Wiener Fremdenblatt« ebenso wie das Petersburger Unterhaltungsjournal, das Max redigierte. Max dazu: »Unsere Mutter scherzte viel über ihre Redakteur-Jungens und bedauerte, nicht noch mehrere Söhne zu haben, weil sie dann recht viele Journale *gratis* erhalten würde.«[92]

Betty – noch immer die sparsame Rechnerin? Dies wohl nicht nur als Charaktereigenschaft, sondern aus dem Zwang der Verhältnisse. Sie lebte von der Gnade ihres Schwagers und war darauf bedacht, mit dem ihr Zugewiesenen auszukommen.

In Hamburg war Betty beim Leihbibliothekar Behn abonniert, und der »[...] war nicht wenig stolz darauf, daß die Mutter von Heinrich Heine die deutsche Literatur durch seine Hand erhielt. Sie war eine sehr rasche Leserin, und Herr Behn konnte ihre Nachfrage nach Novitäten kaum befriedigen. Sie drohte zuweilen als Abonnentin von ihm abzugehen, dann war Herr Behn außer sich und brachte selbst, unter einschmeichelnden Worten, das Neueste, was eben die Presse verlassen hatte.«[93]

Auch politisch blieb sie wach, nicht zuletzt wohl aus Sorge um den »Unangepaßten« unter ihren Söhnen, Harry. Die Verfolgungswelle nach der Revolution von 1848 in Deutschland machte ihr Kummer. Sie war froh, Harry sicher in Frankreich zu wissen. Innerlich stand sie auf Harrys Seite, nicht auf der ihrer im konservativ-reaktionären Fahrwasser schwimmenden jüngeren Söhne. Während des Krimkriegs verurteilte sie das Verhalten des Zaren ebenso wie das des dritten Napoléon, die Menschenleben beklagend, die der Krieg kostete.

Lebensgefahr – nicht nur auf der fernen Krim wurden Menschen bedroht, sondern auch im »friedlichen« Hamburg.

Mehrfach kam es dort zwischen 1828 und 1859 zu Pogromen. Damit setzte sich fort, was ja schon Glückel erlebt und erlitten hatte: der Judenhaß der unteren Bevölkerungsschichten.

Im September 1830 wird berichtet: »[. . .] kein Bekenner des mosaischen Glaubens durfte sich ohne Lebensgefahr auf der Straße blicken lassen oder Licht in seiner Wohnung anzünden, als der Pöbel durch die Gassen raste; viele Judenhäuser wurden demoliert [. . .].«[94]

1835 wiederholten sich die Exzesse.

Beide Male sah der Magistrat dem Treiben zunächst tatenlos zu. Carl Heine, Salomons Sohn: »Daß junge Comptoir-Bengel aus Mutwille und Schadenfreude dergleichen Exzesse zu begehen wünschen, ist nichts Außergewöhnliches, dafür sind sie in einem engen Kastengeist erzogen, aber daß ältere Leute nicht solchen Unfug der bartlosen Jugend steuern, ist unerhört. Daß es für uns unrecht ist, an solchem Orte zu bleiben, muß ich eingestehen.«[95]

Betty kommentierte diese Vorgänge niemals. Nach außen schien es, als berührten derlei Bedrohungen sie gar nicht.

Verdrängung, Geringschätzung der Gefahr?

Was uns heute als Beweis für die niemals gelungene Assimilierung erscheint, als Schritt auf dem Weg nach Auschwitz, mag Betty ganz anders interpretiert haben. Sie kannte, aus Erzählungen und Überlieferungen, teilweise auch noch aus eigenem Erleben, den rechtlosen Zustand der JüdInnen vor der Emanzipation, ihre kläglichen Wohnverhältnisse in vielen deutschen Städten. In ihren Augen mußte die Etablierung ihrer Familienmitglieder, mußte die angesehene Stellung ihres Schwagers in Hamburg ein Beweis für einen stetigen Fortschritt gewesen sein, die Pogrome dagegen letzte Reste eines überholten Judenhasses.

Die Revolution von 1848 ließ Hamburg zunächst fast unberührt. Nach – maßvollen – Demonstrationen verkündete der Senat Pressefreiheit; verglichen mit der »beängstigenden Gärung Berlins«[96] wirkte Hamburg, wie eine Bekannte beruhigend an Harry in Paris schrieb, fast friedlich. Erst ein Jahr später, als preußische Truppen Aufstände niederschlugen und dabei auch Hamburg besetzten, wurde die Situation vorübergehend kritisch. Aber nicht so sehr die Revolution als vielmehr die Cholera, die parallel dazu auftrat, beunruhigte die Söhne Harry und Max. Harry bat die Mutter dringend um Nachrichten. Max schickte Anweisungen, wie Betty sich bei Cholera verhalten solle, und Betty schickte diese ihrerseits nach Paris, wo die Seuche inzwischen ebenfalls aufgetreten war. Allein zwischen September und Oktober forderte die Krankheit in Hamburg über 1500 Todesopfer, und sie flammte in den folgenden Jahren immer wieder auf. Die Cholera blieb in den Familienbriefen ein Thema – zu Recht, wie sich zeigte. Betty würde ihr schließlich erliegen.

Judenpogrome, Bürgerkrieg, Krankheit. In diese Ereigniskette gehören zwei Brandkatastrophen, die Betty jedesmal in Todesgefahr brachten.

Am 3. November 1833 brach Sonntag nachmittags in den Kontorräumen unter Bettys Mietswohnung ein Feuer aus. Betty war in Schlafmütze und Morgenrock, als das Dienstmädchen Hannchen hereinkam und schrie, im Haus sei starker Rauch. Betty rannte hinaus. Das Treppenhaus war bereits verqualmt, aber sie konnte sich am Treppengeländer nach unten tasten, während Hannchen sie hinten am Morgenrock festhielt. Beide retteten sich auf die Straße. Die Wohnungseinrichtung, darunter Porträts der Söhne, war ebenso verloren wie die bei Betty gelagerten Briefe und Manuskripte Harrys, die Bücher und Papiere von Max.[97]

Betty richtete sich, nach vorübergehendem Aufenthalt bei Charlotte, in einer Wohnung auf dem Neuen Wall 24 neu ein. Diese Wohnung verlor sie neun Jahre später während des großen Hamburger Stadtbrandes von 1842. Wieder verbrannten Papiere Harrys, wieder verlor sie ihre gesamte Wohnungseinrichtung. Vergeblich der Versuch Charlottes, wenigstens die Manuskripte des Bruders zu retten.

Harry, der in Paris zunächst nur aus der Zeitung vom Brand erfahren und aus Sorge um die Hamburger Familienmitglieder nicht geschlafen hatte, war gerührt, als er folgende Zeilen seiner Mutter erhielt: »Ich mache mir große Sorgen, daß ich diesen Brief nicht frankieren konnte. Das wird Dir Kosten machen. Aber die Post ist abgebrannt [...].«[98] Betty verlor, wie viele HamburgerInnen, ihre gesamte Habe, aber sie sorgte sich um die Kosten eines Briefs!

Wieder wurde sie zunächst von Charlotte aufgenommen, zog dann aber wieder in eine eigene Wohnung am Dammtor. Max: »Die Wohnung war nicht geräumig, hatte aber eine schöne Aussicht auf die Gartenanlagen des Walls, und [...] das Stadttheater war nur einige Häuser entfernt. Die achtzigjährige Frau wollte späterhin ihre gemütliche provisorische Wohnung mit einer großen eleganten Behausung niemals vertauschen.«[99] Harry, der Betty 1843 nach zwölfjähriger Trennung erstmals wiedersah, rückt das idyllische Bild zurecht: »Was meine Mutter betrifft, so finde ich sie sehr verändert. Sie ist sehr schwach und entkräftet. Sie ist durch Alter und Sorgen zusammengeschrumpft. Ängstlich, wie sie ist, regt die geringste Kleinigkeit sie schmerzlich auf. Ihr größtes Übel ist der Stolz. Sie geht nirgends hin, da sie nicht die Mittel hat, bei sich Besuch zu empfangen. Seit dem Brande bewohnt sie zwei kleine Zimmer; es ist ein Jammer! Sie hat viel durch den Brand verloren, da sie bey einer Gesellschaft versichert war, die nicht bezahlen konnte.«[100]

Ein Gutes hatte die Brandkatastrophe, die ein Drittel der Hamburger Innenstadt zerstörte, immerhin. JüdInnen erhielten nun in ganz Hamburg das Recht, Grundeigentum zu erwerben; die Wahl ihrer Wohngegend wurde ihnen freigestellt. Nebenbei: ihre politischen Rechte wurden noch nicht erweitert. Erst die Verfassung von 1860 (!) verschaffte ihnen in Hamburg das volle Bürgerrecht.

Trotz ihrer beschränkten Verhältnisse war Betty nicht isoliert.

Sie lebte innerhalb der Heineschen Großfamilie, machte Besuche und erhielt Besuche. Alle Ereignisse innerhalb der Familie verfolgte und kommentierte sie mit Interesse, immer besorgt, sich nicht den Zorn der Familie Salomon Heines zuzuziehen. Wieweit sie im Streit Harrys mit seinem Vetter Carl um die Erbschaft nach Salomons Tod Stellung bezog, läßt sich nicht mehr ermitteln, weil Harry auf Verlangen Carls alle Briefe vernichtet hat, die davon handeln.

Charlotte war Bettys wichtigste Stütze: »Die liebe Mutter ist gottlob wohl, wir besuchen sie täglich ...«[101]

Lebhaften Anteil nahm Betty am Wohlergehen der Enkelkinder aus Charlottes Ehe. Sie war wie Charlotte besorgt, als deren älteste Tochter Maria sich, unter großen Schwierigkeiten, von ihrem ersten Mann scheiden ließ und anschließend durch Europa vagabundierte. Groß war die Aufregung, als Maria sich mit dem italienischen Fürsten Michele della Rocca in der St. Mary-Kirche in London verheiratete; Charlotte berichtet ihrem Bruder voller Stolz, die

Ehe habe in allen englischen Blättern gestanden und in Hamburg viel Aufsehen erregt.[102] Dieser Stolz wurde von Betty zweifellos geteilt: ein Mitglied ihrer Familie heiratete in den europäischen Adel!

Zugleich zeigte dieser Vorgang natürlich, wie weit die Integration jüdischer Menschen in die europäische Gesellschaft schon gediehen war. Verglichen mit der strikten Abgrenzung und Ausgrenzung noch zur Zeit Glückels und Esthers, einhundertfünfzig Jahre zuvor, aber auch noch zur Zeit Rahels, fünfzig Jahre zuvor, war das doch ein riesiger Fortschritt.

Nicht immer ertrugen die Enkelkinder das Interesse Bettys mit Geduld. Charlottes zweite Tochter Anna, die mit dem berühmten Onkel in Paris einen munteren Briefwechsel unterhielt: »Großmutter liebe ich sehr, die gute Frau fragt einem nur die Seele aus.«[103]

Anna berichtete auch über Bettys Geschimpfe, wenn die Enkelkinder zu viel lachten, da das Lachen »[. . .] nach ihrer Meinung uns zuletzt solche Münder (oder Mäuler) machen wird, daß wir uns selbst was ins Ohr zischeln können.«[104]

Harry gegenüber sprach Betty immer wieder ihr Ruhebedürfnis aus: »[. . .] Gott lob, daß wir wieder Ruhe haben. Wer die Ruhe gibt, wie er sie gibt, ist gleichviel, nur Ruhe [. . .].«[105] Und sie erteilte dem Sohn den Rat: »[. . .] grüble nicht zuviel nach, denn ändern können wir ja doch nichts [. . .].«[106] Nach Paris schrieb sie, außer Familiennachrichten gehe sie beide nichts mehr an. »[. . .] Du, lieber Harry, mußt nur für Deine Gesundheit Sorge tragen, und ich habe genug an meine[n] Jahren zu tragen.«[107]

Das war aber eine Haltung, die sie nur zeitweise einnahm, denn als sie, die ja täglich Zeitung las, im April 1853 von Hausdurchsuchungen bei »Demokraten« und Verhaftungen in Berlin hörte, teilte sie dies sofort dem Sohn mit.[108] Es würde ihn interessieren.

Harrys Gesundheit galt natürlich ihre besondere Sorge: »[. . .] hüte Dich nur vor Erkältung, und nicht zuviel essen und trinken, und der liebe Gott wird uns schützen [. . .].«[109] Und an Harrys Frau Mathilde: »Liebe Mathilde, Du wirst doch Sorge tragen, daß mein Harry recht warm bekleidet ist, denn abends und morgens ist es schon kalt [. . .].«[110]

Geradezu absurd wurde diese Sorge um die erwachsenen Kinder, als Max, der doch im Gegensatz zu ihr nun wirklich über sehr viel Reiseerfahrung verfügte, nach Paris reisen wollte. Sie bat ihn, nicht auf der soeben neu eröffneten Eisenbahnstrecke Paris-Straßburg zu fahren! Denn: »[. . .] ich habe es nicht gern, daß Du einer mit von die erste Fahrt bist. Die Bahnen ist nicht zu trauen.« Und weiter: »[. . .] esse und trinke bei dieser Hitze nicht viel und hüte Dich vor Erkältung [. . .].«[111]

Sich selbst und ihre Gesundheit vergaß sie darüber nicht. »Sie hat ein kleines Büchelchen, worin sie anschreibt, wenn sie Stuhlgang gehabt hat; Anna weiß es immer aufzufinden und schreibt ihr, dem Inhalt gemäß, ein Verschen darin.«[112]

Für Charlotte war die charakterstarke Mutter sicher manchmal schwer zu ertragen: »Glaube mir, lieber Harry, es ist nichts mit ihr anzufangen, sie ist noch eben so heftig, wie sie war, dabei vermeide ich jede Aufregung, die ihr nur im mindesten schaden könnte.«[113]

Charakterstark, heftig, auch eitel war Betty: »[. . .] hat Anna einen rosa Hut auf, so setzt sie ihn auf, ob er ihr auch gut steht, und findet sich so hübsch, daß sie bedauert, in ihrem Alter kein Rosa tragen zu können.«[114]

Ein Jahr später, Betty war nun 82 Jahre alt: »Die liebe Mutter hat ausgefunden, daß himmelblau sie besser kleidet als gelb. Das nenne ich Genuß von seinem Alter haben.«[115]

Und zwei Monate später: »[. . .] wenn ich Dir sage, daß sie noch so eitel ist, daß sie auf ihre Mütze einen Aufputz haben will, wie Anna unter ihren Hut hat, weil der, den sie hat, sie zu alt macht, so wirst Du es kaum glauben, und mich deshalb in aller Eile rufen läßt.«[116]

Nein, eine resignierte Greisin war das nicht, die da aus den Briefen erkennbar wird.

Die Nachricht vom Tod Harrys im Februar 1856 traf sie schwer und unerwartet, zumal er ihr noch im Januar eigenhändig geschrieben und ihr »die liebe alte Schnauze« geküßt hatte.

Sie wurde sehr krank, erholte sich aber doch noch einmal.

Aber nun reichten die Kräfte nicht mehr weiter. Der Cholera, die seit Jahren in Hamburg immer wieder aufflammte und der sie bisher widerstanden hatte, erlag sie nun. Sie starb am 3. September 1859.

Begraben wurde sie nicht neben Samson, der auf dem alten jüdischen Friedhof in Altona lag, sondern auf dem inzwischen eingerichteten neuen jüdischen Friedhof in Hamburg.

Der Grabstein trägt die Inschrift: »Hier ruhet Betty Heine, geb. v. Geldern, geb. in Düsseldorf d. 27. Nov. 5531, gest. 3. Sept. 5619«.

Anmerkungen

1 Betty Heine an ihren ältesten Sohn Harry (Heinrich) Heine. Die Briefe Bettys sind, mit Ausnahme der Jugendbriefe, im folgenden durchweg zitiert nach: Heine-Säkular-Ausgabe (HSA), Hg. von den Nationalen Forschungs- und Gedenkstätten der klassischen deutschen Literatur in Weimar und dem Centre National de la Recherche Scientifique in Paris, 1970ff. Während die HSA die Schreibweise der Originale wiedergibt, habe ich um der Lesbarkeit willen alle Zitate behutsam den heute üblichen Regeln angepaßt. Ein Stück von Bettys Persönlichkeit geht damit jedoch verloren.

2 Dazu: Walter Wadepuhl, Heine-Studien. In: Beiträge zur deutschen Klassik. Hg. von den Nationalen Forschungs- und Gedenkstätten der klassischen deutschen Literatur in Weimar. Abhandlungen, Bd. 4, Weimar 1956, S. 11ff.
Ebenso: Adolf Kober, Aus der Geschichte der Juden im Rheinland. In: Veröffentlichungen des Rheinischen Vereins für Denkmalpflege und Heimatschutz, Heft 1, Düsseldorf 1931, S. 63
Ebenso: Fritz Mende, Heinrich Heine. Chronik seines Lebens und Werkes. 2. Aufl., Stuttgart - Berlin - Köln - Mainz

3 Dazu besonders: Heinrich Schnee, Die Hoffinanz und der moderne Staat, Bd. 1, 1953, S. 68; S. 74-75. Diesem leicht antisemitisch gefärbten Werk verdanke ich auch die Kenntnis, Heinrich Heine heiße »Chaim Bückeburg«(!).

4 Dazu: Elisabeth Moses, Jüdische Kult- und Kunstdenkmäler in den Rheinlanden. In: Veröffentlichungen des Rheinischen Vereins f. Denkmalpflege . . ., S. 187

5 Zu Simon: Ludwig Rosenthal, Heinrich Heines Großoheim Simon von Geldern. Ein historischer Bericht mit dem bisher meist unveröffentlichten Quellenmaterial. (Veröffentlichungen des Heinrich-Heine-Instituts Düsseldorf), 1978. Rosenthal wertet das Leben Simons – im Gegensatz zu allen bisherigen Veröffentlichungen, die Simon als eine Art Scharlatan darstellen – positiv; er habe als »homme de lettre« die zu seiner Zeit mögliche Gelegenheit zur Emanzipation vom Getto-Judentum ergriffen und einigermaßen erfolgreich verwirklicht. Simons Ansatz war sicher nicht die »einzige« Möglichkeit zur Emanzipation, wie gerade Fromet und Moses Mendelssohn zeigen, aber eine mögliche.
Zu Dohm s. den Aufsatz über Fromet, S. 181 des vorliegenden Buchs.

6 Dazu die Fromet-Biographie auf den vorhergehenden Seiten. Gut auch: Carola Stern, »Ich möchte mir Flügel wünschen«. Das Leben der Dorothea Schlegel. Hamburg 1990

7 Die Herzogtümer Jülich und Berg wurden damals von Kurfürst Karl Theodor von der Pfalz regiert, der seit 1777 auch Kurfürst von Bayern war. Seine Residenz war München.

8 Heinrich Heine, Memoiren. HSA 12, 1988, S. 150

9 ebd.

10 Sehr eindrucksvoll dazu: Fanny Lewald, Meine Lebensgeschichte. Frankfurt 1980.
Und Heidi Thoman Tewarson. Rahel Levin Varnhagen von Ense mit Selbstzeugnissen und Bilddokumenten dargestellt. Reinbek 1988
11 Heine, Memoiren. HSA 12, 1988, S. 156
12 Maria della Rocca, Souvenirs de la vie intime de Henri Heine, Paris 1881, S. 5f. Bettys Sohn Maximilian erinnert sich, Betty habe mit ihrem Sohn Gustav »hübsche Duos« geblasen. Betty sorgte auch dafür, daß ihre Tochter Charlotte ihre Stimme schulte. Ihr Versuch, ihrem ältesten Sohn Harry das Violinspiel beibringen zu lassen, scheiterte allerdings kläglich an dessen Interesselosigkeit. Dazu: Maximilian Heine, Erinnerungen an Heinrich Heine und seine Familie. Berlin 1868, S. 6. Auch: della Rocca, Souvenirs . . ., S. 43f. Es ist gelegentlich behauptet worden, Bettys Musikliebe sei eine Erfindung des Sohnes Heinrich Heine. Die aufgeführten Zeugnisse sprechen aber dagegen.
13 Betty an ihre Freundin Hendelche Israel in Wesel, 27. Mai 1796. In: Adolf Strodtmann, Die Mutter H. Heine's nach ihren Jugendbriefen geschildert. In: Deutsche Rundschau, 1877, Bd. XII, S. 97
14 Klaus H. Schulte, Das letzte Jahrzehnt von Heinrich Heines Vater in Düsseldorf. Notariatsurkunden über Samson Heines Geschäfte (1808-1821). In: Heine-Jahrbuch 1974, 13. Jahr, S. 112
15 Betty an Hendelche, a. a. O., S. 94
16 Vergl. dazu auch Thoman Tewarson, Rahel . . ., S. 39f.
17 Betty an Hendelche, a. a. O., S. 94
18 ebd.
19 ebd.
20 Abbé Gregoire galt bis in die napoleonische Zeit als führender Sachkenner für alle jüdischen Fragen und begutachtete u. a. 1805 im Auftrag Napoleons die Situation der Juden in den eroberten deutschen Ländern. Dazu: Rosenthal, Heinrich Heines Großoheim . . .
21 Betty an Hendelche, a. a. O., S. 94
22 Betty an Hendelche, a. a. O., S. 95. Der Janustempel im antiken Rom war geöffnet, solange Rom sich im Krieg befand. Zum Zeichen des Friedensschlusses wurde der Tempel geschlossen.
23 Betty an Hendelche, a. a. O., S. 96

24 Der Vorwurf von Fritz J. Raddatz, Betty habe das Deutsche nur mangelhaft beherrscht, dürfte sich durch die Zitate aus den Jugendbriefen erledigt haben. Natürlich benutzte Betty Klischees, natürlich machte sie Grammatikfehler, aber letzteres läßt sich auch Rahel Levin vorwerfen, deren geistigen Rang nicht einmal Raddatz bestreiten dürfte. Vergl. Fritz J. Raddatz, Heine. Ein deutsches Märchen. Hamburg 1977.

25 Zitiert nach: Joseph A. Kruse, Denk ich an Heine. Biographisch-literarische Facetten. Düsseldorf 1986, S. 17

26 Betty an Hendelche, a. a. O., S. 94

27 Betty an Hendelche, a. a. O., S. 97

28 ebd.

29 ebd.

30 ebd. Raddatz' Aussage, keiner von Bettys zeitgenössischen Bekannten wisse von besonderer Bildung oder gar Flötenspiel zu berichten, kann nun wohl gründlich vergessen werden. Einer guten Bekannten wird sie kaum all diese Kenntnisse vorgelogen haben, mag auch die Darstellung literarisch geschönt sein. Raddatz' flotte Feder ersetzt kein Quellenstudium!

31 Betty an Hendelche, a. a. O., S. 97

32 Dazu Lew Kopelew, Ein Dichter kam vom Rhein. Heinrich Heines Leben und Leiden. Berlin 1981, S. 16. Ebenso: Strodtmann, Heines Mutter . . ., S. 90

33 Das traditionelle jüdische Sittengesetz verurteilte bereits als unschicklich, wenn Männer sich mit Frauen oder Mädchen unterhielten; es könnte sie vom Thora-Studium ablenken. Ein Briefwechsel zwischen Unverheirateten wäre durchaus ein emanzipatorischer Schritt, auf beiden Seiten. Vgl. dazu Johann Maier, Das Judentum. Von der biblischen Zeit bis zur Moderne. München 1973.

34 Betty im Brief an Hendelche, a. a. O., S. 96

35 Zur Stammtafel der Familie Heine: Fritz Mende, Heinrich-Heine-Chronik, S. 344

36 Heine, Memoiren. HSA 12, 1988, S. 162

37 ders., a. a. O., S. 164

38 ders., a. a. O., S. 165

39 Dazu: Walter Wadepuhl, Heinrich Heine. Sein Leben und seine Werke. Köln-Wien 1974

40 Dazu das ausgezeichnete Werk von Wolfgang Hädecke, Heinrich Heine. Eine Biographie. München 1985, S. 34
41 Betty an Hendelche, a. a. O., S. 100
42 dies., a. a. O., S. 100
43 Dazu: Hermann Hüffer, Wann ist Heinrich Heine geboren? In: Ders., Heinrich Heine. Gesammelte Aufsätze, hg. von Ernst Elster, Berlin 1906, S. 245-260. Ebenso: Friedrich Hirth, Heinrich Heine – Bausteine zu einer Biographie. Mainz/Berlin, o. J. Ebenso Wadepuhl, Heinrich Heine. Sein Leben ..., und Kopelew, Ein Dichter ... Zusammenfassend: Phil. F. Veit, Die Rätsel um Heines Geburt. In: Heine-Jahrbuch 1962, S. 5-25
44 Dazu: Gustav Karpeles, Heinrich Heine. Aus seinem Leben und aus seiner Zeit. Leipzig 1899, S. 21. Ebenfalls: Ruth L. Jacobi, Heinrich Heines jüdisches Erbe. Bonn 1978, S. 47f. Ebenso: Veit, Heines Geburt, S. 15
45 Darauf weist Wolfgang Hädecke ausdrücklich hin.
46 Heine an Betty, 7. 5. 1853. HSA 23, 1972, S. 283
47 Kruse, Denk ich ..., S. 19. Dazu auch: Karpeles, HHLZ, S. 20 sowie Anlage 1 ebendort.
48 Veit, Heines Geburt ..., S. 15f.
49 Max Heine, Erinnerungen ..., S. 7
50 Strodtmann, HHLW ..., S. 17
51 Zitiert nach: L. Marcuse, Heinrich Heine in Selbstzeugnissen und Bilddokumenten. Hamburg 1960, S. 12
52 Max an Harry, 15. 10. 1831 ..., HSA 24, 1974, S. 94
53 Heine, Memoiren. HSA 12, 1988, S. 148
54 Samson in einer Zeitungsannonce, Oktober 1802. Zitiert nach: Kruse, Denk ich ..., S. 33. Zum Warenangebot: Klaus H. S. Schulte, Das letzte Jahrzehnt ..., S. 112
54a Heine, Memoiren, HSA 12, 1988, S. 154.
55 Max Heine, Erinnerungen ..., S. 43f. und S. 140ff.
56 Dazu: Eugen Moos, Heine und Düsseldorf. Neue Beiträge zu einer Heine-Biographie. Düsseldorf 1909, S. 18ff.
57 Heine, Memoiren. HSA 12, 1988, S. 164
58 Kruse, Denk ich ..., S. 23
59 Schulte, Das letzte Jahrzehnt ..., S. 107f.
60 Vergl. dazu Schulte, Das letzte Jahrzehnt ... passim. Ich gehe in

der Interpretation noch etwas weiter als Schulte, der den Entmündigungsversuch ebenfalls als abgekartetes Spiel darstellt, dem Samson sich mit Würde gefügt habe. Eine – schriftlich nicht überlieferte Übereinkunft – würde auch erklären, warum Heinrich Heine die finanziellen Zuwendungen der Familie Salomon Heine mit solcher Selbstverständlichkeit sein Leben lang forderte – Salomon hatte Samson, statt ihm nach traditioneller jüdischer Familiensitte zu helfen, in den Konkurs treiben lassen; dafür war er nun moralisch zu Zahlungen an die verarmte Familie verpflichtet.

61 Das Düsseldorfer Haus der Familie wurde im August 1820 etwa zu dem Preis verkauft, den Samson elf Jahre zuvor dafür bezahlt hatte. Dazu: Kruse, Heine und Düsseldorf. Düsseldorf 1984, S. 64

62 Dazu: Joseph A. Kruse, Heines Hamburger Zeit. Hamburg 1972, S. 21

63 Dazu: Kopelew, Ein Dichter . . ., S. 6

64 Das Wohnrecht begründete noch kein Erwerbsrecht. Die Brüder betonen in ihrem Antrag ausdrücklich, Samson sei »blöde und stumpfsinnig« und werde keine Geschäfte betreiben. Die ansässigen Bürger von Oldesloe brauchten also keine Angst vor Konkurrenz zu haben. Vgl.: Friedrich Hirth (Hg.), Heinrich Heine, Briefe. Erste Gesamtausgabe nach den Handschriften, 2 Bde., Mainz 1949/50. Bd. 2, Anm. S. 26f.

65 Zu dem gesamten Vorgang, der die nach wie vor bestehende Diskriminierung jüdischer Menschen zeigt, vgl.: Werner H. Preuß, Heinrich Heine und Lüneburg. Loreley am Lösegraben. Hamburg 1987. Der Aktenvorgang ist lückenlos dokumentiert in: Ders., ». . . widrigen Falls . . . die hiesigen Lande sofort wieder zu verlassen«. Aufenthaltsgenehmigung für die Familie Samson Heine – ein bürokratischer Vorgang, Lüneburg 1822. In: Heine-Jahrbuch 1987, S. 116-134

66 Preuß, Heine und Lüneburg, S. 25

67 Heine an seinen Freund Moser, 23. 5. 1823, HSA 20, 1970, S. 86

68 Heine an Moser, 18. 6. 1823, HSA 20, 1970, S. 96

69 Heine an Charlotte, 6. 11. 1823, HSA 20, 1970, S. 120

70 Kruse, Heines Hamburger Zeit, S. 61

71 Heine an Moser, 24. 6. 1823, HSA 20, 1970, S. 99

72 Heine an Charlotte, 15. 9. 1823, HSA 20, 1970, S. 110

73 Heine an Charlotte und Moritz, a. a. O., S. 110f.
74 Heine an Betty, 28. 11. 1844, HSA 22, 1972, S. 143
75 Heine an Gustav, 3. 6. 1855, HSA 23, 1972, S. 426
76 Heine an Moser, 30. 9. 1823, HSA 20, 1970, S. 117
77 Heine an Moser, 23. 5. 1823, HSA 20, 1970, S. 87
78 Heine, Memoiren. HSA 12, 1988, S. 150
79 Max Heine, Erinnerungen . . ., S. 45
80 Heine an den ihm befreundeten Immermann, er sei durch den Tod seines Vaters lange Zeit »trübsinnig« gewesen, 17. 11. 1829, HSA 20, 1970, S. 367
81 Heine, Memoiren. HSA 12, 1988, S. 150
82 Anna Heine, Charlottes zweite Tochter, an Heine, 27. 12. 1852, HSA 27, 1976, S. 80f.
83 Charlotte an Heine, 20. 4. 1853, HSA 27, 1976, S. 102f.
84 Campe an Heine, 19. 8. 1851, HSA 26, 1975, S. 307
85 Heine im Gespräch mit A. Meißner. In: H. H. Houben (Hg.), Gespräche mit Heine. Potsdam, 2. Aufl. 1948, S. 753f.
86 Heine an Betty, 21. 1. 1850, HSA 23, 1972, S. 22
87 ebd.
88 Campe an Heine, 24. 3. 1837, HSA 25, 1974, S. 33f.
89 Betty an Heine, 11. 11. 1851, HSA 26, 1975, S. 350
90 Betty an Heine, 12. 5. 1853, HSA 27, S. 110
91 Betty an Heine, 26. 1. 1854, HSA 27, S. 155
92 Max Heine, Erinnerungen . . ., S. 86
93 Ders., a. a. O., S. 208
94 Strodtmann, HHLW II, S. 208
95 Carl Heine an Heine, 31. 7. 1835, HSA 24, S. 348
96 Fanny Lewald an Heine, 6. 8. 1848, HSA 26, S. 225
97 Betty an Heine, Dezember 1833, HSA 24, 1974, S. 231-235
98 Betty an Heine, 7. 5. 1842, HSA 26, 1975, S. 27
99 Max Heine, Erinnerungen . . ., S. 131f.
100 Heine an Mathilde, 31. 10. 1843. Übersetzung: Hirth (Hg.), Briefe, Bd. II, S. 477
101 Charlotte an Heine, 15. 10. 1853, HSA 27, S. 137
102 Charlotte an Heine, 16. 7. 1854, HSA 27, S. 202
103 Anna Heine an Heine, 25. 7. 1851, HSA 26, S. 304
104 Anna Heine an Heine, 29. 4. 1852, HSA 27, S. 39

105 Betty an Heine, 29. 12. 1851, HSA 26, S. 371
106 Betty an Heine, 29. 12. 1851, HSA 26, S. 371
107 Betty an Heine, 26. 3. 1852, HSA 27, S. 32f.
108 Betty an Heine, 2. 4. 1853, HSA 27, S. 97
109 Betty an Heine, 16. 7. 1854, HSA 27, S. 201
110 Betty an Mathilde, 1. 9. 1854, HSA 27, S. 214
111 Betty an Max, Mitte Juli 1852, HSA 27, S. 58
112 Charlotte an Heine, 15. 10. 1853, HSA 27, S. 137f.
113 Charlotte an Heine, 4. 7. 1854, HSA 27, S. 197
114 Charlotte an Heine, 1852, HSA 27, S. 33
115 Charlotte an Heine, 20. 4. 1853, HSA 27, S. 101
116 Charlotte an Heine, 12. 5. 1853, HSA 27, S. 110

Der vorliegende Aufsatz ist die leicht veränderte Fassung eines Textes, der in dem von Luise F. Pusch herausgegebenen Sammelband »Mütter berühmter Männer«, Frankfurt 1994, erschienen ist. Dort ist auch eine ausführliche Bibliographie der benutzten Heine-Literatur zu finden.

Epilog

Die Darstellung politischer, sozialer, wirtschaftlicher und kultureller Verhältnisse, also dessen, was in unserem individuellen und kollektiven Gedächtnis zu Geschichte gerinnt, hat in den Biographien dieses Buches einen beträchtlichen Raum eingenommen. Neben all den persönlichen Begebenheiten, die jeder Biographie erst Farbe verleihen.

Vielleicht ist dieser starke Anteil von Geschichte bei einer Historikerin als Autorin unvermeidlich.

Doch er hat auch einen inneren Grund. Die wechselnden Geschicke der JüdInnen sind, mehr noch als die ihrer christlichen ZeitgenossInnen, immer sehr eng verwoben gewesen mit Politik.

Das hat sich während der Arbeit am Buch stets gezeigt. Die Aus- und Zielrichtung der jeweiligen Herrschenden bestimmte in hohem Maße das Wohlergehen meiner Heldinnen, obwohl sie selbst erkennbar unpolitisch wirkten.

Wie sollten sie auch politisch denken und handeln in Zeiten, in denen Politik in Kabinetten und engen Zirkeln gemacht wurde; von Leuten, Männern zumeist, die gewöhnlich durch den Zufall der Geburt zum politischen Beruf vorherbestimmt waren.

Erst als sich »Politik« änderte und zunehmend als Sache der Regierten und nicht allein der Regierenden begriffen wurde, erscheinen JüdInnen auch als politisch Handelnde.

Es ist kein Zufall, daß die Zahl der politisch Interessierten seit dem achtzehnten Jahrhundert im jüdischen Bereich, gemessen an ihrem Bevölkerungsanteil, unverhältnismäßig hoch ist. Waren JüdInnen bisher den politischen Wechselfällen am meisten und am schutzlosesten ausgeliefert, so erscheint es nur folgerichtig, wenn sie sich als politisch Handelnde in dem Moment engagierten, als Politik zu einem verhandelbaren Prozeß wurde, in dem Einzel- und Gruppeninteressen eingebracht und durchgesetzt werden konnten. All das nach festen, überschaubaren Regeln, die rechtsstaatlich eingeklagt werden konnten.

Kein Zufall auch, daß JüdInnen in der Frühzeit des Demokratisierungsprozesses zunächst in den Zirkeln der philosophischen und politischen Aufklärer, der VertreterInnen der Gleichheitsidee, zu finden sind, später bei deren politischen ErbInnen, den Liberalen und Linken.

Nur durch einen energisch vorangetriebenen Demokratisierungsprozeß konnten sie ja hoffen, eine gesicherte Rechtsstellung als gleichberechtigte StaatsbürgerInnen zu finden.

Erst als dieser Prozeß zu erkennbaren verfassungsrechtlichen Folgen geführt hatte, differenzierte sich auch das politische Spektrum der jüdischen Bevölkerungsgruppe stärker nach rechts, in den konservativen, später den nationalistischen Bereich hinein.

Stets ist aber auffällig, wie viele exponierte VertreterInnen der Linken auch weiterhin aus der jüdischen Bevölkerungsgruppe kamen.

Daß die Tatsache der jüdischen Herkunft bei PolitikerInnen von anderen stets vermerkt wurde, ist umgekehrt ein Beleg dafür, daß der Assimilierungsprozeß niemals ganz gelungen ist. »Schlag tot den Walter Rathenau, die gottverdammte Judensau!« ist eben nicht nur ein Beispiel für primitivste politische Gegnerschaft. Rathenau wird als Jude diffamiert, nicht als Exponent einer bestimmten politischen Richtung.

Schon die ersten jüdischen Emanzipationserfolge hatten Gegenkräfte wachgerufen.

Auf die Erscheinung des jüdischen Salons in Berlin als unmittelbarer Ausfluß aufklärerischen Gedankenguts nach der Zeit Fromet und Moses Mendelssohns folgte prompt die Gründung der »Christlich-Deutschen Tischgesellschaft«, zu der ausdrücklich keine jüdischen Mitglieder zugelassen waren.

Und das fortschrittliche preußische Emanzipationsedikt von 1812 wurde in der Folgezeit durch zahlreiche Einzelvorschriften wieder eingeschränkt.

Der gleichberechtigten Teilnahme jüdischer Freiwilliger am Befreiungskrieg gegen Napoleon folgte in zahlreichen Universitätsstädten der Ausschluß jüdischer Studenten, als sich aus den Freikorps die deutschen Burschenschaften bildeten.

Die deutsche Gesellschaft, deren Transformationsprozeß von einer ständisch-feudalen zu einer bürgerlichen Verfassung sich nur mühsam und schwerfällig vollzog, schleppte als einen ihrer mal mehr, mal weniger verborgenen Grundsteine stets eine antijüdische Einstellung mit und weiter.

Zwar standen seit etwa 1800 die Universitäten auch den Juden offen (den Jüdinnen natürlich nicht; die wurden auf ihrem Emanzipationsweg von ihren Glaubensgenossen ebenso benachteiligt wie ihre christlichen Schwestern), doch der ständig sich ausweitende Staatsdienst als wichtigster Abnehmer des akademischen Nachwuchses stellte Juden nicht ein, es sei denn – manchmal – um den Preis der Taufe. Nicht von Ungefähr wurde sie von Heine das »Entreebillet« in die bürgerliche Gesellschaft genannt.

Übrigens: Auch die Universitäten in ihrer Eigenschaft als »Arbeitgeber« stellten Juden als Professoren nicht ein. Lediglich als Privatdozenten durften sie sich im »Glanz der Hohen Schulen« sonnen. Aber eines ist bemerkenswert: Die im 16., 17. und 18. Jahrhundert so exklusiven Juristischen Fakultäten wurden für Juden erreichbar, und zahlreiche bedeutende jüdische Denker und Politiker sind in ihnen geschult worden. Heinrich Heine und Karl Marx seien als Beispiele genannt.

So blieben jüdische Akademiker auf die freien Berufe verwiesen.

Diese »Freiheit« war den JüdInnen als jahrhundertelanges, kollektives Schicksal ja durchaus vertraut; ebenso die starke Fixierung auf Texte, auf Sprache, auf das Wort. Kein Wunder, wenn im publizistischen Bereich fortan Juden überproportional vertreten waren.

Ansonsten teilten die JüdInnen nun das Schicksal der Gesamtgesellschaft. Ja, sie empfanden sich so sehr als Teil von ihr, daß am Beginn des zwanzigsten Jahrhunderts und besonders während des Ersten Weltkriegs niemand patriotischer sich gebärdete als viele JüdInnen.

Antisemitismus? Den gab es zwar, und in erklecklichem Ausmaß gerade während der neunziger Jahre des neunzehnten Jahrhunderts, aber doch lange nicht so heftig wie in Frankreich, wo die Dreyfus-Affäre den seit Voltaire und anderen – französischen – Aufklärern virulenten Antisemitismus gerade schrecklich entlarvt hatte.

Nein, die meisten deutschen JüdInnen fühlten sich sicher in Deutschland, dessen Kultur sie maßgeblich mitgetragen und mitgestaltet hatten. So sicher, daß allzu viele die bösen Vorzeichen in der Weimarer Republik übersahen und sich auch nach den ersten kalkulierten Exzessen der nationalsozialistischen Schlägerbanden 1933 damit trösteten, in einem Rechtsstaat könne derlei doch wohl nur Episode bleiben. Das Wort von der deutsch-jüdischen Symbiose war für sie Realität.

Wie sollten sie auch bemerken, was im Rückblick so klar erscheint: Das dumpfe, kleinbürgerliche Ressentiment der Nazis und ihrer gedankenlosen WählerInnen und MitläuferInnen konnte ja nicht nur auf eine jahrtausendealte antijüdische Tradition zurückgreifen, die von beiden Kirchen zu diesem Zeitpunkt, teilweise sogar bis heute, noch gar nicht als Problem begriffen, geschweige denn aufgearbeitet worden war und ist. Das Ressentiment wurde auch aus der Angst gespeist, in einer rapide sich wandelnden Gesellschaft, deren Modernisierungsagenturen die aus allen Nähten platzenden Großstädte waren, alle soziale und mentale Sicherheit zu verlieren.

Die an der Modernisierung als Unternehmer, Bankiers, Anwälte und Publizisten maßgeblich beteiligten JüdInnen mit ihren oft internationalen Verbindungen mußten als Verkörperung dieses bedrohlichen Modernisierungsprozesses erscheinen, als Kosmopoliten jenseits der Überschaubarkeit von festen, genau zu definierenden nationalen Zugehörigkeiten.

Es ist verführerisch, sich auf die Frage »Was wäre gewesen, wenn ...?« einzulassen.

Was wäre gewesen, wenn die Gesellschaft der Weimarer Republik Zeit gehabt hätte, sich zu stabilisieren und ihren Mitgliedern in einem langfristigen Lernprozeß demokratische Verhaltensmuster einzuüben? Statt von Krise zu Krise zu taumeln und sich in deren größter schließlich einer Mörderbande auszuliefern, um in der Folge mit dem jüdischen Bevölkerungsanteil einen integralen Teil ihrer selbst preiszugeben und zu ermorden?

HistorikerInnen wird die Frage »Was wäre, wenn ...?« als unwissenschaftlich gewöhnlich während ihres Studiums ausgetrieben. Begibt man sich aber nicht, wenn man solcherart Hypothesenbildung nicht mehr zuläßt, eines Kritikpotentials für die eigene Gegenwart? Birgt nicht der Konjunktiv auch Utopie? Ist er nicht wenigstens Vehikel für Trauerarbeit?

Die Biographien dieses Buches zeigen, wieviel Kraft, Intelligenz, Willensstärke und Kenntnisreichtum in den deutschen JüdInnen vorhanden waren.

Die Kette der Biographien bricht sehr bewußt in einer Zeit ab, in der der Glaube an eine vollständige Assimilierung in einer pluralistischen deutschen Kultur berechtigt erschien.

Die Trauer, daß dieses Kapitel der deutschen Geschichte in Auschwitz abgeschnitten wurde, daß die Menschen vergast, erschossen, totgeschlagen und totgetreten wurden, bleibt.

Unaufhebbar.

Nachbemerkung

Die Arbeit an den Biographien zog sich über viele Jahre und war, weil der Beruf sehr fordernd ist, manchmal mit sehr starker Arbeitsbelastung verbunden.

Zuspruch und Ermutigung, liebevolles Mittragen und viel Geduld erfuhr ich von meinem Mann Klaus und meinem Sohn Sebastian.

Dank gilt auch den Freundinnen, die die Gespräche über mein Projekt ertrugen und mir manchen Hinweis gaben.

Dank auch meiner Lektorin Susanne Gretter, die das Projekt mit Zuversicht begleitete.

Dank nicht zuletzt an Sonja Post, die mir technisch bei der Umsetzung des Manuskripts in ein leserliches Typoskript half.

Der Zorn schließlich über die immer wieder aufflammende Schluß-Strich-Debatte, zuletzt anläßlich der Walser-Rede sowie des Berliner Holocaust-Denkmals, war ein wesentlicher Antrieb, der mich bis in die letzten Korrekturen nie verließ.

Marianne Goch — Lübbecke, im Oktober 1999

Biographien, Leben und Werk im insel taschenbuch

Peter Altenberg. Leben und Werk in Texten und Bildern. Herausgegeben von Hans Christian Kosler. it 1854

Lou Andreas-Salomé: Lebensrückblick. Grundriß einiger Lebenserinnerungen. Aus dem Nachlaß herausgegeben von Ernst Pfeiffer. Neu durchgesehene Ausgabe mit einem Nachwort des Herausgebers. it 54

– Rainer Maria Rilke. Mit acht Bildtafeln im Text. Herausgegeben von Ernst Pfeiffer. it 1044

Elizabeth von Arnim: Elizabeth und ihr Garten. Aus dem Englischen von Adelheid Dormagen. it 1293 und Großdruck. it 2338

Angelika Beck: Jane Austen. Leben und Werk in Texten und Bildern. it 1620

Marian Brandys: Maria Walewska. Napoleons große Liebe. Eine historische Biographie. it 1835

Bertolt Brecht. Sein Leben in Bildern und Texten. Mit einem Vorwort von Max Frisch. Herausgegeben von Werner Hecht. it 1122

Die Schwestern Brontë. Leben und Werk in Texten und Bildern. Herausgegeben von Elsemarie Maletzke und Christel Schütz. it 814

Robert de Traz: Die Familie Brontë. Eine Biographie. Aus dem Französischen von Maria Arnold. Mit einem Beitrag von Mario Praz und zahlreichen Abbildungen. it 1548

Georg Büchner. Leben und Werk in Texten und Bildern. Von Reinhold Pabst. it 1626

Hans Carossa: Ungleiche Welten. Lebensbericht. it 1471

Benvenuto Cellini: Leben des Benvenuto Cellini florentinischen Goldschmieds und Bildhauers. Von ihm selbst geschrieben, übersetzt und mit einem Anhange herausgegeben von Johann Wolfgang Goethe. Mit einem Nachwort von Harald Keller. it 525

Cézanne. Leben und Werk in Texten und Bildern. Von Margret Boehm-Hunold. it 1140

George Clémenceau: Claude Monet. Betrachtungen und Erinnerungen eines Freundes. Mit farbigen Abbildungen und einem Nachwort von Gottfried Boehm. it 1152

Sigrid Damm: Cornelia Goethe. it 1452

– »Vögel, die verkünden Land.« Das Leben des Jakob Michael Reinhold Lenz. it 1399

Joseph von Eichendorff. Leben und Werk in Texten und Bildern. Herausgegeben von Wolfgang Frühwald und Franz Heiduk. it 1064

162/1/12.96

Biographien, Leben und Werk
im insel taschenbuch

Elisabeth von Österreich. Tagebuchblätter von Constantin Christomanos. Herausgegeben von Verena von der Heyden-Rynsch. Mit Beiträgen von E. M. Cioran, Paul Morand, Maurice Barrès und Ludwig Klages. Mit zeitgenössischen Abbildungen. it 1536

Die Familie Mendelssohn. 1729 bis 1847. Nach Briefen und Tagebüchern herausgegeben von Sebastian Hensel. Mit einem Nachwort von Konrad Feilchenfeldt. it 1671

Theodor Fontane: Kriegsgefangen. Erlebnisse 1870. Herausgegeben von Otto Drude. Mit zahlreichen Abbildungen. it 1437

– Meine Kinderjahre. Autobiographischer Roman. Mit einem Nachwort von Otto Drude. it 705

Theodor Fontane. Leben und Werk in Texten und Bildern. Von Otto Drude. it 1660

Frauen mit Flügel. Lebensberichte berühmter Pianistinnen. Von Clara Schumann bis Clara Haskil. Herausgegeben und mit einem Nachwort von Eva Rieger und Monica Steegmann. it 1714

Sigmund Freud. Sein Leben in Bildern und Texten. Herausgegeben von Ernst Freud, Lucie Freud und Ilse Grubrich-Simitis. Mit einer biographischen Skizze von K. R. Eissler. Gestaltet von Willy Fleckhaus. it 1133

Dagmar von Gersdorff: Marie Luise Kaschnitz. Eine Biographie. Mit zahlreichen Abbildungen. it 1887

Klaus Goch: Franziska Nietzsche. Eine Biographie. Mit zahlreichen Abbildungen. it 1623

Goethe. Sein Leben in Bildern und Texten. Vorwort von Adolf Muschg. Herausgegeben von Christoph Michel. Gestaltet von Willy Fleckhaus. it 1000

Manfred Wenzel: Goethe und die Medizin. Selbstzeugnisse und Dokumente. Herausgegeben von Manfred Wenzel. Mit zahlreichen Abbildungen. it 1350

Herman Grimm: Das Leben Michelangelos. it 1758

Gernot Gruber: Mozart. Leben und Werk in Texten und Bildern. it 1695

Klaus Günzel: Die Brentanos. Eine deutsche Familiengeschichte. Mit zahlreichen Abbildungen. it 1929

Adele Gundert: Marie Hesse. Die Mutter von Hermann Hesse. Ein Lebensbild in Briefen und Tagebüchern. Mit einem Essay von Siegfried Greiner und Illustrationen von Gunter Böhmer. it 261

Heinrich Heine. Leben und Werk in Daten und Bildern. Von Joseph A. Kruse. Mit farbigen Abbildungen. it 615

162/2/12.96

Biographien, Leben und Werk im insel taschenbuch

Hermann Hesse. Sein Leben in Bildern und Texten. Mit einem Vorwort von Hans Mayer. Herausgegeben von Volker Michels. it 1111

Volker Michels: Hermann Hesse. Leben und Werk im Bild. Mit dem ›kurzgefaßten Lebenslauf‹ von Hermann Hesse. it 36

Hölderlin. Chronik seines Lebens mit ausgewählten Bildnissen. Herausgegeben von Adolf Beck. it 83

Eckart Kleßmann: E.T.A. Hoffmann oder Die Tiefe zwischen Stern und Erde. Eine Biographie. Mit zahlreichen Abbildungen. it 1732

Peter Huchel. Leben und Werk in Texten und Bildern. Herausgegeben von Peter Walther. it 1805

Kirsten Jüngling / Brigitte Roßbeck: Elizabeth von Arnim. Biographie. Mit zahlreichen Photographien. it 1840

Erhart Kästner. Leben und Werk in Daten und Bildern. Herausgegeben von Anita Kästner und Reingart Kästner. it 386

Marie Luise Kaschnitz: Tage, Tage, Jahre. Aufzeichnungen. it 1453

Katharina die Große: Memoiren. Aus dem Französischen und Russischen übersetzt von Erich Boehme. Mit einem Nachwort von Hedwig Fleischhacker. it 1858

Harry Graf Kessler: Tagebücher 1918-1937. Herausgegeben von Wolfgang Pfeiffer-Belli. it 1779

Gisela Kleine: Gabriele Münter und die Kinderwelt. Mit farbigen Abbildungen. it 1924

– Gabriele Münter und Wassily Kandinsky. Biographie eines Paares. Mit farbigen Abbildungen. it 1611

Eckart Kleßmann: Die Mendelssohns. Bilder aus einer deutschen Familie. Mit zahlreichen Abbildungen. it 1523

Werner Koch: Lawrence von Arabien. Leben und Werk in Texten und Bildern. Mit einem Bildteil und Lebensdaten von Michael Schroeder. it 1704

Cordula Koepcke: Lou Andreas-Salomé. Leben. Persönlichkeit. Werk. Eine Biographie. it 905

Oskar Kokoschka. Leben und Werk in Daten und Bildern. Herausgegeben von Norbert Werner. it 909

Monique Lange: Edith Piaf. Die Geschichte der Piaf. Ihr Leben in Texten und Bildern. Aus dem Französischen von Hugo Beyer. Mit einer Discographie. it 516

Mütter berühmter Männer. Zwölf biographische Porträts. Herausgegeben von Luise F. Pusch. it 1356

Jean Orieux: Das Leben des Voltaire. Aus dem Französischen von Julia Kirchner. Mit einer Zeittafel und einem kommentierten Personenregister. it 1651

162/3/12.96